JN411863

예이츠 서정시 전집
제2권 사랑

SNUPRESS 동서양의 고전 22

예이츠 서정시 전집

제2권 사랑

초판 1쇄 발행 2014년 2월 20일
초판 3쇄 발행 2022년 11월 15일

지은이 윌리엄 버틀러 예이츠
역주 김상무

펴낸곳 서울대학교출판문화원
주소 08826 서울 관악구 관악로 1
도서주문 02-889-4424, 02-880-7995
홈페이지 www.snupress.com
페이스북 @snupress1947
인스타그램 @snupress
이메일 snubook@snu.ac.kr
출판등록 제15-3호

ISBN 978-89-521-1560-7 04840
978-89-521-1192-0 (세트)

SNUPRESS 동서양의 고전 22

예이츠 서정시 전집

제2권 사랑

김상무 역주

서울대학교출판문화원

The Collected Lyric Poems of W. B. Yeats Vol. 2

Translated and Annotated by Sangmoo Kim

예이츠 서정시 대역과 주석본을 내면서

이 책은 윌리엄 버틀러 예이츠W. B. Yeats의 서정시를 모아 번역하고 주석을 단 것이다. 맥밀란Macmillan 출판사의 1956년 판본을 주요 저본으로 하여, 여러 판본을 참조하였다.

예이츠는 직업적인 문인이다. 따라서 그의 문학 활동은 비교적 다양하게 펼쳐진다. 그가 남긴 것들 중 순수한 '창작물'은 시와 연극이 주종을 이루는데, 우리에게 알려지기로는 극작가 예이츠보다는 시인 예이츠가 앞선다.

그는 지금은 아일랜드 시인으로 무척 대접을 받지만, 생존 시에는 엄연한 영국 시인으로서 엘리엇T. S. Eliot과 함께 20세기 영국을 대표하는 세계적인 시인이었다. 하지만 그는 엘리엇보다 23년 앞서 태어난 사람이라 성장기가 달랐다. 따라서 그는 본인이 실토한 대로 최후의 낭만주의자가 되었다.

맥밀란 사의 예이츠 전집은 시 전집과 희곡 전집 두 권으로 되어 있다. 전자는 서정시와 극시를 한데 모은 것으로서, 거기에 수록된 서정시는 얼핏 보면 306편으로 보이지만, 그중에는 연작시가 여러 편 있고, 연작시를 구성하는 각 편마다 제목이 따로 붙어 있어 하나하나가 독립된 작품으로 거론된다. 그뿐만 아니라 색인에도 독립된 작품으로 기재되어 있다. 이러한 사실을 감안하면 작품 수는 모두 378편이라는 계산이 나온다.

예이츠의 선조는 이미 영국 식민지로 되어 있었던 아일랜드에 건너가 거기서 기반을 잡았고, 그 후손인 예이츠는 스스로 아일랜드 사람임을 자처하면서 아일랜드의 문예부흥 운동을 주도했고, 정치·문화 일반의 온갖 활동도 전개했다.

여기에 예이츠의 미묘한 입지가 있다. 그것은 혈통으로나 종교적으로 아일랜드의 토박이인 켈트인은 아니었다는 점이다. 그럼에도 그는 아일랜드의 전통적인 민족주의자들과는 틈이 있었지만 아일런드인임을 자처했다. 이는 엘리엇과는 달리 그가 인간의 보편적인 상황을 다루기보다는 아일랜드에 관계되는 특수한 소재를 다룰 수밖에 없는 근거가 된다. 그렇다고 해서 예이츠는 아일랜드에만 국한되는 시인은 결코 아니다.

예이츠의 시를 크게 분류하면 아일랜드에 관계되는 것이 3분의 1쯤 된다. 물론 작품에 따라서는 복합적인 것이 있지만, 나머지를 갈라보면 사랑에 관한 작품들과 예이츠 특유의 상상력을 발휘한 시편들이 절반씩 된다.

이렇게 보면 예이츠는 '아일랜드의 시인', '사랑의 시인', '상상력의 시인'이라고 규정할 수 있다. 특히 예이츠 자신이 실토한 대로 시를 쓰다 보면 자기도 모르게 사랑이 끼어들어가 결국 사랑의 시가 되어 버린 경우가 많았던 것 같다. 이런 점을 감안해 보면 그는 주로 사랑을 노래한 시인으로 보아도 크게 틀리지 않을 만하다. 여기에는 끝끝내 이루지 못한 모드 곤Maud Gonne과의 사랑이 바탕에 깔려 있다고 하겠다.

예이츠가 우리나라에서 본격적으로 연구되기 시작한 시기는 아무래도 해방 후로 잡아야 할 것이다. 그동안 많은 연구와 번역도 이루어졌다. 그러나 아직도 번역의 결과물이 그다지 만족스럽다고 할 수는 없다.

필자의 경험으로는 한 시인을 이해하려 할 대, 그의 관심 대상, 즉 주제가 어디에 집중되어 있는가를 우선 살펴보는 것이 좋을 것 같다. 특히 예이츠의 경우를 보면 앞에서 말한 대로 아일랜드와 사랑, 상상력의 세 갈래로 나눌 수 있는데, 특히 이렇게 분류된 것을 이왕이면 창작연대순으로 읽어보는 것이 좋을 듯하다. 다행히도 예이츠의 경우, 창작연대가 거의 다 밝혀져 있다.

그러나 주제별로 분류한다는 것은 쉬운 일이 아니다. 엄격하게 분류한다는 말 자체에 어폐가 있을지 모른다. 그러니 소재를 참작하면서 주제별로 분류하는 것도 한 방법일 것이다. 역자는 이런 방법으로 예이츠의 시를 세 갈래로 분류해 보았다.

이 책에서 대역과 주석본을 구상하게 된 목적은 두 가지이다. 하나는 예이츠를 본격적으로 공부하려는 학생들에게 길잡이가 되어 주는 일이고, 또 하나는 일반 독자에게도 외국시가 친근하게 읽힐 수 있도록 하자는 것이다. 전자를 달성하기 위해서는 텍스트를 제시하고 번역을 대비시키면서 가급적 친절한 주석을 편리하게 활용할 수 있도록 해주어야 하고, 후자를 위해서는 번역시도 우리말 시와 마찬가지로 읽힐 수 있도록 해야 한다.

예이츠의 경우 비교적 많은 주석이 필요하다. 특히 고유명사가 많이 나오고, 역사와 주변인물에 관련된 언급도 많다. 다행히 10여 년 전에『예이츠 사전』이 나와서 많은 도움이 되었다. 그뿐만 아니라 최근의 몇몇 연구자들이 제시한 새로운 시각은 예이츠를 보는 눈을 넓혀 주었다. 이런 분들에 대한 고마움을 적어 놓아야 하리라. 그런데도 불구하고 다소간 오류가 있을 줄 안다. 꾸지람을 달게 받겠다.

위대한 시인들에게는 공통적인 일이지만, 예이츠만큼 시를 정성스럽게, 인내심을 가지고 다듬은 사람도 드물 것이다. 그는 이미 발표한 시조차 대부분 제목도 한두 차례 바꾸어 보고, 시 자체도 몇 번이고 손질한 경우가 많다. 그럴 수밖에 없는 것은 예이츠 시의 형식적 문제와도 결부된다. 그는 자유시를 일절 쓰지 않았다. 그는 일정한 연의 구성과 시행의 길이, 각운의 엄격한 구성 같은 전통적인 시 쓰기를 고집했기 때문이다.

예이츠의 이러한 시 쓰기는 시의 음악성과 관계가 있다. 그러나 우리말 번역에서 이런 점을 충족시킬 길이 없다. 고려할 점은 다만 우리 호흡에다 이를 어떻게 조절해 나갈 것인가 하는 것이다. 다시 말하면 번역을 낭독할 때의 우리 숨결을 고려해야 한다는 것이다.

까다롭게 구성된 이런 책의 출판을 기꺼이 맡아준 서울대학교출판문화원에 감사를 드린다. 또한 이 자리를 빌려서 물심양면으로 도와주고 격려해 주신 김진하 회장에게 진심으로 감사의 말씀을 드린다.

역주자 김상무

차례

2 모드 곤 시편

5 부인 조지 시편

6 러독과 웰즐리 시편

일러두기

1 사용한 텍스트는 맥밀란Macmillan 사의 1956년도 판인『예이츠 시 전집』*The Collected Poems of W. B. Yeats*을 주요 저본으로 하고, 그 밖의 여러 판본을 참조하였다. 30여 년 전부터 같은 맥밀란 사가 내어놓기 시작한 방대한『예이츠 전집』*The Collected Works of W. B. Yeats*은 획기적인 것이지만, 역자는 그 시리즈의『시 전집』*The Poems*(1983, 1988)을 텍스트로 사용해야 할 특별한 이유를 발견하지 못했다. 몇 군데 어구와 그보다 많은 구두점 수정과, 네 개의 작품이 부록처럼 '추가시편'으로 밀려나 있을 뿐이기 때문이다. (추가시편은 100여 편이 넘지만 전문가에게만 필요한 자료들이라서 번역 대상이 되지 못한다.)

2 번역문의 인용부호 중 작은따옴표는 텍스트에서 대화부분으로 표시된 것을 그대로 옮긴 것이다. 텍스트에서 작은따옴표로 표시한 단어나, 대문자로 표기해 놓은 것도 작은따옴표로 표시하였다. 가령 텍스트에 Time으로 되어 있는 것을 '시간'으로 표기했다.

3 고유명사의 발음은 노먼 제퍼레스A. Norman Jeffares가 편집한『예이츠 시집』*Yeats's Poems* (Palgrave, 1996)의 부록에 수록된 로레토 토드Loreto Todd의 '발음: 시에 나타난 아일랜드어'Pronunciation: Irish Words in the Poems(pp. 699-705)를 참조하였다.
이 리스트에 없는 것들은『옥스퍼드 영어 레퍼런스 사전』*Oxford English Reference Dictionary*을 사용했다. 거기에도 없는 것들은『예이츠 사전』등을 활용했으며, 기타 외국어 표기 등은 국립국어원 표기법을 따랐다.

4 주석은 번역과 관련하여 붙였다. 번역의 근거를 제시하기 위함이다. 주석은 가능한 한 많은 사람의 것을 활용했다. 그렇게 하다 보면 서로 엇갈리는 경우가 있어 혼란스러울 수도 있지만, 귀 기울여볼 만한 것도 있어 버리기가 아까웠다.
주석의 출처는 모두 참고서적의 저자를 적시했지만 예이츠 자신의 책은 쉽게 판별되는 말로 대신했고, 약자를 활용한 예도 있다.
주석에다 출처를 밝혀놓지 않은 것은 일일이 밝힐 필요가 없을 정도로 보편적인 사항, 즉『예이츠 사전』, 그 밖에 어디서나 찾아볼 수 있는 그런 경우이다. 이런 경우에도 특별히 명시해놓은 경우가 있는데, 이는 주목되는 점이 있기 때문이다.

5 텍스트 말미의 창작연대는 대니얼 올브라이트Daniel Albright가 편집하고 주석을 붙인 『예이츠 시집』에 제시된 것 중에서, 제퍼레스의 것(번역문 말미에 제시된 것)과 차이가 나는 것들이다. 올브라이트는 텍스트 말미에 창작연대(대괄호로 구분함)와 발표연대를 명시하여 대비시켜 놓았다. 그러나 대부분 제퍼레스와 일치한다.

6 본문의 행수 표기는 맥밀란 사의 판본 표기를 따랐다. 짧은 행 다음의 행은 앞 행의 길이만큼 들여쓰기 한 후, 앞 행과 한 행으로 간주하였다.

예이츠 서정시 전집

제2권 사랑

1

사랑의 시

Ephemera

'Your eyes that once were never weary of mine
Are bowed in sorrow under pendulous lids,
Because our love is waning.'
And then she:
'Although our love is waning, let us stand
By the lone border of the lake once more,
Together in that hour of gentleness
When the poor tired child, Passion, falls asleep.
How far away the stars seem, and how far
Is our first kiss, and ah, how old my heart!'

Pensive they paced along the faded leaves,
While slowly he whose hand held hers replied:
'Passion has often worn our wandering hearts.'

The woods were round them, and the yellow leaves
Fell like faint meteors in the gloom, and once

- 식은 사랑과 낙엽이라는 가을의 이미저리가 잘 결합된 작품.(Unterecker 72-73) / 정열이란 소진되었다 다시 솟아나기 마련인, 주기적인 현상임을 주제로 한 작품.(Albright 420) / 시인 자신보다 나이 많은 인물을 등장시킨 작품.(Thurley 8) / 사랑의 무상함을 공감하는 연인의 대화체의 무운시.(Vendler 246) / 19세 때 쓴 작품. 무운시로 된 대화 형식을 활용한 시. 사랑의 갈등이 아닌, 사랑의 속성에 대한 공감의 대화.(Vendler 245-246)

무상

'일찍이 결코 내 눈에 싫증내지 않았던 당신의 두 눈이
슬픔에 젖어 눈꺼풀을 드리우고 내려다보고 있군요.
우리의 사랑이 기울고 있으니까.'
그러자 그녀는,
'비록 우리의 사랑이 기울고 있지만,
가엾은 '열정'이라는 지친 아이가 잠이 드는
온화한 그런 시간에, 다시 한번
그 고독한 호숫가에 함께 가, 서있어 봅시다.
별들이 얼마나 멀어 보이는가, 우리의 첫 키스가
얼마나 오래된 일인가, 아, 내 심장은 얼마나 늙었는가!'

그들이 명상에 잠겨 시든 나뭇잎 따라 천천히 걸어갈 때
그녀의 손을 잡고 있던 그가 천천히 대답했다.
'열정은 방황하는 우리 마음을 가끔 지치게 했어요.'

숲이 그들을 에워쌌고, 노란 단풍잎들이
희미한 유성처럼 어스름 속에 떨어졌다.

- 9행의 늙었는가라는 말은 예이츠가 가장 빈번하게 쓰는 시어.(Albright 420)
- 10행의 시든 나뭇잎, 13-14행의 유성처럼 떨어지는 단풍잎, 그리고 19-20행의 낙엽을 쓸어 넣는 행위는 늙음을 상징한다.(Thurley 8)

A rabbit old and lame limped down the path;
Autumn was over him: and now they stood
On the lone border of the lake once more:
Turning, he saw that she had thrust dead leaves
Gathered in silence, dewy as her eyes,
In bosom and hair.
'Ah, do not mourn,' he said,
'That we are tired, for other loves await us;
Hate on and love through unrepining hours.
Before us lies eternity; our souls
Are love, and a continual farewell.'

1889

- 15행의 토끼는 원문에는 집토끼rabbit로 되어 있지만 산토끼hare일 것이다. 늙은 토끼는 말년의 작품에서 등장한다.(Albright 420)
- 20-24행은 식은 사랑에 대한 슬픔을 거부하려는 노력.(Rosenthal 12) 식어가는 사랑에 대한 자위.(Cullingford 46)

한번은 절름발이 늙은 토끼가 절름거리며 길을 내려갔다.
가을이 그에게 덮친 것. 그리고 이제 그들은
한번 더 그 호수의 고독한 가장자리에 섰다.
그는 알았다, 돌아보고서. 그녀가 말없이 주워모은,
그녀 눈처럼 이슬 젖은 죽은 나뭇잎들을
그녀 가슴과 머리에다 쑤셔넣어 놓은 걸.
그는 말했다, '아,
지쳤다고 슬퍼 마세요. 다른 사랑이 우리를 기다리고 있잖아요.
아니, 투덜대지 않는 시간을 지나며 사랑하세요.
우리 앞엔 영원의 세계가 펼쳐져 있죠.
우리 영혼들은 사랑, 그리고 이별의 연속인걸요.'

1884

- 21행의 다른 사랑은 새로운 애인을 말한다. 예이츠는 '윤회'reincarnation에 대한 믿음이 다소 있었다.(*NC* 9)
- 22행의 아니라는 것은 'Hate on'의 번역. 예이츠의 경우 강한 부정의 뜻으로 쓴다. (Rosenthal 13)

To an Isle in the Water

Shy one, shy one,
Shy one of my heart,
She moves in the firelight
Pensively apart.

She carries in the dishes,
And lays them in a row.
To an isle in the water
With her would I go.

She carries in the candles,
And lights the curtained room,
Shy in the doorway
And shy in the gloom;

And shy as a rabbit,
Helpful and shy.
To an isle in the water
With her would I fly. 1889

호수 안의 섬으로

수줍은 분, 수줍은 분,
내 사랑 수줍은 분,
난로 불빛 속 명상에 잠겨
저만치서 움직이네.

접시들을 가져와,
한 줄로 놓네.
호수 안의 섬으로
나 그녀 함께 가리.

촛불들을 가져와
커튼 친 방을 밝히네.
문간에서 수줍어하고,
어둠 속에 수줍다.

또한 집토끼처럼 수줍고,
도와주면서 수줍어하네.
호수 안의 섬으로
그녀 함께 날아가리.

1886. 10.

• 제목의 섬은 이니쉬프리의 섬과 같은 섬. 어지러운 세상으로부터 벗어나 사랑과 한가로움이 있는, 도달할 수 없는 곳.(Unterecker 73)

The Falling of the Leaves

Autumn is over the long leaves that love us,
And over the mice in the barley sheaves;
Yellow the leaves of the rowan above us,
And yellow the wet wild-strawberry leaves.

The hour of the waning of love has beset us,
And weary and worn are our sad souls now;
Let us part, ere the season of passion forget us,
With a kiss and a tear on thy drooping brow.

• 전통적인 가락으로 쓴 시. / 가을을 배경으로 한 연인들의 작별을 다룬 시. 「무상」Ephemera과 같은 주제.(Unterecker 72) / 인간 열정의 불가피한 소진을 주제로 한 시.(Albright 419)

낙엽

우리를 사랑하는 길쭉한 나뭇잎 위에,
그리고 보릿단 속 쥐들 위에 가을이 덮쳤군.
머리 위의 산마가목 잎들이 노랗게 물들고,
축축한 야생 딸기 잎들이 노랗다.

사랑이 이지러지는 시간이 들이닥쳤네.
이제 지치고 해진 것은 우리들의 슬픈 영혼.
열정의 계절이 우리를 잊기 전, 헤어집시다,
숙여진 당신 이마 위 입맞춤과 한 방울 눈물로.

1889 발표

- 3행의 산마가목rowan은 장미과 식물로서 작은 낙엽수. 겹잎이고 흰 꽃이 피며, 붉은 열매가 달린다. 마가목mountain ash과 유사하다.

A Cradle Song

The angels are stooping
Above your bed;
They weary of trooping
With the whimpering dead.

God's laughing in Heaven
To see you so good;
The Sailing Seven
Are gay with His mood.

I sigh that kiss you,
For I must own
That I shall miss you
When you have grown.

[January 1890]

- 제목의 번역은 자장가Lullaby와 구분하기 위한 것.
- 옛날 게일 시를 부분적으로 번역한 것.(Unterecker 80) / 엄마가 아이에게 노래하는 것인데, 마지막 두 행(11-12행)은 게일 시에서 암시받은 것.(*NC* 31; Albright 438)

요람의 노래

너의 침대 위 천사들이
허리를 굽히고 내려다보네.
흐느끼는 죽은 애들과
함께 가는 건 싫증난대요.

네가 그렇게 착한 걸 보시고
천국에서 하느님은 웃고 계셔요.
항해하는 일곱 별님들도
하느님 기분처럼 즐겁대요.

너에게 뽀뽀해주는 나는 한숨이 나와요.
네가 자라 어른이 되었을 때
너를 보고 싶어하리라는 걸
내가 지금 고백해야 하니까.

1890. 4. 19. 발표

- 7행의 일곱 별님들은 태양계의 행성들. 일곱 개의 별로 구성된 성좌로 플레이아데스Pleiades가 있다. 눈에 보이는 행성들.(Albright 438)

The Cap and Bells

The jester walked in the garden:
The garden had fallen still;
He bade his soul rise upward
And stand on her window-sill.

It rose in a straight blue garment,
When owls began to call:
It had grown wise-tongued by thinking
Of a quiet and light footfall;

But the young queen would not listen;
She rose in her pale night-gown;
She drew in the heavy casement
And pushed the latches down.

- 제목의 방울 달린 모자는 광대 모자. 일명 'fool's cap'. 얼굴만 빼놓고 머리를 완전히 뒤집어씌운 모자인데, 끝에 방울 하나씩을 단 원뿔 모양의 것이 앞머리 위로 세 개, 뒷머리에 두 개로 이루어져 있다. / 방울 달린 모자는 광대의 직업적인 가면.(Cullingford 52)
- 시인 자신이 꿈꾼 것을 그대로 썼다고 하는 몇 개 작품 중의 하나.(*NC* 58-59) / 상징적인 시. 사랑을 노래하는 시인을 광대라고 보는 예이츠의 생각을 드러낸 작품.(Albright 364) / 처음에는 시인의 예술적인 재능 자체에 끌리지만 차츰 시인의 인품에 매혹되는 것을 말하고 있다.(Albright 464)
- 「하늘의 옷감을 원하다」He wishes for the Cloths of Heaven가 사랑이 실패하리라는 예감을 말하는 시인 데 반해, 이 시는 성공하는 처방을 제시하는 작품이다.(Cullingford 52)

방울 달린 모자

어릿광대가 정원을 거닐었다.
정원은 깊은 정적이 드리워 있었다.
그는 그의 영혼에게 명하기를
그녀 창턱에 올라가 서있으라고 했다.

영혼은 빳빳한 파란 옷을 입고 올라갔다,
부엉이들이 울기 시작했을 때.
차분하고 가벼운 걸음걸이를 생각하고
영혼은 현명하게 말하게 되었다.

그렇지만 젊은 여왕은 들으려 하지 않았다.
그녀는 파란 잠옷 바람으로 일어났다.
그녀는 묵직한 여닫이 창문으로 다가가
걸쇠들을 끌어내려 창문을 잠갔다.

- 4행의 그녀는 9행의 젊은 여왕으로 구체화되고, 모드 곤Maud Gonne과 연관시킬 수도 있다.(Bloom 128)
- 5행의 파란색은 마리아의 옷 색깔처럼 영혼의 색깔.(Blocm 128)
- 6행의 부엉이는 지혜.(Bloom 128)
- 7행의 걸음걸이는 'footfall'의 번역. 원문의 이 말은 '발이 내딛는 소리'지만, 'foot'이 시의 '음보'音步의 뜻을 가진 점을 고려하면 말의 '음조'나 '말투'의 뜻으로 볼 수 있을 것이다. 이렇게 쓴 것은 원문 6행의 'call'과 각운을 맞추기 위한 것으로 보인다. 이는 또한 36행의 'feet'와 관련시킬 수 있는 말.(역자)

He bade his heart go to her,
When the owls called out no more;
In a red and quivering garment
It sang to her through the door.

It had grown sweet-tongued by dreaming
Of a flutter of flower-like hair;
But she took up her fan from the table
And waved it off on the air.

'I have cap and bells,' he pondered,
'I will send them to her and die';
And when the morning whitened
He left them where she went by.

She laid them upon her bosom,
Under a cloud of her hair,
And her red lips sang them a love-song
Till stars grew out of the air.

She opened her door and her window,

- 15행의 붉은 색은 '파란색'과 대조적이다. 추상적인 생각보다는 꿈, 영혼보다는 자신.(Bloom 128)

그는 그의 심장에게 그녀한테 가라고 명했다,
부엉이들이 울음을 그쳤을 때.
심장은 파르르 떠는 붉은 옷을 입고
문을 통해 그녀에게 노래했다.

심장은 꽃 같은 머리채가 펄럭이는 꿈을 꾸어
감미로운 말을 하게 되었다.
하지만 그녀는 탁자에서 부채를 집어다가
공기에 실어 그걸 날려 보냈다.

'난 방울 달린 모자가 있는데' 하고 그는 생각했다.
'그것들을 그녀에게 보내 주고 죽을까 보다.'
그리고 아침이 희끔하게 되었을 때
그는 그녀가 지나가는 자리에다 놓아 두었다.

그녀는 그것들을 젖가슴에 올려놓고
구름 같은 머리채를 드리웠다.
그러고는 붉은 입술로 사랑노래 불러 주었다,
하늘에 별들이 돋아날 때까지.

그녀는 문을 열고 또 창문을 열었다.

- 17행의 머리채는 관능적인 이미지.
- 21행의 방울 달린 모자는 아일랜드의 사랑과 황홀과 시의 신 엥거스Aengus를 연상시키는 이미지.

And the heart and the soul came through,
To her right hand came the red one,
To her left hand came the blue.

They set up a noise like crickets,
A chattering wise and sweet,
And her hair was a folded flower
And the quiet of love in her feet.

1894

그리하여 심장과 영혼이 방에 들어와,
그녀 오른손 쪽으로는 붉은 것이,
그녀 왼손 쪽으로는 파란 것이 다가갔다.

그들은 귀뚜라미들처럼 소리를 내었다,
지혜롭고 감미로운 재잘대는 소리를.
그러자 그녀의 머리는 피어날 꽃봉오리,
그녀의 걸음걸이에는 사랑의 정적이 깃들었다.

1893

- 36행의 걸음걸이는 원문 'feet'의 번역. 예이츠는 34행의 'sweet'와 각운이 맞는 이 낱말을 골라 '음조' 또는 '노래'song의 뜻으로 쓴 듯하다. 'her feet' 앞의 전치사 'in'에 유의할 것.(역자)

The Heart of the Woman

O what to me the little room
That was brimmed up with prayer and rest;
He bade me out into the gloom,
And my breast lies upon his breast.

O what to me my mother's care,
The house where I was safe and warm;
The shadowy blossom of my hair
Will hide us from the bitter storm.

O hiding hair and dewy eyes,
I am no more with life and death,
My heart upon his warm heart lies,
My breath is mixed into his breath.

[1894]

- 1894년 처음 발표되었을 때는 제목 없는 시 구절로서 소설「폭풍 속에 사는 사람들」Those Who Live in the Storm에 들어 있었던 것인데, 1897년에 출판한 시집『은밀한 장미』*The Secret Rose*에다「그늘 속의 장미」The Rose of Shadow라는 제목을 붙여 수록한 시. 현재의 것은 최종적인 제목으로 수정된 것. / 발라드인「마귀 연인」The Demon Lover과 유사하다.(Cullingford 206) / 남자의 사랑을 받은 여자가 진술하는 몇 안 되는 작품 중 첫 번째 것. 절망적인 남자의 사랑을 보완하는 작품.(Albright 459) / 제목에서 그 여자라고 한 것은 특정 여인을 말하기 때문이다. 가정과 기도와 부모의 권위에 반발한 아가씨. 반가톨릭적 저항을 말한다.(Cullingford 207)

그 여자의 마음

오, 기도와 휴식으로 넘쳐나던
작은 방은 내게 무엇이었던가.
그가 나를 어둠 속으로 불러내었고,
내 가슴은 그의 가슴 위에 놓였네.

오, 엄마의 보살피심은 내게 무엇이었던가.
내게 안전하고 포근했던 그 집.
그늘의 꽃 같은 내 머리채가
거센 비바람으로부터 우리를 숨겨 주리.

오, 숨겨 주는 머리와 이슬 맺힌 눈,
나는 이제 삶과 죽음과는 상관없이,
내 가슴은 그의 가슴 위에,
내 숨결은 그의 숨결 속에 섞여 드네.

1894. 7. 21. 발표

- 안전한 집을 버리고 위험한 열정에 뛰어든 여자에게(1연), 어머니는 외부의 비바람을 지켜주는 집과 같은 구실을 했으며(2연), 이제 여자는 연인과 하나가 된다(3연)는 줄거리.(Albright 459)
- 3행의 어둠 속은 애인이 죽어 혼령이 된 것을 암시한다.(역자)
- 7행의 그늘의 꽃 같은은 위에 언급한 한때의 제목을 참고한 번역.(역자) / 여자의 머리채는 욕망과 반항을 의미하고 지붕과 같은 구실을 한다.(Cullingford 207)
- 9행의 숨겨 주는은 ‘hiding’의 번역. 이는 ‘보호해 주는’과 같은 뜻으로, 8행의 비바람과 함께 위에 언급한 소설 제목과 연관시켜 번역한 것.(역자)

The Lover Asks Forgiveness Because of His Many Moods

If this importunate heart trouble your peace
With words lighter than air,
Or hopes that in mere hoping flicker and cease;
Crumple the rose in your hair;
And cover your lips with odorous twilight and say,
'O Hearts of wind-blown flame!
O Winds, older than changing of night and day,
That murmuring and longing came
From marble cities loud with tabors of old
In dove-grey faery lands;
From battle-banners, fold upon purple fold,
Queens wrought with glimmering hands;
That saw young Niamh hover with love-lorn face
Above the wandering tide;

- 제목의 연인Lover은 남자. 한때는 이 말 대신 'Michael Robartes'라고 쓴 적이 있다.(*NC* 61) / 그러나 이는 화자인 시인 자신을 가리킨다. 예이츠는 이 외에 'The poet', 그 말의 대명사 'He' 소유격 'His'를 동원하여 자기 자신을 간접적으로 지칭하기도 한다.(역자)
- 제목의 변덕스러운 마음Moods은 연인(남자, 시인)의 마음속에 일어나는 온갖 희미한 동경심.(Albright 465)
- 4-20행은 사랑받는 여자가 남자(연인)의 무시무시한 마음속의 것들을 거론하고 있다.

연인이 변덕스러운 마음을 용서해 달라고 청하다

만약 끈질긴 이 마음이 평화로운 당신 마음을
공기보다 가벼운 말로, 혹은 단순한 소망마저도
하다 말다 하다 말다 꺼지는 것들로 어지럽힌다면,
당신 머리에 꽂힌 장미를 구겨버리고,
당신 입술을 향기로운 어둠으로 감추곤 이렇게 말해요.
'오 바람에 휘날리는 불꽃같은 마음들이여!
오, 밤과 낮의 변화보다 더 오래된 바람들,
비둘기 잿빛 세계 요정 나라의
북소리 요란한 옛 대리석 도시들에서
중얼대고 동경하면서 찾아온 바람들,
핼쑥한 손으로 왕비들이 수놓아 단든 진군 깃발들,
그 포개진 자줏빛 주름들에 실려오는 바람들,
젊은 니아브가 사랑에 병든 얼굴로
떠돌아다니는 조수 위에 떠도는 것을 보고,

- 7행의 바람들은 막연한 욕망과 소망들. 요정 쉬Sidhe는 바람 속에 들어 있고, 바람은 멋대로 불 뿐만 아니라, 바람과 혼령과 정체불명의 욕구는 서로 연관되어 있기 때문이다.(*NC* 62)
- 9행의 북은 'tabor'의 번역. 소박한 피리 연주자와 함께 치는 작은 북.(*NC* 62)
- 13행의 니아브Niamh는 오쉰Oisin을 300년간 '청춘의 나라'the Country of the Young로 유괴해 간 불멸의 아름다운 여신.

And lingered in the hidden desolate place
Where the last Phoenix died,
And wrapped the flames above his holy head;
And still murmur and long:
O Piteous Hearts, changing till change be dead
In a tumultuous song':
And cover the pale blossoms of your breast
With your dim heavy hair,
And trouble with a sigh for all things longing for rest
The odorous twilight there.

1895

그리고 마지막 '불사조'가 죽은
미답의 황량한 곳에 머뭇거리며,
그의 성스러운 머리 위의 불꽃을 휘감고
지금도 여전히 중얼대며 동경하는 바람들.
오 '가엾은 마음들이여', 폭풍 같은 노래 속에
변화가 없어질 때까지 변하는 마음들이여.'
그렇게 말하고는 거뭇하고 묵직한 머리채로
당신 가슴의 창백한 꽃들을 덮어 버리세요.
그리고 그 자리의 향기로운 어둠을
모든 것들의 안식을 위한 한숨으로 어지럽히세요.

1895. 8. 23.

He Tells of the Perfect Beauty

O cloud-pale eyelids, dream-dimmed eyes,
The poets labouring all their days
To build a perfect beauty in rhyme
Are overthrown by a woman's gaze
And by the unlabouring brood of the skies:
And therefore my heart will bow, when dew
Is dropping sleep, until God burn time,
Before the unlabouring stars and you.

1896

- 「공산주의자 오설리번이 메리 라벨에게」O'Sullivan the Red to Mary Lavell의 제1연(전반부)을 독립된 한 편의 시로 만든 것. 후반부는「시인이 그의 연인에게」A Poet to His Beloved가 된다. (Albright 466)
- 겸손의 정신을 말한다. 즉, 완전한 미는 노력 없이도 되는 것이지만, 시를 써서 완전한 미를 창조한다는 것은 무한한 노력이 필요하다는 것.(Albright 466)
- 사랑하는 사람 옆에서는 한 토막의 보잘것없는 존재라고 생각하고, 마치 그녀가 이제는 충족시키지 못하는 절대자를 대신하는 존재인 것처럼 그녀의 완전함을 숭배한다는 내용의 시.(Cullingford 27)

완벽한 미인을 이야기하다

오 구름같이 파리한 눈꺼풀, 꿈꾸듯 흐릿한 눈,
시를 써서 완벽한 미인을 만드느라
평생을 다 바쳐 애쓰는 시인들이
한 여인의 눈길과 한가로운 별 무리에 압도당한다.
그리하여 이슬이 내려 잠이 올 때
내 심장은 고개를 숙이리라.
한가롭게 노니는 별들과 당신 앞에서
신이 시간을 태워버릴 때까지.

1895. 12.

- 1-4행은 아름다운 여인 및 하늘의 별들과 비교하면 시인이 애써 만든 작품은 아무것도 아니라는 것.
- 1행의 구름같이 파리한 눈꺼풀, 꿈꾸듯 흐릿한 눈은 여러 작품에 비슷한 대목이 있다.
- 4행의 별 무리는 'brood of the skies'의 번역. 이는 별들을 말한다.(*NC* 62)
- 8행의 신이 시간을 태워버린다는 것과 유사한 진술은「기분」The Moods의 1-2행에 있다.(Albright 466) / 신이 시간을 태워버릴 때까지라는 것은 영원히라는 뜻.(Cullingford 27)

He Tells of a Valley Full of Lovers

I dreamed that I stood in a valley, and amid sighs,
For happy lovers passed two by two where I stood;
And I dreamed my lost love came stealthily out of the wood
With her cloud-pale eyelids falling on dream-dimmed eyes:
I cried in my dream, *O women, bid the young men lay*
Their heads on your knees, and drown their eyes with your hair,
Or remembering hers they will find no other face fair
Till all the valleys of the world have been withered away.

- 제목의 대명사 'He'(그)는 고친 것. 당초에는 실명인 'Aedh'(에이)였다. '에이'는 '불'이라는 뜻. 'Hugh'의 게일어 형태.(*NC* 47, 62)
- 제목의 연인들로 가득 찬 골짜기는 단편소설「핸러핸의 비전」Hanrahan's Vision(1896)의 이와 유사한 골짜기에 비유될지 모른다.(Albright 466)

연인들로 가득 찬 골짜기를 이야기하다

나는 꿈을 꾸었네, 어느 한 골짜기에 서있다가 한숨소리 듣는 꿈을.
행복한 연인들끼리 짝을 지어 내 옆을 지나갔으니까.
그리고 나는 꿈을 꾸었네, 잃어버린 내 연인이 꿈꾸는 듯 흐린 눈에
구름 같은 파리한 눈꺼풀을 내리덮고 숲 속에서 살그머니
    빠져나가는 꿈을.
나는 꿈속에서 외쳤네, 오 여인들이여, 젊은이들이
당신들 무릎에 머리 얹어 눕게 하고 머리채로 눈을 덮어 버려요.
그렇게 하지 않으면 그들이 그녀 눈을 기억하고
세상의 모든 골짜기가 다 사라질 때까지 딴 예쁜 얼굴
    찾지 않을 테니.

1897. 1. 9. 발표

- 1행의 한숨소리는 2행의 행복한 연인들이 내는 한숨소리들.
- 4행 전반부의 표현은 여러 작품에 유사한 것이 있다.
- 5행 후반부부터 8행 마지막에 이르는 부분은 3행의 나의 연인의 아름다움에 사내들이 매혹되어 변심할지도 모르니까 미리 철저하게 단속하라는 경고.(역자)
- 7행의 그녀 눈은 3행의 화자의 잃어버린 연인의 눈.(역자)

A Drinking Song

Wine comes in at the mouth
And love comes in at the eye;
That's all we shall know for truth
Before we grow old and die.
I lift the glass to my mouth,
I look at you, and I sigh.

1910

- 모방 작품.(Jeffares 143) / 그레고리 여사가 카를로 골도니Carlo Osvaldo Goldoni(1707-1793) 원작『주막집 여주인』*La Locandiera*을 번안하여 제목을 주인공 이름으로 바꾼 『미란돌리나』*Mirandolina*를 후에 예이츠가 개작한 것. 여관집 주인인 미란돌리나가 여성혐오자인 선장을 꼬드기는 내용.

축배의 노래

술은 입으로 들어오고
사랑은 눈으로 들어온다.
그게 늙어 죽기 전
진리로 알게 될 전부이네.
나는 입에 술잔을 들어올리고,
당신을 바라보고 한숨짓네.

1910. 2. 17.

- 2행의 눈으로는 겉모습에 한정됨을 말한다.(Cullingford 211)
- 6행의 한숨짓네는 잃어버린 여인과 관련 있는 말.(Lynch 178)

Brown Penny

I whispered, 'I am too young,'
And then, 'I am old enough';
Wherefore I threw a penny
To find out if I might love.
'Go and love, go and love, young man,
If the lady be young and fair.'
Ah, penny, brown penny, brown penny,
I am looped in the loops of her hair.

O love is the crooked thing,
There is nobody wise enough

- 죽음과 사랑을 주제로 했다. 사랑은 우주가 파괴될 때까지도 알 수 없는 것임을 말하고 있다.(Unterecker 110)

갈색 동전

나는 중얼거렸다. '난 아직 너무 어려.'
그러고 나서, '난 이만하면 충분해.' 했다.
그리하여 나는 동전 한 푼을 던져
내가 사랑을 해도 좋을지 알아보았다.
'가서 사랑해, 가서 사랑해, 젊은이여,
아가씨가 젊고 예쁘다면 말이야.'
아, 동전이여, 갈색, 갈색 동전이여,
나는 그녀 머리카락 고리에 묶이고 말았네.

오 사랑이란 뒤틀려 있는 것,
그 속에 있는 모든 걸 알아낼 만큼

• 리처드 핀네란Richard L. Finneran이 편집한『예이츠 시 전집』의 1989년 판(개정 증보판)에는 2연 1행과 5, 6행(단, 다음 번역의 4, 5행)의 텍스트가 달리 나와 있고, 2행에서 6행까지 인용문으로 되어 있다. 핀네란이 이렇게 개정한 것은 1937년경, 예이츠가 스크라이브너 출판사Scribner's에다 앞으로 책을 낼 경우 고쳐달라고 제시한 것에 근거한다.(Albright 516) 다음은 개정판(*PR*) 98쪽(111번 시)에 실린 2연과 그것을 옮긴 것.

And the penny sang up in my face,	그러자 동전이 내 면전에서 노래했다.
'There is nobody wise enough	'그 속에 있는 모든 걸 알아낼 만큼
To find out all that is in it,	똑똑한 사람은 없네.
For he would be thinking of love	왜냐하면 시간의 고리가 다할 때까지 줄곧 그는
That is looped in the loops of her hair,	그녀 머리카락 고리에 묶인 사랑을
Till the loops of time had run.'	생각할 테니까.'
Ah, penny, brown penny, brown penny.	아, 동전이여, 갈색, 갈색 동전이여.
One cannot begin it too soon.	사랑은 아무리 일찍 시작해도 이르지 않네.

To find out all that is in it,
For he would be thinking of love
Till the stars had run away
And the shadows eaten the moon.
Ah, penny, brown penny, brown penny,
One cannot begin it too soon.

똑똑한 사람은 없네.
왜냐하면 그는 별들이 도망치고
어둠이 달을 먹어치울 때까지
사랑을 생각하고 있을 테니까.
아, 동전이여, 갈색, 갈색 동전이여,
사랑은 아무리 일찍 시작해도 이르지 않네.

1910 발표

The Mask

'Put off that mask of burning gold
With emerald eyes.'
'O no, my dear, you make so bold
To find if hearts be wild and wise,
And yet not cold.'

'I would but find what's there to find,
Love or deceit.'
'It was the mask engaged your mind,
And after set your heart to beat,
Not what's behind.'

'But lest you are my enemy,
I must enquire.'
'O no, my dear, let all that be;
What matter, so there is but fire

- 여러 해 동안 작업한『배우 여왕』*The Player Queen*(1922)에 부분적으로 인용된 것이라서 예이츠의 연극과 시의 애매한 연관성을 풀어보는 일종의 열쇠가 되는 작품.(Unterecker 109)
- 가면Mask의 이론을 창안해낸 1909년부터 1925년 사이의 작품.(Albright 511)
- 「어리석게 위로받음」The Folly of being Comforted, 「아담의 저주」Adam's Curse와 마찬가지로 대화 형식의 사랑 시.(Cullingford 83)

가면

'에메랄드 눈을 가진 불타는 금빛의
그 가면을 벗으시오.'
'안 돼요, 당신, 당신은 인간의 심장이
거칠고 현명한지, 그러면서도 차갑지는 않은지
알고 싶어 그러시지요.'

'난 그 속에 들어 있는 걸 알고 싶을 따름이오,
사랑인지, 기만인지를.'
'당신 마음을 사로잡고 나서
심장을 뛰게 한 것은 가면이지,
가면 뒤의 것은 아니었지요.'

'그렇지만 당신이 나의 적이 될까봐
알아봐야겠소.'
'오 안 돼요, 당신. 그냥 두세요.
무슨 상관이에요. 당신 속에, 내 속에

- 10행의 가면 뒤의 것은 아니었지요 라는 여성 화자의 말은 성애의 익명성을 선호한다는 말. 즉, 열정은 성실성이 꼭 필요한 것은 아니라는 말.(Cullingford 211)
- 11행의 나의 적이 될까봐 라는 말은 육체적인 사랑sexual love은 정신적인 증오심spiritual hate에 토대를 두고 있으리라는 말(*Mythologies* 336)을 참고할 것.(Albright 513)

In you, in me?'

1910

불길이 있을 뿐인데?'

1910. 8 - 1911. 5.

The Scholars

Bald heads forgetful of their sins,
Old, learned, respectable bald heads
Edit and annotate the lines
That young men, tossing on their beds,
Rhymed out in love's despair
To flatter beauty's ignorant ear.

All shuffle there; all cough in ink;
All wear the carpet with their shoes;
All think what other people think;
All know the man their neighbour knows.
Lord, what would they say
Did their Catullus walk that way?

[1914 - April 1915] 1915

- 논리적인 분석자들인 학자들을 풍자한 시.(Unterecker 137) / 그러나 예이츠는 학문에 대해서 그렇게 얼굴을 찌푸리지는 않았다. 오히려 학문의 등불이 밝혀진 곳에 진리가 번성한다고 했다.(Ellmann 254)
- 상념과 인간을 분리시켜 논하는 것을 꺼리는 자세가 가장 두드러지게 나타난 작품. 일찍부터 학자들을 싫어했다.(Albright 563) / 학자와 대비되는 사람은 무용수와 광대.(Albright 563)
- 1915년에 에즈라 파운드Ezra Pound의 영향을 받아 쓴 작품.(Jaffares 177)

학자들

그들이 지은 죄를 잊어버린 대머리들이,
늙고, 학식 있는, 존경받는 대머리들이
젊은이가 침대 위에 뒹굴면서,
아름다운 여인의 무지한 귀를 즐겁게 하려고,
사랑의 절망 속에서 지은 시행들을
편집하고 주석을 붙인다.

모두가 거기를 뒤적거리고, 잉크 냄새로 기침한다.
모두가 신발로 카펫을 닳게 한다.
모두가 남들이 생각하는 것을 생각한다.
모두가 이웃이 알고 있는 그 사람을 안다.
그들의 카툴루스가 저쪽으로 걸어간다면
아이고 맙소사, 그들은 무슨 말을 할까?

1915. 4.

- 2행의 대머리는 1927-1928년에 버트런드 러셀을 통박했을 때 썼던 말 중의 하나. (Albright 564)
- 11행의 그들의 카툴루스는 학자들의 연구대상, 학자들이 편집하고 주석을 달고 있는 시행을 쓴 젊은이를 가리킨다. 카툴루스Gaius Valerius Catullus(84?-54? B.C.)는 고대 로마의 서정시인. 10세 연상인 명문가의 부인과 열렬한 사랑에 빠지지만, 끝내 좌절하고 만 실연의 경험을 바탕으로 솔직한 감정을 표현한 작품이 있다.

Two Songs Rewritten for the Tune's Sake

I

My Paistin Finn is my sole desire,
And I am shrunken to skin and bone,
For all my heart has had for its hire
Is what I can whistle alone and alone.
Oro, oro!
To-morrow night I will break down the door.

What is the good of a man and he
Alone and alone, with a speckled shin?
I would that I drank with my love on my knee,
Between two barrels at the inn.
Oro, oro!
To-morrow night I will break down the door.

- 그레고리 여사와의 공동작품이라고도 보이는 희곡『죽 냄비』*The Pot of Broth*(1902)에서 발췌한 것.(*NC* 348)
- 1행의 패스틴 핀Paistin Finn은 '금발미녀 아가씨'의 이름. 수백 년간 전해온 먼스터Munster 지방의 유명한 민요 제목이다. 금발의 아가씨 외에 핀Finn의 딸, 즉 아일랜드 토박이의 딸이라는 뜻도 내포하고 있다.(*NC* 348) / 패스틴 핀은 'little child of Finn'의 뜻. 먼스터 지역의 한 민요의 제목. 다른 사람들의 유명한 영어 번역이 있다. 예이츠의 것은 원작에서 벗어난, 자유로운 번역이다.(Albright 757)

가락에 맞추어 다시 쓴 두 노래

I

나의 패스틴 핀은 나의 유일한 욕구.
그래서 나는 피골이 상접해졌어요.
그걸 얻기 위해 내 마음이 가진 것은
혼자서 쓸쓸히 휘파람을 부는 것뿐이니.
오로, 오로!
내일 밤엔 문을 부숴 버리고 말 거야.

얼룩진 정강이를 가지고 홀로, 홀로
꿇어앉는 그 사내는 무슨 소용 있는가?
내 소원은 주점의 두 술통 사이에서
무릎에다 애인을 앉히고 술 마시는 일.
오로, 오로!
내일 밤엔 문을 부숴 버리고 말 거야.

- 5행의 오로, 오로!Oro, oro!는 감탄사. 둘째 음절에 악센트. 영어의 'oh', 'oho'에 해당한다.(Póca 434)
- 7행의 얼룩진 정강이는 아일랜드의 전설 독자들에게는 낯익은 표현. 늙은이가 난로 위에 푹 숙이고 있는 모습.(Albright 757) / 얼룩진 정강이는 청원기도를 많이 한 것을 암시한다.(역자)

Alone and alone nine nights I lay
Between two bushes under the rain;
I thought to have whistled her down that way,
I whistled and whistled and whistled in vain.
Oro, oro!
To-morrow night I will break down the door.

From *The Pot of Broth*
Tune: Paistin Finn

1922; 1935

나는 비를 맞고 두 숲 사이에서
아흐레 밤을 홀로, 홀로 누워 있었지.
휘파람 불어 그녀가 그리로 오게 할까 하고
불고, 불고, 불었지만 허탕치고 말았네.
오로, 오로!
내일 밤엔 문을 부숴 버리고 말 거야.

『죽 냄비』에서
곡: 패스틴 핀

1922

II

I would that I were an old beggar
Rolling a blind pearl eye,
For he cannot see my lady
Go gallivanting by;

A dreary, dreepy beggar
Without a friend on the earth
But a thieving rascally cur—
O a beggar blind from his birth;

Or anything else but a rhymer
Without a thing in his head
But rhymes for a beautiful lady,
He rhyming alone in his bed.

From *The Player Queen*

1922; 1935

• 희곡『배우 여왕』*The Player Queen*(1908)에서 발췌한 것.(*NC* 348)

II

내가 눈뜬 장님의 진주 눈알 굴리는
늙은 거지라면 좋으련만.
내 여인이 놀아나 다니는 꼴을
볼 수 없을 테니까.

서글픈, 맥 빠진 걸인,
악당 같은 도둑 들개 외엔
이 땅 위에 친구라곤 없는—
오 날 때부터 장님인 거지 말이지.

아니면 머릿속엔 딴생각 없이
아름다운 여인 위해 시만 짓는
그런 시인만 아니라면 좋으련만,
자리에 홀로 누워 시를 짓는 그런 사람만 아니라면.

『배우 여왕』에서

1922

- 1행의 진주 눈알은 뜨고 있지만 보이지 않는 눈.(역자)
- 5행의 맥 빠진은 'dreepy'의 번역. 어깨가 축 처진 것을 말한다. 'dreepy'는 'droopy'의 뜻.(*NC* 348; Albright 757)

A Man Young and Old

I

First Love

Though nurtured like the sailing moon
In beauty's murderous brood,
She walked awhile and blushed awhile
And on my pathway stood
Until I thought her body bore
A heart of flesh and blood.

But since I laid a hand thereon
And found a heart of stone

- 이 연작시는 당초의 'Four Songs from the Young Countryman'을 I-IV부로 하고, 'Two Songs from the Old Countryman'을 V와 IX로, 'More Songs of an Old Countryman'을 VI-VIII로 배치하고, 나중에 XI을 추가해서 완성한 것.(Albright 676) / XI을 제외한 10편은 모두 발라드 형식. 그중에서 IV는 가장 서정적이다.(Vendler 123)
- 자서전적인 내용을 단순화해서 간결하고 보편적인 것으로 만든 작품.(Albright 676)
- 달, 돌, 산사나무, 비명 등의 몇 가지 요소를 뒤바꾸어 계속 제시하면서 인생이란 단단하게 굳어진 몇 가지의 이미지로 분리됨을 암시하고 있다. 이 요소들은 은유를 제공하고 무대의 버팀목이 되게 재배치되었다. 이전 작품에 자주 등장한 것이지만, 이 요소들은 언어의 절약으로 상징화되었다.(Albright 676-677)

젊었을 때와 늙었을 때의 남자

I

첫사랑

미인의 잔인한 무리 속에
항해하는 달처럼 양육되었지만,
그녀는 잠시 걷다가 잠시 얼굴 붉히고,
내가 가는 길목에 섰다,
그녀의 육신이 살과 피의 심장을 가졌다고
내가 생각할 때까지.

그렇지만 내가 손을 얹어
돌덩이 심장을 발견한 이래로

- 늙은이가 지혜 대신 성을, 아늑한 집 대신 길바닥과 부러진 산사나무, 건장한 젊음 대신 뒤틀린 몰골, 예쁜 아가씨들 대신 추억담과 지저분한 얘깃거리들을 잘 간직한 어느 한쪽으로 치우친 여인들을 발라드의 시학을 활용하여 만든 연작시.(Cullingford 183-184)
- I부는 모드 곤에 대한 젊은 시절 예이츠의 사랑.(*NC* 259)
- 2행의 달은 달의 여신으로 간주되는 모드 곤.『비전』에서 예이츠는 그녀를 만월 다음의 달의 16상에 배치하였다.(Albright 677)
- 8행의 돌덩이 심장은 달과 같이 지상의 삶과는 거리가 먼 여자.(Albright 677) /「1916년 부활절」Easter 1916 43행의 주 참조.(*NC* 259)

I have attempted many things
And not a thing is done,
For every hand is lunatic
That travels on the moon.

She smiled and that transfigured me
And left me but a lout,
Maundering here, and maundering there,
Emptier of thought
Than the heavenly circuit of its stars
When the moon sails out.

[25 May 1926] 1927

- 12행의 미쳐 버리는 것은 모드 곤이 달의 여신이기 때문.(Unterecker 194)
- 13-15행은 그녀의 아름다움이 그에게 끼친 영향.(Jeffares 244)

나는 많은 것을 시도했지만
아무것도 이루지 못했다.
왜냐하면 달을 타고 여행하는 사람은
모두 미쳐 버리는 것이니까.

그녀는 미소 짓고 날 변모시켜
여기저기 어슬렁거리는
촌뜨기에 지나지 않게 했다,
달이 항해하러 나설 때
하늘의 별들의 운행보다
더 생각이 텅 빈 몰골로.

- 16-18행은 만월일 때 환한 달빛 때문에 빛을 잃는 별들보다 더 머리가 텅 비어 있는 상황.(Unterecker 194)

II

Human Dignity

Like the moon her kindness is,
If kindness I may call
What has no comprehension in't,
But is the same for all
As though my sorrow were a scene
Upon a painted wall.

So like a bit of stone I lie
Under a broken tree.
I could recover if I shrieked
My heart's agony
To passing bird, but I am dumb
From human dignity.

[1926 or 1927] 1927

- 심적 고통이 상대방에게 아무런 영향을 끼치지 못함을 말하고 있다.(Jeffares 244)
- 1-4행에서 말하는 다정함은 보편적인 성격이라는 것.(Cullingford 175)
- 1행의 그녀는 모드 곤.(*NC* 259)

II

인간의 위엄

그녀의 다정함은 달과 같아서,
나의 슬픔이 마치
벽화의 한 장면인 것처럼,
모든 이에게 똑같은 것,
이해가 없는 걸 다정하다고
내가 말할 수 있다면 말이다.

그리하여 나는 부러진 나무 아래
돌덩이처럼 누웠다.
지나가는 새에게 비명을 질러
마음의 고통을 호소하면
기운을 차릴 수 있으련만, 입을 다문다,
인간의 위엄 때문에.

- 4행은 예이츠가 연민(동정)과 사랑을 구별했던 것을 말한다. 사랑은 특정의 어느 하나를 대상으로 하지만 연민은 인간의 보편적인 운명에 대한 공감이라고 보았다. 그는「서커스단 동물들의 탈주」The Circus Animals' Desertion II, 11행에서 모드 곤을 '동정심에 미친'pity-crazed 사람이라고 평가했다.(Albright 677)
- 7행의 부러진 나무는 VI부의 3-4행에서 보여 주듯 늙은 육신의 직유.(Albright 678)
- 9행의 비명을 지르는 행위는 다른 작품에 많이 나온다.(Albright 678)

III

The Mermaid

A mermaid found a swimming lad,
Picked him for her own,
Pressed her body to his body,
Laughed; and plunging down
Forgot in cruel happiness
That even lovers drown.

[1926 or 1927] 1927

III

인어

인어가 수영하는 젊은이를 발견하고,
그를 자기 것으로 골라잡고,
자기 몸을 그의 몸에다 바짝 가져다 대고 웃었다.
그러고는 물속에 뛰어들어
잔인한 행복감 속에서
연인들도 익사한다는 것을 잊어버렸다.

- 제목의 인어는 1896년에 약 1년간 가까이 지냈던 다이애나 버넌Diana Vernon을 말한다. (*NC* 259) 인어가 소년을 먼저 발견하면 데리고 가서 물에 빠뜨려 죽인다는 얘기를 바탕으로 하였다. 다이애나 버넌은 올리비아 셰익스피어Olivia Shakespear의 가명이다. / 인어는 올리비아 셰익스피어. 영웅을 유혹하는 아일랜드의 여러 바다 여신을 상기시키는 작품.(Albright 678)

IV

The Death of the Hare

I have pointed out the yelling pack,
The hare leap to the wood,
And when I pass a compliment
Rejoice as lover should
At the drooping of an eye,
At the mantling of the blood.

Then suddenly my heart is wrung
By her distracted air
And I remember wildness lost
And after, swept from there,
Am set down standing in the wood
At the death of the hare.

[January 1926] 1927

• 제목의 토끼는 이줄트 곤. '죽음'은 그녀가 프랜시스 스튜어트Francis Stuart와 결혼한 것을 암시한다. / 약탈자predator라기보다는 전리품prey으로서의 여자에 대한 명상. 남자가 사냥꾼이라면 여자는 죽음으로 끝장나는 것.(Cullingford 176-177) / 예이츠가 결혼하고 난 뒤에 이줄트 곤의 행복에 대해서 무관심했던 사실을 말하고 있다.(Jeffares 244) / 연인이 상대방을 사랑하면서도 연인에게 잡힐까봐 상대방이 두려움을 느끼는 데 대하여 공감한다고 하는 예이츠 자신의 말을 참고.(Albright 678)

IV

토끼의 죽음

나는 짖어대는 사냥개 무리에게
숲 쪽으로 뛰어가는 토끼를 가리켰다.
그리고 내가 칭찬의 말을 할 때
연인들이 기뻐하듯이 나는 기뻐한다,
눈이 처지고,
피투성이가 된 걸 보고.

그러자 풀 죽은 그녀 모습에
갑자기 내 심장이 뒤틀리고
야성을 잃은 것을 기억한다.
그러고 나서 나는 거기서 밀려나
숲 속에 마냥 박혀 서있다,
토끼가 죽은 것을 보면서.

- 9행의 야성을 잃은 것은 「오언 어헌과 그의 무희들」Owen Aherme and His Dancers의 II부 3행에 나오는 '멋대로 자란'wildly bred을 참조.(Albright 678)
- 12행의 토끼가 죽은 것은 이줄트 곤의 결혼.(*NC* 260) 예이츠는 그녀의 남편을 좋게 보지 않았다. 「노인들은 왜 발광하면 안 되는가?」Why Should Not Old Men Be Mad? 5-6행의 '한때는 단테의 전부를 알던 소녀가 저능아와 살면서 자식들을 낳아 주고'를 참조할 것.(Albright 679)

V

The Empty Cup

A crazy man that found a cup,
When all but dead of thirst,
Hardly dared to wet his mouth
Imagining, moon-accursed,
That another mouthful
And his beating heart would burst.
October last I found it too
But found it dry as bone,
And for that reason am I crazed
And my sleep is gone.

[December 1926] 1927

- 2행의 잔은 예이츠와 다이애나 버넌, 즉 올리비아 셰익스피어와의 관계. / 미친 사람은 예이츠 자신.(*NC* 260)
- 화자는 올리비아 셰익스피어와의 만족스러웠던 잔을 반쯤 마시다 말았다(4-6행). (Hassett 25)

V

빈 잔

목이 말라 거의 죽을 뻔했을 때,
잔을 하나 발견한 미친 사람이
다른 잔을 한입 가득 마시면
달의 저주를 받아
박동하는 그의 심장이 터지리라 생각하고
입을 거의 축이지 않았다.
지난 시월 나는 그 잔을 또 발견했다.
하지만 그 잔이 뼈처럼 말라 버린 걸 발견하고,
그 바람에 나는 미쳐 버리고
잠은 달아나 버렸다.

- 4행의 달은 달과 같은 뮤즈인 모드 곤Maud Gonne. 그녀는 예이츠로 하여금 올리비아와의 만족스러운 관계를 희생시키고 자신을 파멸케 한 여인.(Hassett 25) / 달의 저주는 I부 「첫사랑」의 여인의 저주.(Cullingford 179)
- 4-6행은 손에 넣지 못할 뮤즈인 모드 곤을 생각하느라 그랬다는 것.(Hassett 25)
- 7행의 지난 시월은 1926년 10월. 거의 30년 뒤 그녀와 다시 만난 일이 있었던 시기.(*NC* 261)

VI

His Memories

We should be hidden from their eyes,
Being but holy shows
And bodies broken like a thorn
Whereon the bleak north blows,
To think of buried Hector
And that none living knows.

The women take so little stock
In what I do or say
They'd sooner leave their cosseting
To hear a jackass bray;
My arms are like the twisted thorn
And yet there beauty lay;

The first of all the tribe lay there

- 제목의 추억들은 상상적인 것, 혹은 다양한 경험의 혼합물.
- 2행의 비참한 꼬락서니들의 원문은 'holy shows'. 아일랜드의 속어.
- 3연(13-18행)은 1907년쯤에 있었던 모드 곤과의 추억 같다.(Freyer 13)
- 10행의 수탕나귀는 전통적인 성적 잠재력의 이미지.(Cullingford 179)

VI

그의 추억들

우리는 그들의 눈에 띄지 말아야 한다.
우린 비참한 꼬락서니들일 뿐이고
육신은 황량한 북풍이 부는 땅의
부러진 산사나무 같은 것이니,
땅에 묻힌 헥토르나 생각하고
산 자 아무도 모른다고 생각해야 한다.

여인들은 내가 하는 일이나 내 말에
아주 흥미가 없어서
그들의 응석받이를 버려두고 차라리
수탕나귀 우는 소릴 듣는 게 좋겠단다.
내 팔은 뒤틀린 산사나무 같지만
그래도 거기에 미인이 누웠다.

그들 중 첫째가는 사람은 거기 누워

• 13행의 모든 종족 중 첫째가는 사람은 트로이의 헬레네. X부 3행에도 언급되었다. 예이츠는 십중팔구 모드 곤과 잠자리를 같이 한 1907-1908년의 일을 생각하고 있었을 것이다.(Albright 679) 즉, 오랫동안 미뤄진 1908년의 신방consummation. 이는 엘만Ellmann의 견해.(Hassett 86)

And did such pleasure take—
She who had brought great Hector down
And put all Troy to wreck—
That she cried into this ear,
'Strike me if I shriek.'

[1926] 1926

- 15행의 헥토르Hector는 트로이의 왕자, 트로이의 최고 영웅. 아킬레우스에게 살해되었다. / 옛것에 대한 이러한 언급은 연작시 XI부 시의 준비 작업.(Albright 679)

그런 즐거움을 누렸지—
위대한 헥토르를 쓰러지게 했고
트로이 전부를 파멸케 한 그녀—
'내가 비명을 지르거든 날 족쳐요.' 하고
이 귀에다 울부짖던 그녀.

- 17행의 비명은 성적 오르가슴.(Albright 679) / 날 족쳐요는 'strike me'의 번역.
- 18행의 그녀는 모드 곤을 지칭할 것이다.(역자)

VII

The Friends of His Youth

Laughter not time destroyed my voice
And put that crack in it,
And when the moon's pot-bellied
I get a laughing fit,
For that old Madge comes down the lane,
A stone upon her breast,
And a cloak wrapped about the stone,
And she can get no rest
With singing hush and hush-a-bye;
She that has been wild
And barren as a breaking wave
Thinks that the stone's a child.

- 제목의 그의 젊은 시절 친구들은 작품에 등장하는 맷지Madge와 베드로Peter.(Vendler 124)
- 5-12행의 늙은 맷지Madge의 행위는 가면극의 연출. 맷지는 작품 I번의「첫사랑」*First Love*에 등장하는 그 여인, 즉 모드 곤.(Cullingford 180) / 그녀는 화자의 젊은 시절의 친구로서 사랑 때문에 미친 늙은이.(Vendler 124)
- 10행의 거세고는 'wild'의 번역. 'wild'는 아일랜드에서는 성적인 내용이 진하게 내포된 말. 따라서 맷지는 성적으로 개방적이었으나 애를 많이 낳지 않는 메마른(11행) 과거를 가졌다.(Cullingford 180)
- 11행의 메마른은 'barren'의 번역.

VII

그의 젊은 시절 친구들

시간이 파괴한 것이 아니고
웃음이 내 목소리를 파괴했고 갈라지게 했다.
그리고 달이 장구통배가 되었을 때
나는 웃음의 발작을 일으켰다.
왜냐하면 그 늙은 맷지가
가슴에다 돌을 얹고, 외투를 덮어씌워
골목길을 내려와서는
걸음을 멈출 줄도 모르고
자장가를 불러 대니까.
부서지는 파도처럼 거세고
메마른 그녀는
그 돌이 어린애라고 생각한다.

- 12행의 돌이 어린애라고 생각한다는 것은 나이가 많아지면 숭배자와 숭배 대상을 고착시키는 경향이 있음을 말한다.(Albright 679-680) / 이 말은 모드 곤의 정치적인 활동을 빗대어 하는 말. 모드 곤은 1920년대에 '여자 수인 변호 연맹'The Women's Prisoners' Defense League을 결성한 일원으로서 활동했다. 이 단체는 통칭 '마더스'the Mothers로 알려졌다. 따라서 이 대목은 '아일랜드의 어머니'Mother Ireland로 위장한 모드 곤을 말한다. 예이츠는 내란이 종식된 뒤에 '아일랜드의 어머니'는 애를 낳지 않는barren 여자로서, 살아 있는 아이를 키우는 것이 아니라, 돌의 심장을 가진 국민을 키우고 있다고 공격한 일이 있다.(Cullingford 180-181)

And Peter that had great affairs
And was a pushing man
Shrieks, 'I am King of the Peacocks,'
And perches on a stone;
And then I laugh till tears run down
And the heart thumps at my side,
Remembering that her shriek was love
And that he shrieks from pride.

[2 July 1926] 1926

- 14행의 베드로Peter는 예수의 수제자. 교회의 반석, 천국의 열쇠의 소유자. 그러나 여기서는 화자의 젊은 시절의 친구.(Vendler 124) / 실은 화자 자신. 자기가 베드로처럼 천국의 열쇠를 가지고 있지만 맷지(모드 곤)가 곧이듣지 않아 천국에 들어가지 못한다는 것.(역자)
- 15행의 '나는 공작새들의 왕'이라고 자신을 그렇게 지칭하는 것은 광적으로 자부심이 강한 늙은이가 큰소리치는 것.(Vendler 124) / 공작새들은 헤라Hera와 관계되기도 한다. 공작새는 제우스의 아내 헤라의 성스러운 새이기 때문이다.(Conner 147) / 비명은 시인이 베드로의 공작새 울음을 이어받으리라는 것. X부「그의 야성」His Wildness의 8행을 참조할 것.(Albright 680)

그리고 여자관계를 크게 벌였고
박력이 있었던 베드로는
'나는 공작새들의 왕'이라고 비명을 지르고
돌 위에 걸터앉는다.
그러고 나서 나는 눈물이 나고
심장이 옆구리에서 박동 칠 때까지 웃어 댄다,
그녀의 비명은 사랑이었다는 것,
그의 비명은 자부심에서 나온다는 걸 기억하면서.

- 16행의 돌 위에 걸터앉는다라고 선언하는 것은 고사에서 끌어온 말. 즉, 초기의 스코틀랜드 왕이 대대로 대관식을 치를 때 걸터앉았다는 '스콘의 돌'stone of Scone을 연상시킨다(스콘은 스코틀랜드의 지명). 이 돌은 잉글랜드의 왕 에드워드 I세Edward I(재위 1272-1307)가 1296년 스코틀랜드 원정에서 빼앗아 웨스트민스터 사원에 갖다 놓고, 그 돌을 끼워 넣은 의자를 만들어 대대로 대관식 전용의자로 사용하게 한 왕권의 상징이다. / 그러나 베드로와 관련하여 생각하면 예수가 베드로를 교회의 반석으로 삼는다(마태오 16:18)는 반석과 연결된다.

VIII

Summer and Spring

We sat under an old thorn-tree
And talked away the night,
Told all that had been said or done
Since first we saw the light,
And when we talked of growing up
Knew that we'd halved a soul
And fell the one in t'other's arms
That we might make it whole;
Then Peter had a murdering look,
For it seemed that he and she
Had spoken of their childish days
Under that very tree.
O what a bursting out there was,
And what a blossoming,

- 1행의 늙은 산사나무는 앞의 II부 7행 참조.(Albright 580)
- 5-8행은 호색적인 시골 늙은이가 아리스토파네스의 신화를 들추어낸 것.(Cullingford 182)
- 6행의 영혼을 절반으로 나누어는「학생들 사이에서」Among School Children II부 7-8행 참조.(Albright 680)

VIII

여름과 봄

우리는 늙은 산사나무 밑에 앉아
밤을 지새우며 얘기했다.
우리는 빛을 처음 본 이래로
들었거나 행한 것들을 이야기하며,
성장 얘기를 했을 때 우리는 알았다,
영혼을 절반으로 나누어
각자의 영혼이 완전해지도록
절반을 상대방 팔 안에 들게 했음을.
그러자 베드로는 무서운 눈빛을 띠었다.
왜냐하면 그 사람과 그 여자가
바로 그 나무 밑에서 있었던
어린 시절 얘기를 한 것 같았으니까.
오 거기서 얼마나 큰 소리가 터져 나왔고,
얼마나 아름다운 꽃을 피웠을까!

- 9행의 무서운 눈빛은 질투의 눈빛.(Cullingford 182)
- 10행의 그 사람은 베드로가 아닌 딴 사람. 따라서 맷지의 상대는 두 남자.
- 13행의 큰 소리는 'bursting out'의 번역. 이 말은 'outburst'와 같은 말.(Conner 147) 따라서 앞의 시의 15-16행의 왕의 선언을 지칭할 것이다.(역자)
- 14행의 꽃을 피우는 것은「학생들 사이에서」마지막 연의 메아리.(Cullingford 182)

When we had all the summer-time
And she had all the spring!

[1926] 1926

우리는 여름철의 모든 것을 가졌고
그녀가 봄날의 모든 걸 간직했을 때는.

- 15-16행은 여자가 두 연인을 가졌다는 사실을 제시하고 있다.(Cullingford 182)

IX

The Secrets of the Old

I have old women's secrets now
That had those of the young;
Madge tells me what I dared not think
When my blood was strong,
And what had drowned a lover once
Sounds like an old song.

Though Margery is stricken dumb
If thrown in Madge's way,
We three make up a solitude;
For none alive to-day
Can know the stories that we know
Or say the things we say:

How such a man pleased women most

- 『비전』 III부에 의하면 죽은 자들은 열정적이었던 모든 일을 추적하면서 모두 상호연관하에 이해되어야 하는데, 이 작품에서는 늙은이가 영혼의 이러한 여정의 단계를 예상하고 있는 듯하다.(Albright 680) / 여자들의 비밀 이야기.(Cullingford 182)
- 3행의 맷지는 VII부의 「그의 젊은 시절 친구들」The Friends of His Youth 5-12행에서 가슴에 돌을 얹어 그것을 어린애라고 생각한 사람, 즉 모드 곤.(역자)

IX

늙은이들의 비밀

나는 지금 젊은 여자들의 비밀을 지닌
늙은 여인들의 비밀을 알고 있다.
맷지는 내 피가 강했을 때는
감히 생각 못했던 일을 내게 말해준다.
그런데 한때 연인을 익사시켜버렸다는 말은
옛 노래처럼 들린다.

마저리는 맷지 처지가 되더라도
입을 꼭 다물고 있겠지만,
우리 셋은 다 외톨이가 되어 있다.
왜냐하면 오늘날 생존자 아무도
우리가 아는 얘기들을 알거나
우리가 말하는 것들을 말할 수 없으니까.

죽은 모든 사람 중에서 그런 사내가

- 4행의 감히 생각 못했던 일은 예이츠의 젊은 시절 사랑에 대한 보답.(Unterecker 196)
- 5행의 익사시켜버렸다는 말은 어쩌다가 포옹한 일.(Unterecker 196)
- 7행의 마저리Margery는 미상. 다이애나 버넌Diana Vernon, 즉 올리비아 셰익스피어Olivia Shakespear로 추정된다.(역자)

Of all that are gone,
How such a pair loved many years
And such a pair but one,
Stories of the bed of straw
Or the bed of down.

[1926 or 1927] 1927

어떻게 여인들을 가장 즐겁게 했겠는가,
그런 짝은 어떻게 여러 해를 사랑했고,
그런 짝은 어떻게 겨우 일 년만 사랑했는가.
지푸라기 침대 이야기들이나
아니면 솜털 침대 이야기들이지.

- 17, 18행의 지푸라기 침대와 솜털 침대는 각각 초가집과 저택을 상징.(*NC* 261) / 지푸라기 침대는 오랫동안 사랑했으나 산사나무 밑의 일밖에 없었던 일을 가리키고, 솜털 침대는 1년밖에 지속되지 않았지만 1년 내내 관계가 지속되었던 올리비아 셰익스피어와의 관계를 가리킨다.(Unterecker 196)

X

His Wildness

O bid me mount and sail up there
Amid the cloudy wrack,
For Peg and Meg and Paris' love
That had so straight a back,
Are gone away, and some that stay
Have changed their silk for sack.

Were I but there and none to hear
I'd have a peacock cry,
For that is natural to a man
That lives in memory,

- 여성에게 적용하던 'wild'를 남성에게 적용한 제목.(Cullingford 182)
- 1-2행에서 암시하는 달은 첫사랑의 상징.(Unterecker 196)
- 남성이 달에 올라가 여성의 역할을 함을 말한다. 여성의 상상 공간이 비어 있기 때문.(Cullingford 182-183)

X

그의 야성

오 내게 명하세요, 위로 뛰어올라
구름조각 사이 그곳에 항해하라고.
왜냐하면 펙과 멕과, 등이 쪽 곧은
파리스의 연인은 가고 없고,
머물고 있는 몇 사람도
비단 옷을 마대로 갈아입었으니까.

내가 거기 가 있을 뿐 듣는 자가 없다면
나는 공작새 울음을 울리라.
왜냐하면 추억 속에 사는 이에겐
그게 자연스러운 일이니까.

- 3행의 등이 쪽 곧은은 헬레네나 모드 곤의 모습.(*NC* 262) / 펙Peg과 멕Meg은 미상.(역자)
- 4행의 파리스의 연인은 트로이의 헬레네.(Albright 680)
- 8행과 11-12행의 공작새 울음, 돌을 품에 안고, 자장가를 불러 주려는 행위는 VII부 5-9행의 맷지의 행위 참조.(역자) / 이런 행위는 베드로(14행)와 맷지(5행)의 특징을 이어받았다고 상상하는 것. 이것은 나이가 들면 특수성은 모두 사라지고 모든 인간이 허수아비 같은 만화 소재가 된다는 것을 말한다.(Albright 680)

Being all alone I'd nurse a stone
And sing it lullaby.

[1926] 1926

나는 혼자뿐이니, 돌을 품에 안고
자장가를 불러 주리라.

- 11-12행은 남성의 자부심의 표현인 공작새 울음의 베드로와 왜곡된 모성 충동의 결합. 이렇게 남성과 여성이 결합된 잡종을 만드는 것은 정치·문화적인 책임을 떠맡는 것을 암시한다. 또한 남성의 연인과 돌의 심장을 가진, 접근 불가한 여성 간의 성gender의 장벽을 무너뜨리려는 욕구를 암시한다.(Cullingford 183) , 화자가 공작새와 돌로 변신하여 자기 자신과 죽은 친구들을 형이상학적으로 결합시켜 천상에 올라가 거기에 머물러 있어도 영웅이나 성인으로 숭배받지 않고 평범한 보통 인간으로 남아 있겠다는 것.(Vendler 124)

XI

From Oedipus at Colonus

Endure what life God gives and ask no longer span;
Cease to remember the delights of youth, travel-wearied aged man;
Delight becomes death-longing if all longing else be vain.

Even from that delight memory treasures so,
Death, despair, division of families, all entanglements of mankind grow,
As that old wandering beggar and these God-hated children know.

In the long echoing street the laughing dancers throng,
The bride is carried to the bridegroom's chamber through torchlight and tumultuous song;
I celebrate the silent kiss that ends short life or long.

XI

『콜로누스의 오이디푸스』에서

어떤 삶을 하느님이 주시든 참아 내고 더 오래 살기를 청하지 마세요.
여행에 지친 노인이여, 젊은 시절 즐거웠던 일 기억하려 하지 마세요.
다른 것이 모두 헛된 동경이라면, 죽음을 동경하는 것이 낙이지요.

기억이 그렇게 소중하게 간직하는 그런 즐거움에서조차도,
죽음, 절망, 가족 분열, 인간의 온갖 얽히고설킨 것들이 생겨나는 법,
저 떠돌이 늙은 거지와 신의 저주받은 자녀들이 인식하고 있듯이.

메아리치는 긴긴 거리에 왁자지껄 춤추는 자들이 몰려든다.
횃불과 떠들썩한 노래 속으로 신부가 신랑 방으로 실려 간다.
나는 짧건 길건 인생을 마감하는 조용한 키스를 한다.

- 1926-1927년 소포클레스의『콜로누스의 오이디푸스』*Oedipus at Colonus*를 번안한 것 중에서 발췌한, 극기적인 내용을 담은 합창 부분. 따라서 이것은 앞의 열 편의 작품에서 재연된 삶의 편린들은 그 자체가 즐거웠던 추억일망정 영혼의 망각의 여정에는 방해되는 것으로서, 마땅히 폐기되어야 할 것임을 암시하는 작품.(Albright 681)

Never to have lived is best, ancient writers say;
Never to have drawn the breath of life, never to have looked into
the eye of day;
The second best's a gay goodnight and quickly turn away.

[13 March 1927] 1927

- 10-12행은 인간에게 가장 바람직한 좋은 것은 무엇이냐고 묻는 그리스 전설의 미다스Midas 왕의 질문에 실레노스Silenus가 답한 내용. 실레노스는 태어나지도 존재하지도 않고 무가 되는 것인데, 그것은 아무도 도달할 수 없는 것이라고 말하고, 그다음으로 좋은 것은 빨리 죽는 것이라고 답했다.(Albright 681)

옛 작가들이 말한다, 이 세상에선 살아보지 않은 것이 제일 낫다고.
생명의 숨을 들이켜 본 일이 없는 것, 태양을 들여다본 일이 없는 것.
그다음 좋은 것은 명랑한 작별인사와 황급히 돌아서는 일이다.

1926, 1927

- 11행의 태양은 'the eye of the day'(한낮의 눈)의 번역.
- 12행은 빨리 죽는 일을 말하지만, 예이츠는「호탕하고 영특한 늙은이」The Wild Old Wicked Man에서는 마지막 대목(60-63행)에서 주인공이 둘째로 좋은 것을 선택한다고 말하고는, 그것은 여인의 젖가슴 위라고 했다.(Albright 681)

A Woman Young and Old

I

Father and Child

She hears me strike the board and say
That she is under ban
Of all good men and women,
Being mentioned with a man
That has the worst of all bad names;
And thereupon replies

- 1923년에서 1929년 사이에 쓴 것. 넷째 시를 빼고는 모두 크레이지 제인과 관련된 시들보다 먼저 쓴 것들인데, 절반은 겹치는 부분이 있다.(Rosenthal 320)
- II-IV는 응접실 무대의 사랑, VII은 셰익스피어적인 이중창, VIII은 모더니즘 절정기의 신화의 극장, X의 2연은 늙은이의 무언극, XI은 소포클레스적인 비극으로 되어 있다. 예이츠는 여자의 일생은 너무나 다양한 것으로 되어 있어 무대 하나에 수렴할 수 없음을 말하는 듯하다.(Albright 744)
- 다양한 성적인 경험, 즉 육욕, 교태, 정신적인 사랑, 모성애, 욕망의 좌절 및 성에 대한 조롱 등을 발라드 형식으로 노래한 것. 1920년대 후반기의 아일랜드를 배경으로 한 사회적·종교적인 상황을 배경으로 하면서 가톨릭의 청교도적인 사목교서에 대한 반발을 담은 작품.(Cullingford 204-205)
- 여성의 어조로 말하는 남성 시인. 따라서 이중의 목소리가 담겨 있다. 즉, 남성으로서의 시인은 텍스트상으로는 등장하지 않지만 문맥상으로는 드러난다.(Cullingford 204)

젊었을 때와 늙었을 때의 여자

I

아버지와 자식

그녀는 내가 식탁을 치면서
꾸중하는 소리를 듣는다,
더러운 놈 중에서도
가장 더러운 녀석과 함께 입에 오르내리니까,
선남선녀들이 모두 꺼린다고.
그러자 그 애는 이렇게 대꾸한다,

- 「젊었을 때와 늙었을 때의 남자」A Man Young and Old의 자매편. 「어쩌면 노랫말로」Word for Music Perhaps와 함께 중요한 연작시. / 「젊었을 때와 늙었을 때의 남자」와는 주제와 가락, 형식면에서는 차이가 난다. 남자의 경우인 이 작품이 희망적인 데 반하여 「젊었을 때와 늙었을 때의 여자」는 비극적이다.(Vendler 126) / 여성과 관련된 단편적인 철학을 집대성한 작품.(Gorski 154)
- 화자는 원형적인 여인archetyphal woman.(Gorski 150)
- I부는 평판이 좋지 않은 남자와 사귀는 딸에 대한 아버지의 충고와 그녀의 반응.
- 1행의 그녀는 8, 9세의 예이츠의 딸 앤Anne.
- 4행의 녀석은 퍼거스 피츠제럴드Fergus Fitzgerald. 이 일은 실제로 있었던 일. 앤이 어렸을 때 그를 좋아했다. 이는 남성적인 아름다움에 대한 어린애의 첫인상으로서 순진한 여성의 아양이라고 할 수 있다.(Unterecker 236)

That his hair is beautiful,
Cold as the March wind his eyes.

[1926] 1929

그의 머리카락은 아름답고,
눈은 삼월 바람처럼 시원해요라고.

1926 혹은 1927

• 7행의 그의 머리카락은 「그 여자의 마음」The Heart of the Woman의 여자 머리채와 마찬가지로 욕망과 반항을 의미한다. 또한 그의 머리는 그의 딸르 하여금 다른 모든 선남선녀를 거부하게 하는 빌미가 된다.(Cullingford 207)

II

Before the World Was Made

If I make the lashes dark
And the eyes more bright
And the lips more scarlet,
Or ask if all be right
From mirror after mirror,
No vanity's displayed:
I'm looking for the face I had
Before the world was made.

What if I look upon a man
As though on my beloved,
And my blood be cold the while
And my heart unmoved?
Why should he think me cruel
Or that he is betrayed?

- 거울 앞에서 화장하는 10대 후반의 아가씨. 이상적인 자아의 마스크를 창조하고 있다.(Unterecker 236)
- 욕망을 억제하고 세상이 창조되기 전에 만들어진 완전한 미美라는 플라톤적인 이데아(*NC* 325)에 맞추어 살려는 의지를 표명한 시.(Rosenthal 320)

II

세상이 창조되기 전에

비록 내가 눈썹을 검게 하고
눈을 더 밝게 하고
입술을 더 붉게 하거나,
거울을 이리저리 보고
다 괜찮은지 물어본다 하더라도,
허영이 드러나는 건 없어요.
나는 세상이 창조되기 전의
내 얼굴을 찾고 있는 거지요.

내가 만약 애인을 바라보듯
한 남자를 바라봐도
그때 내 피가 차갑고
심장이 꼼짝하지 않은들 어때요?
그가 나를 왜 잔인하다느니,
배신당했다느니 그래요?

- 1연(1-8행)은 선Zen 사상의 해설을 내포하고 있다.(Gorski 151)
- 6행은 화자가 원형적인 여자라는 것.(Gorski 150)
- 7-8행의 세상이 창조되기 전의 내 얼굴은 그녀의 원형적인 얼굴.(*NC* 325)

I'd have him love the thing that was
Before the world was made.

1929

나는 그가 세상이 창조되기 전 존재했던
그것을 사랑하면 좋겠어요.

1928. 2.

- 15-16행은 성행위는 천지창조 이전에 존재했던 것을 사랑하는 데 목적을 두어야 한다는 것. 즉, 육체적인 것은 실체로 볼 수 없고, 적어도 궁극적인 실체ultimate reality가 못 된다는 것.(Gorski 151)

III

A First Confession

I admit the briar
Entangled in my hair
Did not injure me;
My blenching and trembling,
Nothing but dissembling,
Nothing but coquetry.

I long for truth, and yet
I cannot stay from that
My better self disowns,
For a man's attention
Brings such satisfaction
To the craving in my bones.

- 조금 더 나이 든 시기. 남자와의 교제에 성공했으나, 성적인 체험보다는 연인에 대한 관심을 표하는 단계.(Unterecker 236)
- 전통적인 처녀의 속성과 남자의 관심에 대한 만족감과의 갈등.(Rosenthal 321)
- 1연(1-6행)은 여자가 남자의 욕구를 일깨우기 위하여 요염한 교태를 부렸다고 사제(신부)에게 고백하는 것.(Cullingford 212)

III

첫 고백

나는 내 머리에 얽힌 들장미가
나를 다치게 하지 않았다는 걸
솔직히 인정해요.
내가 질려 떠는 것은,
엄살에 지나지 않아요,
아양떠는 데 지나지 않다는 거죠.

나는 진실을 동경해요.
그러면서도 나는 진실이 갖지 않는 것에서
물러나 있지를 못해요.
왜냐하면 남자의 관심은
내 뼛속의 갈망에다
그런 만족감을 가져다주니까요.

- 2연(7-12행)은 사제의 정신적인 권위에 도전하지는 않지만, 여자는 남자의 욕구의 성격을 이해한다는 주장.(Cullingford 212)
- 진실에 대한 동경과 육신의 갈망의 갈등, 육신과 정신의 분리가 존재의 통합을 이루지 못하게 함을 말한다.(Gorski 151)
- 8행의 진실은 'My better self'의 번역. 'better self'는 진실truth, 정신 내지 영혼spirit을 가리킨다.(역자)

Brightness that I pull back
From the Zodiac,
Why those questioning eyes
That are fixed upon me?
What can they do but shun me
If empty night replies?

1929

- 3연(13-18행)은 사제의 정신적인 권위에 굴복하지만, 뉘우치기보다는 그 기회를 이용하여 자기합리화를 시도하고 있다.(Cullingford 212) / 경험의 지평선을 넓혀(Gorski 152) 자신의 상황을 우주적인 안목으로 바라보고 있다.
- 13행의 황도대the Zodiac는 지구를 중심으로 하여 태양이 하늘을 통과하는 큰 원. 띠 모양의 큰 원의 궤도에 12개의 별자리가 소속되어 있다. 점성학에서는 이를 황도 12궁이라고 한다. 황도대는 운명의 힘(Rosenthal 321). / 황도대는 우주를 말한다.(역자)
- 14행의 환한 빛은 'brightness'의 번역.

내가 황도대黃道帶로부터
끌어오는 환한 빛이여,
저 의심의 눈초리들은 도대체
왜 나에게 박혀 있는지요?
공허한 밤이 답을 하게 되면
그들은 날 피하는 수밖에 없겠죠?

1927. 6.

- 17행의 공허한 밤은 'empty night'의 번역. 성적 결합이 없는 밤.(역자) / 공허한 밤은 그녀의 연인인 그녀의 참다운 자아(better self, truth)와 맞닥뜨리면 그녀를 꼼짝 못하게 할지 모른다고 염려되는 상황. 그 반면에 장난끼 섞인 교태는 술술 말이 나오게 하고 활달하게 한다.「젊었을 때와 늙었을 때의 남자」의 I부인「첫사랑」First Love의 17-18행의 상황(emptier of thought)과 비교해 볼 것.(Albright 745)
- 18행의 그들은 의심의 눈초리.(역자)

IV

Her Triumph

I did the dragon's will until you came
Because I had fancied love a casual
Improvisation, or a settled game
That followed if I let the kerchief fall:
Those deeds were best that gave the minute wings
And heavenly music if they gave it wit;
And then you stood among the dragon-rings.
I mocked, being crazy, but you mastered it
And broke the chain and set my ankles free,
Saint George or else a pagan Perseus;

- 'Crazy Jane'의 일련의 시를 쓰기 시작한 뒤에 끼워 넣은 시.(Rosenthal 321)
- 연인들의 만남.(Unterecker 237)
- 1-6행은 1920년대의 성 해방을 배경으로 한다. 자유로운 사랑 역시 또 다른 노예화 현상이라는 것.(Cullingford 213)
- 1행의 용의 의지를 실현한 것은 그녀의 속마음이 구혼자들에게 약을 올려 주고 어려운 일을 하게끔 해보려는 것을 말한다. 따라서 용은 그녀 의지의 표현.(Albright 745) / 1행의 용은 도덕적인 억압.(Rosenthal 321)

IV

그녀의 환희

당신이 올 때까지 나는 용의 의지에 따랐어요.
왜냐하면 사랑이란 적당히 벌이는 즉흥적인 것,
혹은 수건을 떨어뜨리면 그 뒤 이어지는
정해진 게임이라고 생각했기 때문이죠.
그런 행동들이 즉흥에 재치를 더해 주면
미세한 날갯짓과 천국의 음악을 제공하는 최상의 것이 되지요.
그러자 그때 당신은 용틀음 한가운데 서있었어요.
나는 미친 듯이 비웃었지만 당신은 용을 물리치고,
사슬을 끊고 내 발목을 풀어 줬어요.
성 조지이신지 아니면 이교도인 페르세우스 같은 분이신지.

- 10행의 성 조지St George는 로마 군인. 용을 죽인 사실로 유명하다. 303년경에 순교당했다. 영국의 수호성인. / 페르세우스Perseus는 청동 탑이 갇혀 있는 다나에Danae와 황금 소나기로 나타난 제우스 사이에 태어난 영웅. 그는 메두사Medusa를 죽이고, 돌아가는 길에 에티오피아 왕의 딸 안드로메다Andromeda가 해안절벽 위에서 쇠사슬에 묶여 바다의 신 포세이돈Poseidon이 보낸 괴물의 희생물이 될 처지에서그녀를 구해 주고 아내로 삼았다. / 성 조지와 페르세우스는 다 같이 용을 죽인 사람.(Albright 745)

And now we stare astonished at the sea,
And a miraculous strange bird shrieks at us.

1929

그리하여 이제 우리는 깜짝 놀라 바다를 바라보는데,
경이롭고 이상한 새가 우리를 향해 비명을 지르네요.

1929. 11. 29.

- 12행의 이상한 새는 「나의 테이블」My Table의 '유노Juno의 공작새'를 참조할 것. / 비명은 첫 성적 경험과 관련된다.(Unterecker 236) / 새의 비명소리는 자신의 헛된 자아와 악역에서 해방되는 신호.(Albright 745) / 새의 비명소리는 사랑의 환희를 가리킨다.(Cullingford 213)

V

Consolation

O but there is wisdom
In what the sages said;
But stretch that body for a while
And lay down that head
Till I have told the sages
Where man is comforted.

How could passion run so deep
Had I never thought
That the crime of being born
Blackens all our lot?

- 연인들의 결합. 연인들만이 도달할 수 있는 첫 번째 지혜의 탐구.(Unterecker 237)
- 사랑의 양면성을 말한다.(Henn 63)
- 육신과 영혼, 감성과 이성, 남자와 여자, 하늘과 땅의 분열을 치유할 수 있는 처방을 제시하고 있다.(Gorski 152)
- 1연(1-6행)은 남성에게 성의 위안을 제공하는 여성. 1-2행에서 현자들의 말에 수긍하지만 거기에 대한 배수의 진을 치는 대목.(Cullingford 215)
- 1행의 현자들은「젊었을 때와 늙었을 때의 남자」XI부 11행의 '옛 작가들'. 그들의 결론은 사랑은 저주, 인생은 절망이라는 것. 따라서 지상에 생을 영위하지 않는 것이 최상이라는 비관적인 생각을 했다.(Albright 214-215) / 틀림없이는 'but'의 번역.

V

위안

오 현자들의 말씀에는 틀림없이
지혜가 들어 있지요.
하지만 잠시 그 육신을 펴고
머리를 눕혀 보아요.
남자는 어디서 위안을 받냐고
내가 현자들에게 말을 다할 때까지.

탄생의 죄가 우리 운명 모두를
어둡게 한다는 생각을
내가 결코 한 일이 없었다면, 열정이
어떻게 그렇게나 깊이 흘러갈 수 있을까?

- 6행의 말은 충고를 해주는 사람들에게 하는 당돌한 대꾸advice.(Albright 745)
- 7-10행은 인간이 사형을 언도받은 죄인이지만 성적 욕망은 실존적이라는 것. 즉, 열정과 망각에 대한 자신의 욕구를 추구하는 여성.(Cullingford 215) / 화자가 자신의 철학을 실험하고 자신의 증거를 보완한 뒤, 현자들에게 인간이 어디서 위로받는가를 도로 가르치려고 든다.(Gorski 152)
- 7행의 탄생의 죄는「자아와 영혼의 대화」A Dialogue of Self and Soul I부 23행의 '죽음과 탄생의 죄'와 비교해 볼 것.(Albright 746)

But where the crime's committed
The crime can be forgot.

1929

하지만 죄를 범한 곳에서

죄는 망각될 수 있는 법.

1927. 6.

VI

Chosen

The lot of love is chosen. I learnt that much
Struggling for an image on the track
Of the whirling Zodiac.
Scarce did he my body touch,
Scarce sank he from the west
Or found a subterranean rest
On the maternal midnight of my breast
Before I had marked him on his northern way,
And seemed to stand although in bed I lay.

- 사랑의 지혜에 대한 두 번째의 통찰력. 합일의 경지를 노래했다.(Unterecker 237)
- 여성의 사랑을 지상의 잠자리에서 태양이 뜨지 못하게 막아 보려고 애쓰는 암흑을 상징하는 것으로 한 다음에, 황도대에서 올라가는 남녀의 영혼을 상징하는 것으로 바꾸어 나간 작품(예이츠의 말).(Albright 746)
- 성적인 결합의 죄가 우주적인 차원에서 신성한 행위로 격상되는 주제를 다룬 작품.(Gorski 153)
- 제목 중의 선택은 플라톤의 에르Er 신화에서 활용된 것. 그 신화에서는 하늘의 남녀 영혼들은 제비를 뽑는다. 그리고 그것이 미래의 운명을 결정한다.(*NC* 327)
- 운명적인 사랑에 대한 자포자기.(Rosenthal 322)
- 2행의 휠휠 도는 황도대는 우주 속의 상상적인 벨트. 태양도 빙빙 도는 황도대를 통해서 이동한다고 한다. 태양이 도는 길.(*NC* 327)
- 4-9행은 단 하룻밤의 성행위의 상징. 짧고 덧없음을 말한다.(Cullingford 216)

VI

선택받아

사랑은 선택의 운명.
나는 훨훨 도는 황도대의 궤적에서
한 영상을 찾느라 버둥거리면서, 그 정도는 알았어요.
그이가 내 육신에 닿자마자,
그이가 서쪽으로 빠지자마자,
달리 말해 어머니 같은 한밤중 내 젖가슴에서
땅속 깊은 안식을 발견하자마자,
나는 그이에게 북쪽 길을 가리켰고,
나는 자리에 누웠지만 서있는 것 같았어요.

- 5행의 서쪽으로 빠진다는 것은 남성을 태양으로 본 것. 사랑은 태양과 지구, 빛과 어둠의 상징적인 결혼으로 보기 때문이다.(Cullingford 216) / 남녀를 낮과 밤의 보편적인 상징으로 제시하는 것은 보편적인 인간에 대한 서술을 지향한다는 뜻.(Albright 747)
- 7행의 땅속 깊은 안식은 남녀의 결합된 상황.(역자)
- 8행의 북쪽 길은 'northern way'의 번역. 이는 'northward way'가 아니다. 즉, 북쪽으로 가는 길이 아니라 북쪽에 나있는 길이라는 뜻.(Cullingford 216) / 북반구에서 밤 시간이 길어지는 때는 태양이 남쪽으로 치우쳐 지나갈 때이다.(역자) / 북쪽 길을 가리킨다는 것은 남자가 통과하는 지하의 길, 즉 사랑의 잠자리에 머무는 시간을 오래 끌 수 있도록 밤을 길게 하는 방안을 제시하는 것. 바꾸어 말하면, 여성인 지구가 남성인 태양이 빨리 통과하지 못하도록 남성에게 간청하는 것인데, 태양이 북쪽 길을 택하면 밤이 길어질 것이기 때문이다.(역자; Cullingford 216)

I struggled with the horror of daybreak,
I chose it for my lot! If questioned on
My utmost pleasure with a man
By some new-married bride, I take
That stillness for a theme
Where his heart my heart did seem
And both adrift on the miraculous stream
Where—wrote a learned astrologer—
The Zodiac is changed into a sphere.

[February 1926] 1929

- 14행의 고요한 상황은 'stillness'의 번역. 성행위 뒤의 정적 속에서 즐기는 흐뭇한 만족감.(Cullingford 216)
- 15-18행은 정적stillness에 대한 설명. 정적은 상반된 존재의 남녀를 통합시키는 정적stillness of unity. 즉, 화자로 하여금 높은 차원의 더 넓은 존재 양식으로 상승시켜 주는 순간. (Gorski 153)

나는 동이 트는 공포로 몸부림쳤고,
그것을 내 운명으로 선택했어요!
만약 내가 어느 신혼 새댁한테
남자와의 최상의 즐거움이 뭐냐는 질문을 받는다면
나는 그런 고요한 상황을 화두로 삼겠어요.
거기는 그이의 심장이 나의 심장 같았고
피차 기적 같은 시냇물 위에 떠있는 것 같았어요.
학식 있는 점성가가 적어 놓기를—
거기서 황도대가 천구天球로 바뀌어가는 것이래요.

1926 초

- 16행의 기적 같은 시냇물은 은하수. 태어나기 전의 영혼의 주거지로 사용되는 상징. (*NC* 328)
- 17행의 학식 있는 점성가는 마크로비우스Macrobius.(*NC* 328; Albright 746)
- 18행은『비전』에서 말하는 열세 번째 사이클.(*NC* 328) / 천구天球는 'a sphere'(천문학 용어)의 번역. 'sphere'는 완벽의 상징.(Unterecker 237)

VII

Parting

He. Dear, I must be gone
    While night shuts the eyes
    Of the household spies;
    That song announces dawn.

She. No, night's bird and love's
    Bids all true lovers rest,
    While his loud song reproves
    The murderous stealth of day.

He. Daylight already flies
    From mountain crest to crest.

She. That light is from the moon.

- 필연적인 이별(Unterecker 238). / 새벽의 작별 대사.(Vendler 392 n 31) / 『로미오와 줄리엣』 3막 5장 5-11행에 근거한 새벽의 노래.(Albright 747)
- 스윈번Algernon Charles Swinburne의 욕정, 에즈라 파운드Ezra Loomis Pound의 언어의 절약, 셰익스피어의 대화 형식이 결합된 작품. 소네트 형식.(Cullingford 219)

VII

작별

그이. 여보, 밤이 집안의 감시 눈들을
　감겨 놓고 있는 동안에
　나는 가야겠어요.
　저 노래가 새벽을 알리고 있어요.

그녀. 아네요, 밤의 새, 사랑의 새가
　진실한 연인 모두에게 휴식을 명령하고 있어요.
　사랑의 새가 큰 소리로 잡아먹을 듯
　슬슬 기어드는 낮을 야단칠 동안 말이에요.

그이. 햇빛이 벌써 산정에서 산정으로
　날아다녀요.

그녀. 그 빛은 달에서 온 거지요.

- 1행의 밤은 여자와 일치한다. 5행의 밤의 새, 사랑의 새(나이팅게일) 역시 여자와 일치한다.(Cullingford 219)
- 4행의 저 노래는 새의 노래. 여기서는 한계와 좌절을 암시한다.(Cullingford 219)
- 5행의 밤의 새는『로미오와 줄리엣』3막 5장의 나이팅게일과 유사하다.
- 7행의 잡아먹을 듯은 남자 연인의 신변의 위협.(Cullingford 219)

He. That bird ...

She. Let him sing on,
I offer to love's play
My dark declivities.

1929

• 12행의 저 새는 종달새. 여자는 그것을 무시하려 든다. 이는 사랑의 재개 의사의 표명이며, 14행이 뒷받침한다.(Cullingford 219)

그이. 저 새는…….

그녀. 계속 지저귀라고 해요.
나는 사랑하는 사람의 유희에다
나의 어두운 그것들을 바치겠어요.

1926. 8.

• 14행의 어두운 그것들은 'dark declivities'의 편의상 번역. 그 말은 여성 성기에 대한 언급.(Cullingford 219)

VIII

Her Vision in the Wood

Dry timber under that rich foliage,
At wine-dark midnight in the sacred wood,
Too old for a man's love I stood in rage
Imagining men. Imagining that I could
A greater with a lesser pang assuage
Or but to find if withered vein ran blood,
I tore my body that its wine might cover
Whatever could recall the lip of lover.

And after that I held my fingers up,
Stared at the wine-dark nail, or dark that ran
Down every withered finger from the top;
But the dark changed to red, and torches shone,
And deafening music shook the leaves; a troop

- 한 늙은 여인의 어린 시절부터 상상의 죽음에 이르기까지의 노래.(Unterecker 238)
- 앞의 VII부「작별」Parting과는 상반되는 상황. 사랑이 유희가 되지 못하고 어둠이 자애로운 것이 안 되는 상황이다.(Cullingford 220)

VIII

숲 속에서의 그녀의 환상

포도줏빛으로 캄캄한 한밤중, 성스러운 숲 속,
풍성한 나뭇잎 아래 메마른 나무 둥치마냥,
사내의 사랑을 받기엔 너무 늙은 내가
사내들을 상상하면서 분통이 터져 서있었다.
나는 작은 고통으로 큰 것을 줄일 수 있으리란 생각에,
아니 시든 핏줄이 피를 보내는지 그저 알아보려고
육신의 포도주가 연인의 입술에 대한 기억을
무엇이든 되살릴 수 있도록 내 몸을 찢었다.

그러고 나서 나는 내 손가락을 쳐들어,
포도주 빛깔의 검은 손톱, 아니 손가락 끝에서
시든 손가락 하나하나에 흐르는 검은 걸 바라보았다.
그러나 검은 것이 붉게 변했고, 횃불들이 번쩍였다.
그러고는 귀를 멍하게 하는 음악이 나뭇잎을 뒤흔들었다.

- 2행의 메마른 나무 둥치는 늙은 부인.(Unterecker 238)
- 7-8행의 육신의 포도주는 피. 되살릴 수 있는은 'could recall'의 번역.(역자) / 육신을 찢는 행위는 성이 거부되기 때문에 고통에서 즐거움을 찾기 위한 변태적인 행위.(Cullingford 220)
- 12-20행은 그녀 눈에 비친 환상.(역자)

Shouldered a litter with a wounded man,
Or smote upon the string and to the sound
Sang of the beast that gave the fatal wound.

All stately women moving to a song
With loosened hair or foreheads grief-distraught,
It seemed a Quattrocento painter's throng,
A thoughtless image of Mantegna's thought—
Why should they think that are for ever young?
Till suddenly in grief's contagion caught,
I stared upon his blood-bedabbled breast
And sang my malediction with the rest.

That thing all blood and mire, that beast-torn wreck,
Half turned and fixed a glazing eye on mine,
And, though love's bitter-sweet had all come back,
Those bodies from a picture or a coin
Nor saw my body fall nor heard it shriek,

- 14행의 부상자는 신화에 나오는 아도니스Adonis나 슬라이고의 불벤 산에서 멧돼지에 희생되었다는 아일랜드 신화의 디어르마드Diarmuid.(*NC* 329)
- 16행의 짐승은 아도니스를 죽인 멧돼지. 아도니스는 아프로디테Aphrodite(로마 신화의 비너스)가 사랑했던 미소년.(*NC* 329)

한 무리가 부상자를 눕힌 들것을 어깨에 메거나,
혹은 현악기를 두들기고 그 소리에 맞추어
치명상을 입힌 그 짐승에 대한 노래를 불렀다.

위엄 있는 여자들 모두가 머리를 풀어헤치거나
슬픔에 젖은 이마를 하고 음악 따라 움직이는 것이
만테냐의 생각을 드러낸 멍청한 영상—
마치 15세기 화가가 그린 군상 같았다.
영원히 젊은 그들이 왜 생각을 해야 하는 것일까?
드디어 나는 갑자기 슬픔에 사로잡혀,
피가 흥건한 그의 가슴을 응시하고
다른 사람들과 함께 나의 저주의 노래를 불렀다.

온통 피와 진창이 된 저것이, 짐승에 찢긴 저 육신이,
반쯤 몸을 틀어 불타는 눈길을 내 눈에서 떼지 않았다.
그리하여 사랑의 쓰고 단 것들이 온통 되돌아왔지만,
그림이나 동전에서 나온 저런 사람들은
내 몸이 쓰러지는 걸 보지도, 내 육신의 비명을 듣지도 못했고

- 19행의 만테냐Andrea Mantegna(1431-1506)는 이탈리아의 화가. 르네상스의 파도바Padova파 화가. 예수의 십자가 형, 성 세바스티아누스의 순교 장면 등 폭력관련 장면을 잘 그린 화가.
- 20행의 15세기는 이탈리아의 15세기.(*NC* 330)
- 25-32행(4연)은 제임스 프레이저Sir James George Frazer의 풍요의 신화들 중의 죽어가는 신으로 보이지만 그녀는 그를 자기의 연인으로 인식하는 대목.(Cullingford 220)
- 27행은 아도니스가 풍요의 신이라는 것을 말한다.(Unterecker 238)
- 28행의 저런 사람들은 14행의 한 무리와 17행의 위엄 있는 여자들.

Nor knew, drunken with singing as with wine,
That they had brought no fabulous symbol there
But my heart's victim and its torturer.

1929

- 31행의 전설 같은 상징이 아닌 것은 신이나 영웅의 육신이 아닌 그녀의 연인의 상징. (*NC* 330)

술에 취하고 노래에 취해,
그들이 거기에 갖고 온 것은 전설 같은 상징이 아닌,
내 마음의 희생자이며 고문자라는 사실을 알지 못했다.

1926. 8.

- 32행의 내 마음의 희생자이며 고문자는 그녀의 연인과 그녀 (Unterecker 238) / 이는 성적인 열정 즉 사랑이란, 위안도 기적도 유희도 영원의 상징도 아닌, 잔인한 고문이라고 보는 것.(Cullingford 221)

IX

A Last Confession

What lively lad most pleasured me
Of all that with me lay?
I answer that I gave my soul
And loved in misery,
But had great pleasure with a lad
That I loved bodily.

Flinging from his arms I laughed
To think his passion such
He fancied that I gave a soul
Did but our bodies touch,
And laughed upon his breast to think
Beast gave beast as much.

I gave what other women gave

- 기본적으로 극적 독백의 시. 늙은 여자의 종부성사 때의 고백. 고해성사라는 종교적인 틀을 이용하여 거기에 저항하는 여성의 성의 목소리를 보여 주고 있다.(Cullingford 223)
- 1-2연(1-12행)은 육체적인 사랑.(Gorski 154)
- 4행의 처참하게 사랑했다는 것은 아프로디테(비너스)와 아도니스의 비극적인 사랑.

IX

마지막 고백

나와 함께 누웠던 모든 사람 중에서
어느 팔팔한 청년이 날 가장 즐겁게 했던가?
나는 답한다, 영혼을 내주고
처참하게 사랑했지만,
육신으로 사랑했던 한 젊은이와
엄청난 즐거움을 맛보았다고.

나는 그의 팔을 헤치고 나오면서 웃었지요,
그의 열정이 그런 것이었다고 생각하면서.
그는 내가 영혼을 주었다고 믿었지요,
그러나 우리는 단지 육신을 맞닿았을 뿐.
그의 가슴 위에 엎드려 웃었어요,
짐승끼리도 그만큼은 준다는 생각을 하고서.

나는 옷을 벗고 나온 다른 여인들이

- 12행의 짐승끼리도 그만큼은 육체적인 성적 결합의 비극은 영혼의 영원한 처녀성에 있음을 말한다.(*NC* 330)
- 3-4연(13-24행)은 정신적인 결합(결혼)에 대한 서술.(역자)
- 13-14행은 자신의 성행위를 뉘우치지 않고 떠벌리면서 고해신부를 조롱함.(Cullingford 223)

That stepped out of their clothes,
But when this soul, its body off,
Naked to naked goes,
He it has found shall find therein
What none other knows,

And give his own and take his own
And rule in his own right;
And though it loved in misery
Close and cling so tight,
There's not a bird of day that dare
Extinguish that delight.

1929

- 15-24행은 죽고 나서도 여전히 성을 긍정하는 이단적인 생각을 피력하고 있다. 이러한 고백은 고해신부를 조롱하는 행위이지만, 그녀의 연인에게는 정신적인 복종을 의미하게 된다. 따라서 이 시는 IV부의 시 「그녀의 환희」Her Triumph의 사후 편에 해당한다.(Cullingford 223)
- 15-16행의 이 영혼이 육신의 옷을 벗고 전적으로 나신이 되어 간다는 것은 영혼이 정신적인 사랑을 할 때 육체적인 사랑보다 더 나신의 상태가 된다는 역설적인 여인의 생각을 말한다.(Albright 749) / '발가벗은 영혼'은 여성다운 신부(feminine bride).(Gorski 154)

제공하는 것을 제공했지요.
하지만 이 영혼이 육신의 옷을 벗고
전적으로 나신이 되어갈 때,
이 영혼이 발견한 그이는 그 영혼 속에
다른 누구도 알지 못하는 것을 발견할 거고,

자신의 것을 내주고는 거두어들여
자기 나름대로 다스릴 거예요.
그리고 이 영혼이 과거에는 비참하게 사랑했지만
가까이 바짝 매달릴 테니,
그런 즐거움을 감히 말살시킬
한낮의 새는 한 마리도 없는 거죠.

1926. 6 - 8.

- 19-20행은 신과 같은 남성다운 사랑.(Gorski 154)
- 24행의 한낮의 새는「젊은 날의 추억」A Memory of Youth 19행의 '무척 야릇한 작은 새'a most riduculous little bird,「그녀의 환희」Her Triumph 12행의 '경이로운 이상한 새'the miraculous bird,「작별」Parting 5행에 나오는 새들을 참조할 것.(*NC* 330)

X

Meeting

Hidden by old age awhile
In masker's cloak and hood,
Each hating what the other loved,
Face to face we stood:
'That I have met with such,' said he,
'Bodes me little good.'

'Let others boast their fill,' said I,
'But never dare to boast
That such as I had such a man
For lover in the past;
Say that of living men I hate
Such a man the most.'

'A loony'd boast of such a love,'
He in his rage declared:

- 지상에서의 마지막 대면 장면. 피차 늙어서 상대방과 자기 자신의 추악한 몰골을 증오하고 있다.(Unterecker 239)
- 늙음에 대한 증오.(Albright 749)

X

만남

늙은 탓에 가면 쓴 사람의
외투와 모자 속에 잠시 숨어서,
상대방이 사랑했던 것을 피차 증오하며,
우리는 정면으로 마주섰다.
'내가 그런 사람들과 만난 것은
별 좋은 징조가 못 되지요.' 하고 그가 말했다.

나는 말했다, '남들이야 실컷 자랑하게 놔둬요.
하지만 나 같은 이런 사람이
과거에 연인으로 그런 남자를 가졌다고
절대로 자랑하진 않아요.
살아 있는 자들 중에 그런 사람을
나는 가장 증오한다고 말하세요.'

'바보 같은 자가 그런 사랑을 자랑하지요.'
하고 그는 화를 내며 말했다.

- 1행의 가면은 II부의「세상이 창조되기 전에」Before the World was Made에 언급한 가면과는 다른 가면.(Unterecker 239)

But such as he for such as me—
Could we both discard
This beggarly habiliment—
Had found a sweeter word.

[23 July - August 1926] 1929

그러나—우리 두 사람이 다 같이
이런 거지 같은 복장을 벗어 버릴 수 있다면—
그분 같은 사람이 나 같은 사람에게
이보다는 부드러운 말을 했을 거다.

1929

- 16행의 거지 같은 복장은 늙어빠진 육신.(Unterecker 239)

XI

From the 'Antigone'

Overcome—O bitter sweetness,
Inhabitant of the soft cheek of a girl—
The rich man and his affairs,
The fat flocks and the fields' fatness,
Mariners, rough harvesters;
Overcome Gods upon Parnassus;

Overcome the Empyrean; hurl
Heaven and Earth out of their places,
That in the same calamity
Brother and brother, friend and friend,
Family and family,
City and city may contend,

- 소포클레스의『안티고네』*Antigone* 프랑스어 번역을 중역한 작품. 남녀를 불문하고 비극적으로 극복해야 할 죽음이라는 본질적인 것을 노래하는 기도문.(Unterecker 240)
- X부의 늙음에 대한 증오가 세상만사에 대한 증오로 일반화된 것. 마치 어느 한 사람의 비극이 온 인류의 비극인 것처럼.(Albright 749)
- 돌이킬 수 없는 운명을 슬퍼하고 있다.(Rosenthal 324)

XI

『안티고네』에서

물리쳐요—오 쓰디쓴 사랑,
아씨의 부드러운 볼의 주민—
부자와 그의 온갖 정사情事들,
살찐 양떼와 비옥한 들판,
뱃사람들, 거친 추수꾼들을,
파르나소스 산 위의 신들을.

천상 지고천至高天을 물리쳐요.
하늘과 땅을 그 자리에서 몰아내요.
똑같은 재앙 속에서
형제와 형제, 친구와 친구,
가족과 가족, 도시와 도시가
저 미쳐 날뛰는 위대한 영광에 의하여

- 안티고네가 아버지의 효녀로서도 아니고 나라에 반기를 든 시민으로서도 아닌, 에로스의 대변자 역할을 하는 내용의 작품. 그녀는 도덕적인 이유와 정치적인 이유 때문에 에로스를 소중하게 따로 챙긴 여인.(Cullingford 225-226)
- 6행의 파르나소스는 시신(뮤즈)들에게 성스러운 산.(*NC* 331)
- 10행의 형제와 형제는 안티고네의 남동생들. 형제간인 에테오클레스Eteocles와 폴리니케스Polynices가 서로 죽였다.(*NC* 331)

By that great glory driven wild.

Pray I will and sing I must,
And yet I weep—Oedipus' child
Descends into the loveless dust.

[15 September 1927 - February 1928] 1929

- 14-15행은 시인, 즉 예이츠 자신의 말.
- 14행의 나는 예이츠 자신. 시인 자신도 속수무책이라는 것.(Rosenthal 324)
- 15행의 오이디푸스의 자식은 안티고네.(Albright 749)

아옹다옹 다투도록 말이오.

기도하리라 나는, 그리고 노래해야지.
하지만 나는 우노라—오이디푸스의 자식이
사랑이 없는 땅속으로 내려가누나.

1927 혹은 1928

- 16행의 사랑이 없는 땅은 'loveless dust'의 번역. / 안티고네가 사랑이 없는 땅속으로 들어간다는 것은 안티고네가 삼촌인 크레온Creon 왕의 명령에 불복한 죄로 생매장됨을 말한다.(Albright 749) / 그뿐만 아니라 그녀가 사랑하는 왕자 하이몬Haemon과의 사랑도 이루지 못함을 말한다.(역자) / 이는 아버지와 남성 코러스가 말하는 가부장적인 구조 속에서 예이츠의 여성 대변자들이 다양한 성적인 주체들을 내세우려고 시도한 연작시의 침울한 마무리가 된다.(Cullingford 226)

Words for Music Perhaps

I

Crazy Jane and the Bishop

Bring me to the blasted oak
That I, midnight upon the stroke,
(*All find safety in the tomb.*)

- 연작시의 제목이 암시하듯이 노랫가사로 쓴 시. 따라서 후렴, 짧은 시행, 연의 구성, 쉬운 말로 이루어진 연작시. 등장인물은 유랑인들, 머리가 이상한 사람들, 성격이 일관되지 못한 사람들.(Albright 731)
- 전체적인 주제는 처음에는 야성적인 사랑을, 다음에는 정상적인 남녀의 사랑, 그다음에는 사랑에 관한 것이지만 연가는 아니고, 마지막에는 개성을 초월한 환희를 노래하고 있다.(Albright 744)
- 이 작품은 음악을 위한 연작시일 뿐만 아니라 음악에 대한 연작시이다. 애당초 음악은 추악한 성적인 것들로 시작하지만, 종국에는 점차 초연한, 세속을 벗어난, 낙원적인 것으로 되어 가야 한다는 것.(Albright 743)
- I부에서 VII부까지는 '크레이지 제인 관련 시'Crazy Jane poems. 이들은 전체 연작시 중의 핵심이며, 그 나름으로 작은 연작시를 이루고 있다. 이들 작품은 육신과 영혼을 충족시킬 수 있는 참다운 사랑의 본질을 말하고 있다. 여기서 크레이지 제인은 대변인 구실을 한다.(Rosenthal & Gall 122)

어쩌면 노랫말로

I

크레이지 제인과 주교

벼락 맞은 상수리나무에 날 데려다 주오,
자정을 알리는 종이 울릴 때,
(무덤 속엔 모두 안전하대요.)

- I부 제목 중의 크레이지crazy는 '감정이 격렬한, 미친 듯한'이라는 뜻이지만 제인의 별명처럼 붙여진 고유명사나 다름 없다. 굳이 우리말로 옮긴다면 '미치광이 제인'이 좋을 듯하나 자칫하면 정신이상자로 곡해될 가능성이 있다.(역자)
- 제인은 그레고리 여사의 쿨 파크 근처인 거르트Gort 거주 노파로서 'Cracked Mary'로 알려진 실존 인물을 바탕으로 하여 창조된 인물.(*NC* 307; Jaffares 256) / 그녀는 'Aidhne' 들판을 떠돌아다닌 노파 'Cracked Mary'와 그레고리 여사 가까이에 살던, 그 지역의 입이 건 한 노파를 결합시켜 만든 인물. 이름을 제인Jane으로 바꾼 것은 종교적인 것과 관련 있다.(Ellmann 275) / 크레이지 제인은 마녀 같은 존재.(Cullingford 236)
- 크레이지 제인과 주교의 대화는 자아와 영혼, 현세 긍정과 현세 초월의 토론. 주교는 별난 공헌도 하지 못하는 육신을 거부하고 흉을 깨는 사람 같다. 그에 비하면 크레이지 제인이 오히려 신에 대한 지혜가 있는 편.(Albright 730)
- 주교에 대한 항변과 저주. 정통적인 종교와 인간의 성적 열정의 논쟁.(Rosenthal & Gall 122, 124) / 가부장적인 교회의 권위에 대한 여성의 저주.(Cullingford 235)
- 2행의 벼락 맞은 상수리나무는 마법의 나무. 견실하지 못한 주교를 빗대어 하는 말이기도 하지만, 반기독교적인 측면에서는 잭과 크레이지 제인을 보호해 주는 나무이기도 하다.(Unterecker 226) / 이 나무는 늙은 사람을 빗대어 말하는 부러진 나무.(Albright 731) / 벼락 맞은은 가톨릭교회의 억압을 암시한다. 예이츠는 상원 시절에 많은 투쟁을 했다.(Cullingford 236)
- 3행은 견실한 사람이나 얼간이나 다 같이 무덤 속에서는 편안하다는 뜻.(Bloom 400)

May call down curses on his head
Because of my dear Jack that's dead.
Coxcomb was the least he said:
The solid man and the coxcomb.

Nor was he Bishop when his ban
Banished Jack the Journeyman,
(*All find safety in the tomb.*)
Nor so much as parish priest,
Yet he, an old book in his fist,
Cried that we lived like beast and beast:
The solid man and the coxcomb.

The Bishop has a skin, God knows,
Wrinkled like the foot of a goose,
(*All find safety in the tomb.*)
Nor can he hide in holy black
The heron's hunch upon his back,

- 4행의 잭은 장인匠人 생활을 한 사람. 떠돌이 장인. 주교가 젊었을 때 파문한 사람. 그는 제인의 애인이었으나 일찍 죽었다. / 그는『죽 냄비』*The Pot of Broth*(1904) 66-70행에 언급되는 인물. 여기서는 주인공이 결혼하고 싶어하는 사람.(Albright 731)
- 5행의 저주를 퍼부으려고 하는 제인은 마녀 역을 한다는 것.(Cullingford 236)

나는 죽은 내 사랑 잭 때문에
그의 머리에다 저주를 퍼부으려고요.
그는 얼간이란 말까지 썼어요.
견실한 인간과 얼간이라.

그 양반이 장인匠人 잭에게
추방령을 내렸을 땐 주교가 못 되었고,
(무덤 속엔 모두 안전하대요.)
교구 사제도 못 되었지.
허나 낡아빠진 책 불끈 쥐고서
우리가 짐승처럼 산다고 야단쳤지.
견실한 인간과 얼간이라.

하느님은 알겠지만 주교는
거위 발처럼 주름진 피부였는데,
(무덤 속은 모두 안전하대요.)
신성한 검은 성직자복에다
뒷등의 왜가리 곱사를 숨기지 못해도,

- 6행의 얼간이는 'coxcomb'의 번역. 이 말은 광대 모자를 쓴 사람이라는 원래의 의미로 쓰였거나, 혹은 주교가 잭을 멋쟁이fop라고 매도하지는 않은 것 같으니까, 얼간이simpleton라는 뜻으로 쓴 말이다.(Bloom 399) / 얼간이는 『리어 왕』*King Lear*에 등장하는 풀Fool과 유사하다.(Cullingford 236)
- 후렴의 견실한 인간과 얼간이는 차츰 뒤바뀐다. 처음에는 주교가 잭을 얼간이로 취급하지만 그는 차츰 견실한 인간이 되고, 나중에는 주교가 오히려 진짜 얼간이가 된다.(Ellmann 275) 즉, 1-2연의 후렴에서는 잭이 얼간이, 3-4연의 후렴에서는 주교가 얼간이가 된다.

But a birch-tree stood my Jack:
The solid man and the coxcomb.

Jack had my virginity,
And bids me to the oak, for he
(*All find safety in the tomb.*)
Wanders out into the night
And there is shelter under it,
But should that other come, I spit:
The solid man and the coxcomb.

1930

잭은 자작나무처럼 꼿꼿했지요.
견실한 인간과 얼간이라.

잭은 내 처녀성을 앗아 갔고,
상수리나무로 오라고 그러는데,
(무덤 속엔 모두 안전하대요.)
왜냐하면 야밤에 나돌아다니다가도
그 밑에는 숨을 곳이 있으니까요.
허나 딴 놈이 나타나면 난 침을 뱉어요.
견실한 인간과 얼간이라.

1929. 3. 2.

- 20행의 자작나무처럼 꼿꼿하다는 것은 건장한 남근을 암시.(Unterecker 226; Cullingford 237) / 곱사등의 주교와는 대조적으로 꼿꼿하고 당당함을 말한다.(Rosenthal 315)

II

Crazy Jane Reproved

I care not what the sailors say:
All those dreadful thunder-stones,
All that storm that blots the day
Can but show that Heaven yawns;
Great Europa played the fool
That changed a lover for a bull.
Fol de rol, fol de rol.

- 크레이지 제인이 자신을 비난하고 있든지, 혹은 딴 사람이 그녀를 비난하고 있든지 간에, 그녀는 우락부락한 잭보다는 좀 더 아기자기한 매력을 지닌 연인을 선택할 것을 권고받고 있다는 내용의 작품. 폭풍우나 제우스의 변신 같은 것은 단지 신의 수사적인 언설에 지나지 않는 것이고 하늘이 해야 할 일은 조가비의 창조 같은 섬세한 일을 하는 데 애쓰는 것이듯이, 제인도 연인을 선택하되 이러한 진리를 염두에 두어야 한다는 이야기.(Ellmann 276)
- 제인이 주교의 힐책을 받은 뒤, 반기를 들고 항변하는 내용. 주교의 하느님이 분노의 벼락을 치지만, 크레이지 제인의 하느님은 인간의 죄에 대해서는 관심이 없고, 그보다는 조가비를 창조한다든가 하는 작은 아름다움에 몰두한다는 내용.(Albright 731)
- 하늘과 제우스가 무슨 일을 하든지 간에 제인이 그들을 비난하고 있다.(Bloom 401)
- 이 작품은「파넬 이후의 아일랜드」Ireland after Parnell라는 글에 나오는 한 구절을 시로 쓴 것. 그 글에서 예이츠는 시인이 정치적인 성향을 띠는 것을 한탄했다.(Albright 731)
- 1연(1-6행)은 크레이지 제인의 말.(역자)
- 1행의 나는 제인. 주교에게 꾸지람을 들은 뒤에 제인이 하는 말로 전개되고 있다. 제인의 말의 핵심은 여자는 주교가 떠벌리며 말하는 신의 사랑보다는 잭 같은 인간적인 사랑이 더 낫다는 것.(Albright 731-732)

II

질책받은 크레이지 제인

나는 뱃사람들이 뭐라 하든 상관 안 해요.
무시무시한 벼락 떨어지는 저 모든 소리들과,
대낮을 캄캄하게 하는 그 모든 폭풍우도
하느님의 하품이라는 걸 보여 주는 것일 뿐,
위대한 에우로페는 자기 연인을
황소로 바꾸어버린 바보짓을 한 거죠.
메에롱, 메에롱.

- 2-4행은 연인의 선택 때문에 제인이 비난받을 만하다는 것을 암시하는 대목.
- 2행의 벼락은 'thunder-stones'의 번역. 각운을 맞추기 위해서 동원한 말.(역자) 이 말은 'thunder-bolt'의 고어.(*Webster*)
- 4행의 하느님은 'Heaven'의 번역. 창조주의 뜻. 11행의 예도 마찬가지.
- 5-6행에서 에우로페는 … 바보짓을 한 것은 여자는 신보다는 잭 같은 인간의 사랑을 받는 것이 낫다는 것.(Albright 731)
- 5행의 에우로페Europa는 페니키아 왕의 딸. 제우스가 그녀에게 반해 황소로 변신, 그녀를 등에 태우고 크레타로 도망쳤다. 그녀는 미노스Minos의 어머니가 되었다.
- 7행의 메에롱, 메에롱 은 원문의 후렴 'Fol de rol, fol de rol'을 우리 식으로 옮겨본 것.(역자) 원문은 'folderol, falderol' 혹은 'falderal'을 떼어 놓은 것이라지만, 의미 불명. / 후렴은 수사적인 논리에 대한 평가, 혹은 비난에 대한 제인의 반박인데, 둘 다 가능하다.(Ellmann 276) / 예이츠 자신의 반응이기도 하다.(Rosenthal & Gall 124) / 하늘이나 제우스가 부리는 온갖 조화에 대하여 못마땅해하는 제인의 반감.(Bloom 401) / 예이츠 자신은 이 시를 교훈적인 냄새가 덜 나고 좀 더 재미있게, 좀 더 명확하게 하기 위해서 이런 후렴을 끼워 넣었다고 한다.(Albright 732)

To round that shell's elaborate whorl,
Adorning every secret track
With the delicate mother-of-pearl,
Made the joints of Heaven crack:
So never hang your heart upon
A roaring, ranting journeyman.
Fol de rol, fol de rol.

1930

- 2연(8-13행)은 주교의 말.(역자)
- 8-11행은 1-4행에서 말하듯 벼락이나 폭풍우는 창조주의 하품일 정도로 별것 아닐지 모르지만, 거기에 비해 조가비의 창조는 굉장히 힘든 일이라는 것.(역자)
- 10행의 조가비는 창조의 기적의 상징.(Ellmann 169) 또는 여러 가지로 유추될 수 있으나 상징성이 명확하지 않다.(Rosenthal 316-317) / 정교한 소용돌이는 'elaborate whorl'의 번역. 이는「젊었을 때와 늙었을 때의 여자」A Woman Young and Old의 VII번 시「작별」Parting의 '어두운 그것들'dark declivities(14행)과 유사한 것을 말하는 이미지.(Cullingford 220)
- 11행은 창조의 어려움을 말하고 있다. 이와 같이 제인도 연인의 선택에 신중을 기해야 한다는 말.(Ellmann 276)

우아하고 연약한 진주층으로
은밀한 통로 모두 장식하면서
저 조가비의 정교한 소용돌이를 완성하다가
하느님의 관절에 금이 갔죠.
그러니 요란하게 떠들고 다니는 떠돌이에게
절대로 마음을 매달아 두지 마요.
메에롱, 메에롱.

1929. 3. 27.

- 12-13행은 주교의 충고.(역자)
- 12행에서 잭이 요란하게 떠들고 다니는 떠돌이라는 주교의 말은 1연에서 말하는 하느님처럼 잭도 시끄럽다는 점에서 피장파장이라는 뜻이 담겨 있다. 따라서 잭에 대한 비난은 후렴에서 암시하듯 말도 안 되는 소리nonsense라는 것.(Albright 732) / 떠돌이는 'journeyman'의 번역.(역자)
- 14행의 후렴은 잭이 요란하기만 하고 섬세하지 못한 점은 못마땅하지만, 그에 대한 비난에 대해서는 제인이 일축하는 듯이 보이는 후렴이다.(Albright 732) / 후렴은 마음을 매달아 두지 말라는 주교의 명령을 조롱하고 있다.(Cullingford 234)

III

Crazy Jane on the Day of Judgment

'Love is all
Unsatisfied
That cannot take the whole
Body and soul';
And that is what Jane said.

'Take the sour
If you take me,
I can scoff and lour
And scold for an hour.'
'That's certainly the case,' said he.

'Naked I lay,
The grass my bed;

- 원제목의 'on'을 'about'의 뜻으로 보면(Rosenthal & Gall 124), 심판 날에 대한 제인의 생각.
- 사랑은 육신과 영혼 양자를 다 포함해야 한다는 제인의 생각이 심판 날에는 옳았다고 판명되리라는 것.(Unterecker 227)
- 사랑의 충분한 만족감이 가능한 유일한 시기인 시간의 종말 때의 제인과 잭에 대한 시인의 상상.(Albright 732)

III

심판 날의 크레이지 제인

'육신과 영혼을
죄다 차지할 수 없는
사랑은
모두 만족 안 된 것이죠.'
그런데 그건 제인이 한 말.

'당신이 날 차지하면
쓴맛 보세요.
나는 조롱하고 인상 쓰고
한 시간 바가지 긁을 테니.'
'틀림없이 그렇겠지.' 그가 말했다.

'풀밭을 침대로 삼고,
홀딱 벗고 누웠지요.

- 7행의 쓴맛은 단맛의 상대적인 것. 심판 날에는 쓴맛 단맛이 합쳐져 전체를 이룬다.(Albright 732)
- 10행 후렴의 그he는 하느님God. 원문에서 'he'를 소문자로 표기한 것은 이 심판이 기독교 전통에 입각한 최후의 심판이 아니라는 것과, 제인은 여전히 신적인 사랑보다는 세속적인 사랑에 빠져 있다는 징표.(Rosenthal & Gall 124) / 후렴의 그는 잭.(Albright 732)

Naked and hidden away,
That black day',
And that is what Jane said.

'What can be shown?
What true love be?
All could be known or shown
If Time were but gone.'
'That's certainly the case,' said he.

1932

- 13행의 운수 사나웠던 그날은 잭이 죽은 날을 암시하는 듯하다.(Rosenthal 317)
- 14행의 벗었다가 감춰진 거라는 것은 심판 날에는 모든 것이 드러나는 것과는 반대로 현세는 노출되었다 하더라도 감추어진 것이라는 것.(Albright 733) / 제시되었다가 신비롭게 감추어진offered and occulted 것을 말한다.(Cullingford 220)

운수 사나웠던 그날,
벗었다가 감춰진 거죠.'
그런데 그건 제인이 한 말.

'무엇이 드러날까요?
참다운 사랑이란 무엇일까요?
'세월'이 지나가야 죄다
알게 되거나 드러나게 되겠지요.'
'틀림없이 그렇겠지.' 그가 말했다.

1930. 10.

• 18-19행은 시간의 굴레에서 벗어나면 사랑의 실체가 드러나리라는 것. 즉 죽은 뒤에 그들의 사랑이 시간을 초월하는 사랑이 되리라는 제인의 생각.(Wilson 214)

IV

Crazy Jane and Jack the Journeyman

I know, although when looks meet
I tremble to the bone,
The more I leave the door unlatched
The sooner love is gone,
For love is but a skein unwound
Between the dark and dawn.

A lonely ghost the ghost is
That to God shall come;
I—love's skein upon the ground,
My body in the tomb—
Shall leap into the light lost
In my mother's womb.

- 영혼이 하느님에게 접근하는 데 성적인 결합이 유용함을 말하고 있다. 육신의 갈망이 충족되면, 육신이 죽자마자 영혼은 육신과 분리되어 빛 속으로 뛰어들고(12행), 육신의 욕구가 충족되지 못하면, 제인의 혼령은 지상의 길을 이용하여 잭을 만날 길을 찾아 나선다는 줄거리.(Albright 733)
- 영혼이 신과 만날 수 있도록 영혼을 자유롭게 하기 위해 현세에서 성을 드러내야 한다는 제인의 주장. 이것은 성스러운 것을 주교들에게 양도하지 않겠다는 예이츠의 의지 표명이기도 하다.(Cullingford 238)

IV

크레이지 제인과 떠돌이 장인 잭

시선이 마주칠 때
나는 뼛속까지 떨리지만,
문을 잠그지 않고 두면 둘수록
사랑은 그만큼 재빨리 사라진다는 것을 안다.
왜냐하면 사랑이란 캄캄한 밤과 여명 사이에
풀리는 실타래에 지나지 않으니까.

혼령은 하느님에게 찾아갈
고독한 혼령.
나는—육신이 무덤에 있고
사랑의 실타래가 지상에 있으니—
엄마의 자궁에서 잃어버린
그 빛으로 뛰어들어가리라.

- 3-4행은 슬퍼할 일이 아니라 축하해야 할 일. 그 이유는 육신은 죽어서 땅속에 있지만 사랑은 지상에 남아 어머니의 자궁 속으로 뛰어들어갈 것이기 때문이다(9-12행). (Cullingford 238)
- 5-6행은 크레이지 제인이 주장하는 사랑의 정의 (Bloom 401)
- 12행은 육체적인 갈망이 충족될 경우를 말한다.(Albright 733) / 그 빛은 천국의 빛.(Rosenthal 318)

But were I left to lie alone
In an empty bed,
The skein so bound us ghost to ghost
When he turned his head
Passing on the road that night,
Mine must walk when dead.

1932

• 13-14행은 육체적인 욕구가 충족되지 않을 경우.(Albright 733)

그러나 내가 빈 침대에
홀로 누워 있으면,
실타래가 혼령과 혼령으로 묶어 놓아
내가 죽는 그날 밤,
그가 길을 지나면서 고개 돌리면
죽은 내 혼령이 틀림없이 따라나서리라.

1931. 11.

- 18행은 고독한 혼령의 성적인 연옥의 길로 나서는 제인.(Bloom 401) / 틀림없이는 'Must'의 의미를 가미한 번역. / *PR*은 18행을 'Mine would walk beir.g dead.'로 고쳐 놓았다. (*PR* 258)

V

Crazy Jane on God

That lover of a night
Came when he would,
Went in the dawning light
Whether I would or no;
Men come, men go:
All things remain in God.

Banners choke the sky;
Men-at-arms tread;
Armoured horses neigh
Where the great battle was
In the narrow pass:

- 하느님은 모든 사물의 원형의 저장고, 즉 세계령Anima Mundi임을 말하는 시. 그는 시간성을 초월한다. 따라서 어떠한 사물도 없어지지 않는다.(Unterecker 228)
- 1연은 연인들의 열정은 덧없으나, 결코 없어지지 않는 영원한 실체라는 것.(Ellmann 276-277) / 잭이 죽고 난 뒤의 제인의 개방적인 남자관계. 제인의 이러한 성적 욕구는 메브 여왕Queen Maeve을 연상시킨다.(Cullingford 237-238)

V

하느님에 대한 크레이지 제인의 생각

하룻밤의 그 연인은
오고 싶을 때 왔고,
동이 트면 갔다,
내 생각은 아랑곳없이.
사내들이 오고 사내들이 간다.
만사 하느님 안에 그대로 남아 있지.

깃발들이 하늘의 숨통을 막고,
무장한 사람들이 행진한다.
좁은 고갯길,
큰 전투가 벌어졌던 곳에서
갑옷 입힌 말들이 운다.

- 6행의 후렴은 아무것도 없어지지 않는다는 제인의 주장. 하느님을 거론하는 것은 '세계령'과 마찬가지로 하느님이 모든 원형들의 저장고이기 때문이다.(Ellmann 276) / 후렴은 정작 주교의 입에서 나올 말이지만 제인이 자신의 성적인 개방에 관한 것과 잘 병치해 놓은 것. 이는 종교적인 후렴을 제인의 육신의 목소리로 전환시킨 것이다.(Cullingford 234)
- 2연은 과거에 치른 전투도 지상에서는 끝난 지 오래지만, 결코 끝나지 않고 남아 있음을 말한다.(Unterecker 228) / 군대의 이미지는 거르트Gort의 실존인물이었던 'Cracked Mary'가 목격한 백마를 타고 가는 기수들에 대한 환상을 근거로 한 것.(Ellmann 277)

All things remain in God.

Before their eyes a house
That from childhood stood
Uninhabited, ruinous,
Suddenly lit up
From door to top:
All things remain in God.

I had wild Jack for a lover;
Though like a road
That men pass over
My body makes no moan
But sings on;
All things remain in God.

1932

- 3연은 초자연적인 현상의 예.(Unterecker 228)
- 14-15행의 허물어진 집은 슬라이고 근처의 '다간 성'Castle Dargan으로 추정된다.
- 14-17행은 말년의 예이츠의 머리에서 떠나지 않았던 이미지.(Bloom 402)

만사 하느님 안에 그대로 남아 있지.

그들의 눈앞,
어릴 때부터 서있었던
사람이 살지 않는 허물어진 집이
갑자기 불을 밝혔다,
문간에서 꼭대기까지.
만사 하느님 안에 그대로 남아 있지.

나는 야성적인 잭을 연인으로 삼았다.
내 육신은 사람들이 지나가는
한길 같지만,
신음소리 내지 않고
계속 노래 부른다.
만사 하느님 안에 그대로 남아 있지.

1931. 7. 18.

- 16-17행의 불 밝혀진 집은 영원의 상징.(Wilson 80)
- 4연은 비록 사람들이 그녀의 육신을 한길처럼 쓰고 있지만, 죽은 잭은 여전히 그의 연인으로 남아 있음을 말한다.(Unterecker 229)
- 21행의 한길 같다는 것은 성의 주체인 육신은 성적 경험을 보존할 수 있는 곳이므로 이것 또한 일종의 보존창고 역할을 하는 곳이라는 의미.(Albright 734)

VI

Crazy Jane Talks with the Bishop

I met the Bishop on the road
And much said he and I.
'Those breasts are flat and fallen now,
Those veins must soon be dry;
Live in a heavenly mansion,
Not in some foul sty.'

'Fair and foul are near of kin,
And fair needs foul,' I cried.
'My friends are gone, but that's a truth
Nor grave nor bed denied,
Learned in bodily lowliness
And in the heart's pride.

- 이 연작시의 중심 작품.(Bloom 402)
- I부의 제인과 주교의 갈등을 극화한 대화. 제인이 주교의 사랑 개념을 압도한다.(Rosenthal & Gall 127-128)
- 제인이 육체에 대한 주교의 비난에 억압당하지 않고, 사랑의 노래와 성애sexual love를 신성시하는 철학을 제시하고 있다.(Gorski 147)
- 제인의 논리는 아름답든 추하든, 모든 것을 죄다 경험해야 영혼이 온전해진다는 것.(Unterecker 229)

VI

크레이지 제인과 주교의 대화

나는 길에서 주교 만나
많은 얘기 했다.
'저 젖가슴은 이제 납작하게 꺼졌군.
저 핏줄은 곧 말라 버려요.
천국의 집에서 살아 봐요,
추악한 돼지우리에 살지 말고.'

'아름다움과 더러움은 가까운 친척,
아름다움은 더러움을 필요로 해요.' 하고 나는 소리쳤다.
'친구들은 죽었어요. 그렇지만 이 말은
무덤도 침대도 거부 못하는 진리예요.
비천한 몸으로 배우고
마음의 긍지로 익힌 것이에요.

- 배설, 즉 성性은 성聖에 이르는 길이라고 주장하는 내용. 가톨릭에 대한 이단적인 작품.(Cullingford 243, 248)
- 5-6행은 여자의 성에 대한 성직자의 경멸감의 표현.(Cullingford 239)
- 7-8행은 제인의 반격. 제인은 양자의 구분을 거부하고 있다.(Cullingford 239) / 육체적인 사랑은 더러우면서도 아름다운 것. 따라서 모순되지 않는다는 주장이다.(Ellmann 278)
- 10행의 무덤은 아름다운 연인들을 보존하는 곳. 따라서 추하면서도 아름다운 곳. 성생활 역시 추하면서도 아름다움을 간직하고 있다.(Ellmann 278)

'A woman can be proud and stiff
When on love intent;
But Love has pitched his mansion in
The place of excrement;
For nothing can be sole or whole
That has not been rent.'

1933

- 15-16행은 '모든 생명은 부패에서 시작된다'는 이븐시나Avicenna(980-1037)의 연금술 이론hermetic theory. 제인은 그의 제자.(Gorski 149)
- 15행의 사랑은 'Love'의 번역. 남성을 가리킨다.(역자)
- 15-16행은 처녀성의 완성은 그것의 모독(성행위)에 있음을 말한다. 마치 타락한 세상과의 타협이 신의 명령을 완성하듯이.(Wilson 94) / 배설기관을 성에 대치代置되는 은유로 사용한 대목.(Cullingford 239)

여자는 사랑에 열중할 때는
우쭐해지고 당당해져요.
하지만 사랑은 그의 화려한 저택을
배설하는 곳에다 세웠네요.
갈라지지 않은 것은 아무것도
하나나 전부가 될 수 없으니까요.'

1931. 11. 2.

- 16행의 배설하는 곳은 그리스도의 잉태와 탄생과 연관시킨 대담한 성적인 해석.(Rosenthal & Gall 128) / 윌리엄 블레이크Wiiliam Blake의 『예루살렘』*Jerusalem*의 '나는 배설물 같은 그들의 사랑과 즐거움을 누릴 자리들을 마련해 줄 터이니.'For I will make their places of love and joy excrementitious(plate 88: 39행) 참조.(*NC* 311) / 세웠네요는 'pitched'의 번역. 이 말은 '누워 있는 것을 세우다erect'와 '타르로 시커멓게 되다'의 두 가지 뜻을 내포한다.(Albright 735)
- 18행의 하나나 전부는 'sole or whole'의 번역. 'sole'은 'soul'과, 'whole'은 'hole'과 발음이 같다. 따라서 말장난pun으로 보인다.(Unterecker 229; Thurley 206) 그런데 그런 식으로 바꾸어 보면 '영혼도 구멍도 될 수 없다'가 된다. 물론 '구멍'은 육신을 상징한다.

VII

Crazy Jane Grown Old Looks at the Dancers

I found that ivory image there
Dancing with her chosen youth,
But when he wound her coal-black hair
As though to strangle her, no scream
Or bodily movement did I dare,
Eyes under eyelids did so gleam;
Love is like the lion's tooth.

When she, and though some said she played
I said that she had danced heart's truth,

- 당초에 이 시의 제목은 'Cracked Mary and the Dancers'였다.(Jeffares 256)
- 후렴만 발라드 형식을 이용했다.(Vendler 129)
- 다른 많은 작품과 마찬가지로 꿈 장면을 소재로 한 작품. 군중이 흥겹게 노래하고 남녀가 눈에 띄게 춤추는 장면.(Unterecker 229) / 이 작품에서는 남자가 칼을 갖고 찌르려 하고 있지만 꿈에서는 남자가 무거운 것을 달아맨 밧줄을 빙빙 돌리고 있다.(Albright 735)
- 육체적인 사랑은 정신적인 증오spiritual hate에 바탕을 두고 있다는 윌리엄 블레이크의 생각(*Jerusalem*, plate 54: 12)과 관련되는 작품.(Jeffares 255; Unterecker 229) / 윌리엄 블레이크의 '정신적인 증오'에 바탕을 둔 작품이지만, 블레이크는 남녀 간의 것이 아닌, 앨비언Alvion과 그의 자손들 간의 것을 말했다. 즉, 오이디푸스적인 심리. 따라서 예이츠가 블레이크를 잘못 읽은 데서 비롯된 것이다.(Bloom 404)

VII

늙은 크레이지 제인이 춤추는 자들을 지켜보다

나는 거기에 그녀가 선택한 청년과
춤을 추는 그 상앗빛 이미지를 발견했지.
그러나 청년이 그녀를 질식시킬 듯
그녀의 새카만 머리를 휘감았을 때.
나는 감히 비명을 지르지도 꼼짝하지도 못했는데,
그들의 눈꺼풀 아래 눈알은 엄청 번쩍였어.
사랑이란 사자 이빨 같은 거야.

그녀가 춤췄을 때, 누군가도 말했지만,
그녀는 마음의 진실을 춤추었고,

- 낭만적인 고통Romantic Agony의 시.(Bloom 404)
- 성적인 열광을 유감없이 드러내는 젊은이들의 춤을 영원한 가치라고 규정하면서, 늙은 제인이 부러워하는 내용.(Rosenthal 319) / 성적 폭력을 다룬 시. 잠자리와 무덤을 병치시켜 사랑과 죽음을 연관시킨 작품.(Cullingford 220, 240)
- 1행의 나는 늙은 제인.(역자)
- 2행의 상앗빛 이미지는 춤추는 여자의 모습.(Unterecker 230)
- 3행의 질식과 10행의 칼로 찔러 죽이려는 몸짓은 열렬한 사랑의 표현.
- 7행의 후렴은「솔로몬과 마녀」Solomon and the Witch에서 성행위를 살육 행위라고 규정한 것이라든가(24행),「숲 속에서의 그녀의 환상」Her Vision in the Wood에서 사랑을 피해자와 가해자라고 한 논리(32행)를 참조할 것.(Albright 735)

Drew a knife to strike him dead,
I could but leave him to his fate;
For no matter what is said
They had all that had their hate;
Love is like the lion's tooth.

Did he die or did she die?
Seemed to die or died they both?
God be with the times when I
Cared not a thraneen for what chanced
So that I had the limbs to try
Such a dance as there was danced—
Love is like the lion's tooth.

1930

- 10행에서 꿈에서는 남자가 칼을 빼들고 있었으나 여기서는 여자로 바꾸었다. 예이츠가 이렇게 바꾼 이유는 성의 폭력은 피차 마찬가지라는 것. 따라서 그 결과로 15-16행에서 어느 쪽이 죽었는지, 둘 다 죽었는지, 혹은 죽은 것 같은지 하는 애매한 말을 하고 있다.(Cullingford 240-241)

그녀는 그를 찔러 죽이려 칼을 뺐고,
나는 그를 그의 운명에 맡길 수밖에 없었지.
왜냐하면 무슨 말을 하든 상관없이
그들은 증오의 모든 걸 가지고 있었으니까.
사랑이란 사자 이빨 같은 거야.

그가 죽었는지, 그녀가 죽었는지?
죽은 것 같은지, 둘 다 죽고 말았는지?
그들이 어떻게 되든 전혀 개의치 않고
그들이 보여준 대로 그런 춤을
내 팔다리로 춰보려 했을 때,
나는 하느님이 늘 함께하시길 빌었지—
사랑이란 사자 이빨 같은 거야.

1929. 3. 6.

- 13행은 '성적인 사랑은 정신적인 증오에 바탕을 둔 것'이라는 윌리엄 블레이크의 사상과 관련되는 구절.(Cullingford 240) / 증오심은 강렬한 열정, 성적인 열광의 감정. (Rosenthal 319)
- 3연(15-20행)은 꿈에 본 것에 대한 시인 자신의 평가. 즉, 춤추는 남녀가 상징하는 것은 열정의 영원함.(Unterecker 229-230)
- 17행의 전혀 … 않고는 'not a thraneen'의 번역. / 'a thraneen'은 'a dry stick of grass, a straw' 뜻의 아일랜드 말.(*NC* 312)

VIII

Girl's Song

I went out alone
To sing a song or two,
My fancy on a man,
And you know who.

Another came in sight
That on a stick relied
To hold himself upright;
I sat and cried.

And that was all my song—
When everything is told,
Saw I an old man young
Or young man old?

1930

- VIII부에서 XIV부까지는 앞의 7편과 균형을 이루는 시편들. 여기서는 로미오와 줄리엣 같은 순진한 젊은이들의 이상적인 사랑을 거론하고 있다.(Unterecker 230)
- 일시적인 삶에 내재하는 영원성, 사랑, 추함의 불가피한 혼합 등 크레이지 제인 시리즈의 주제를 광기 들린 늙은이의 관점 대신 건전하고 순수한 관점에서 다루고 있다. (Albright 735)

VIII

처녀의 노래

나는 홀로 밖에 나갔어요,
한 남자를 생각하고
노래 한두 곡 불러 보려고.
당신은 누군지 알겠지요.

딴 사람이 시야에 들어왔어요.
지팡이에 의지하여
꼿꼿이 하려 했던 사람.
나는 주저앉아 울었지요.

그게 내 노래 전부였어요—
한데 묶어 말하면,
나는 늙은이를 젊게 보고
젊은이를 늙게 보았던가요?

1929. 3. 29.

- 11-12행은 늙은이가 참다운 영혼의 상태인지, 아니면 젊은이가 그런 것인지 질문하고 있다. 사랑은 변함없는 대상을 요구하기 때문에 다음 작품의 젊은 남자의 경우와 마찬가지로 여자도 육신은 변하기 마련이어서 갈피를 잡을 수 없다는 것.(Albright 736)
- 11행의 늙은이를 젊게 보고는 윌리엄 블레이크를 떠올리게 하는 말.(*NC* 312)

IX

Young Man's Song

'She will change,' I cried,
'Into a withered crone.'
The heart in my side,
That so still had lain,
In noble rage replied
And beat upon the bone:

'Uplift those eyes and throw
Those glances unafraid:
She would as bravely show
Did all the fabric fade;
No withered crone I saw
Before the world was made.'

Abashed by that report,

- 앞의 작품과 대비되는 작품. 즉 남자의 입장에서 본 여자.(역자)
- 1행의 나는 젊은이.(역자)
- 2연(7-12행)은 진실은 현상 속에 존재하지 않는다는 것. 즉, 본질적인 자아는 창조 이전부터 존재했고 앞으로도 영원히 생존함을 말한다.(Unterecker 230)

IX

총각의 노래

나는 고함쳤다. '그녀는 변하겠지,
바짝 마른 노파로.'라고.
그렇게나 조용히 있던
내 옆구리의 심장이
점잖게 화를 내며 대꾸하고
뼈에다 대고 쾅쾅 친다.

'눈을 번쩍 들고 똑바로 봐요,
겁내지 말고.
모든 조직이 사라지더라도
그녀는 마냥 멋있게 보이리라.
나는 세상이 창조되기 전에는
바짝 마른 노파를 보질 못했어.'

심장은 거짓말할 수 없으니까

- 9행의 조직이 사라진다는 것은 '죽는다'는 뜻. 조직은 육신.(Unterecker 230)
- 9-10행은 육신의 나이에도 불구하고 미美는 형이상학적으로 변함없이 존속된다는 것.(Albright 736)
- 12행의 세상이 창조되기 전에는 동명의 시, 「세상이 창조되기 전에」Before the World was Made(A Woman Young and Old의 II부) 참조.(*NC* 312)

For the heart cannot lie,
I knelt in the dirt.
And all shall bend the knee
To my offended heart
Until it pardon me.

[1929] 1930

나는 그 말에 무안해져서,
진흙 바닥에 무릎을 꿇었다.
그러면 상처 받은 내 심장에게
모두 무릎을 굽히리라,
심장이 나를 용서할 때까지.

1929. 3. 29. 이후

- 17행의 무릎을 굽히리라는 말은 19세기 아일랜드의 정치적인 수사에 자주 쓰인 말투. (*NC* 312)

X

Her Anxiety

Earth in beauty dressed
Awaits returning spring.
All true love must die,
Alter at the best
Into some lesser thing.
Prove that I lie.

Such body lovers have,
Such exacting breath,
That they touch or sigh.
Every touch they give,
Love is nearer death.
Prove that I lie.

[1929] 1930

- 사랑에 대한 여자의 불안감. 사랑의 진실을 재확인하려 하고 있다.(Unterecker 230)
- 1-2행은 아름다운 옷을 입은 땅이 봄을 기다리는 황량한 겨울 풍경의 성적인 이미지.(Rosenthal & Gall 129)
- 6행의 후렴의 내 말은 심장이 하는 말. IX부에서 젊은이가 말했듯이(13행) 심장은 거짓말을 할 수 없다. 따라서 심장이 그녀의 불안에 대해서 핀잔을 주는 것.(Albright 736)

X

그녀의 불안

아름다운 옷을 입은 땅은
돌아오는 봄을 기다린다.
진짜 사랑은 모두 죽을 수밖에 없고,
잘돼 봤자 그보다 못한
그런 것으로 바뀔 수밖에.
내 말이 거짓말인지 알아봐.

연인들은 그런 육신을 가지고,
그런 고된 숨결을 가지고 있으니까-
접촉하거나 한숨을 쉰다.
그들이 접촉할 때마다
사랑은 죽음에 접근한다.
내 말이 거짓말인지 알아봐.

1929. 4. 17. 이후

- 후렴의 거짓말의 원문인 'lie'는 '자리에 눕다'의 뜻도 있어서 말장난으로 보는 수도 있다.(Unterecker 230)
- 7-12행(2연)은 봄이 돌아옴과 사랑의 행로가 상반되어 사랑이 감퇴됨을 말한다.(Rosenthal & Gall 129)
- 10-11행은「한 희곡 작품에서 발췌한 두 편의 노래」Two Songs from a Play II부 11행의 '사랑의 기쁨은 사랑을 몰아낸다'는 구절을 참조할 것.(Albright 736)

XI

His Confidence

Undying love to buy
I wrote upon
The corners of this eye
All wrongs done.
What payment were enough
For undying love?

I broke my heart in two
So hard I struck.
What matter? for I know
That out of rock,
Out of a desolate source,
Love leaps upon its course.

[1929] 1930

- 앞의 작품, 「그녀의 불안」과 이어지는 작품. 예이츠는 앞 작품의 마지막 행의 각운(lie)에다 이 작품 첫 행의 각운(buy)을 맞춤으로써 그런 의도를 보여 주었다. 여기서는 사랑이 반드시 죽는다는 그녀의 불안감은 근거 없는 것이라고 주장하고 있다.(Unterecker 230)
- 1-4행은 죽지 않는 사랑을 위해 일생을 바쳤다는 뜻.(Unterecker 230)
- 3-4행의 눈 양쪽 구석에다 적어 놓은 것은 얼굴에 사랑을 약속하는 글을 새겨 놓은 것. (Albright 736) / 눈 양쪽 구석은 눈가의 주름살. 일생을 바친 것을 말한다.(Unterecker 230)

XI

그분에 대한 믿음

죽지 않는 사랑을 사기 위해
나는 잘못된 모든 일을
이 눈 양쪽 구석에다
적어 놓았지요.
죽지 않는 사랑을 위해
무엇을 지불해야 충분했을까?

나는 내 심장을 둘로 쪼갰어요.
그만큼 세게 쳤던 것이죠.
무슨 일 있겠어요? 왜냐하면 나는
사랑이 황량한 근원의
바위로부터 마련된 길로
뛰쳐나온다는 것을 알고 있으니까요.

1929. 3. 29. 이후

- 11행의 바위는 사랑의 '황량한 근원'(10행). 바위는 사랑이 죽지 않는다는 것을 입증한다.(Unterecker 231)
- 10-12행은 사랑은 모세가 바위를 쳤을 때 샘물이 솟아나듯(『탈출기』17: 6), 믿음에서 솟아난다는 것. 이러한 신념은 다음 XIII부의 「그녀의 꿈」Her Dream에서 반복된다.(Albright 736)

XII

Love's Loneliness

Old fathers, great-grandfathers,
Rise as kindred should.
If ever lover's loneliness
Came where you stood,
Pray that Heaven protect us
That protect your blood.

The mountain throws a shadow,
Thin is the moon's horn;
What did we remember
Under the ragged thorn?
Dread has followed longing,
And our hearts are torn.

1930

- 사랑의 비탄으로 되돌아갔다.(Unterecker 231)
- 조상의 도움을 간청하는 대목. 젊은이가 결혼을 하지 못함으로써 유전의 지속성이 위협받기 때문이다.(Albright 736)

XII

사랑의 고독

조상님들, 증조부님들이시여,
혈족이 그래야 하듯이 일어나소서.
만약 당신들께서 서계셨던 곳에
연인의 고독이 나타나기만 하면,
당신들의 피를 지키시는 '하늘'이
우리들을 보호하도록 빌어 주소서.

산자락은 그늘을 드리우고
그믐의 달은 희미합니다.
누덕누덕한 산사나무 아래서
우리는 무엇을 기억했습니까?
그리움 뒤에는 공포가 따랐고
우리 가슴은 찢겨 있습니다.

1929. 4. 17.

- 5행의 당신들의 피를 지키시는은 대를 잇는 것을 말한다.(Albright 736)
- 7-9행의 산자락, 그믐의 달, 그리고 산사나무의 모습들은 다 같이 비탄에 빠진 상황을 말한다.(Unterecker 231)

XIII

Her Dream

I dreamed as in my bed I lay,
All night's fathomless wisdom come,
That I had shorn my locks away
And laid them on Love's lettered tomb;
But something bore them out of sight
In a great tumult of the air,
And after nailed upon the night
Berenice's burning hair.

[1929] 1930

- 예이츠 자신의 꿈을 바탕으로 한 작품.(Albright 736-737) / 꿈의 위안.(Unterecker 231)
- 다음 작품과 마찬가지로 사랑하는 사람은 죽더라도 사랑의 죽음을 받아들이지 않는다는 주제.(Rosenthal & Gall 131)
- 베레니케의 전설과 연관시킨 작품.(Unterecker 231)
- 3행의 머리를 자르는 행위는 수녀가 세속을 버린다는 것과 연관된 자신의 희생의 징표. 또한 처녀성의 상실과도 연관된다.(Albright 747)
- 3-4행의 머리를 잘라, 무덤 위에 갖다 놓는 행위는 연인의 불가피한 죽음을 수용하고 자신의 여성적인 아름다움을 희생시켜 애도하는 인간적인 행위.(Rosenthal & Gall 131)

XIII

그녀의 꿈

나는 꿈을 꾸었네, 잠자리에 들어서.
깊이를 알 수 없는 밤의 지혜가 나온 꿈.
나는 내 머리를 몽땅 잘라,
'연인'의 이름 적힌 무덤 위에 갖다 놓았지.
그러나 바람이 후닥닥 불어
정체불명의 그자가 몽땅 가지고 갔네.
그러고는 밤하늘에다
베레니케의 불타는 머리카락을 못질해 버렸네.

1929. 3. 29. 이후

- 5-8행은 인간의 이러한 희생적인 아름다운 추모의 감정과는 관계없이 우주의 계획은 다르다는 것.(Rosenthal & Gall 131)
- 8행의 베레니케Berenice는 기원전 221년에 죽은 고대 이집트의 왕비. 남편 프톨레마이오스Ptolemaeos 3세가 시리아 원정에서 무사히 돌아오면 머리카락을 베어 미의 여신에게 바치겠다고 서약한 결과, 그 소원이 받아들여졌다. 서약한 대로 머리카락을 베어 신전에 걸자, 그것이 승천하여 북쪽 하늘에 하나의 별자리Coma Bernices가 되었다. / 이는 영원한 사랑에 대한 예이츠의 찬양.(Whitaker 103) / 베레니케의 불타는 머리카락은 실제의 별자리 이름.「베로니카의 수건」Veronica's Napkin에서는 여자의 영원한 자아의 은유로 사용되었다.(Albright 737)

XIV

His Bargain

Who talks of Plato's spindle;
What set it whirling round?
Eternity may dwindle,
Time is unwound,
Dan and Jerry Lout
Change their loves about.

However they may take it,
Before the thread began

- 영원이란 단순한 반복이며 불성실한 사랑이 자연계 질서의 일부라는 견해에 반하여 화자는 그러한 회오리를 초월하는 사랑을 내세우고 있다. 우주와 사랑에 대한 상반된 견해를 대비시킨 작품.(Ellmann 279)
- 정신적인 사랑과 세속적인 사랑의 두 영역을 결합시키는 내용.(Rosenthal & Gall 131)
- 1행의 플라톤의 실꾸리는 플라톤의『국가』*The Republic* 10권의 '에르Er 신화'에 나온다. 우주의 바퀴를 하나로 연결하는 빛으로 된 하늘의 띠가 있고, 이 띠 끝에서 지상계로 필연의 실꾸리the spindle of Necessity가 뻗어 있는데, 이 실꾸리를 조종하는 자는 필연의 아가씨들인 세 사람의 운명의 여신들Fates. 이 중 나이 어린 클로토Clotho는 인간 생명의 실을 뽑고, 중간의 라케시스Lachesis는 생명 실의 길이를 정하고, 연장자인 아트로포스Atropos는 이를 가위로 자른다.
- 4행의 시간은 실. 8행의 실은 시간.(Unterecker 231)

XIV

그분의 계약

누가 플라톤의 실꾸리 얘기를 하는가?
무엇이 그것을 빙빙 돌게 하는가?
영원이 점점 축소될지 모르고,
시간은 풀리고,
댄과 제리 라우트는
그들의 사랑을 바꿔친다.

그들이 그 실꾸리를 어떻게 받아들이든,
나는 실이 시작되기 전에 계약했고,

- 5-6행은 보통 사람들은 실꾸리가 돌아가는 대로 복종하지만, 일부일처주의의 이 젊은이는 제외된다는 것.(Albright 737) / 예이츠가 말하는 사랑은 보통 사람들보다 높은 수준. 자신의 선택에 의해 계약된 것이므로 운명을 뛰어넘는다. 이런 점에서 그는 플라톤의 생각을 꺼리고 있다.(*NC* 315)
- 5행의 댄과 제리 라우트는 보통 사람.(Unterecker 231)
- 6행의 바꿔친다는 것은 원문 'change'의 번역. 'change'는 'exchange'의 뜻(역자). 다양성 추구를 말한다.(Unterecker 231).
- 8-12행은 보통 사람들과는 다른 위대한 연인이라는 대목.(Unterecker 231)
- 8행의 실이 시작되기 전에 계약했다는 말과 11행의 머리카락과 … 계약은 1390년경에 죽은 페르시아 시인 하페즈Hafiz(1325/26-1389/90)의 사랑의 시와 관련된 것.(Divan의 173번 시) 그는 연인에게, '나는 시간이 창조되기 전에 그 갈색 머리와 계약을 맺었고, 그 계약은 끝없는 시간이 흘러도 파기되지 않으리라.'(*Essays and Introductions*, 290)라고 읊었다. (*NC* 315)

I made, and may not break it
When the last thread has run,
A bargain with that hair
And all the windings there.

[1929] 1930

마지막 실이 동날 때라도
그 계약을 파기하지 않으리라,
그 머리카락과
거기 감긴 모든 것들과의 계약을.

1929. 3. 29. 이후

XV

Three Things

'O cruel Death, give three things back,'
Sang a bone upon the shore;
'A child found all a child can lack,
Whether of pleasure or of rest,
Upon the abundance of my breast':
A bone wave-whitened and dried in the wind.

'Three dear things that women know,'
Sang a bone upon the shore;
'A man if I but held him so
When my body was alive
Found all the pleasure that life gave':
A bone wave-whitened and dried in the wind.

- I-VII과 VII-XIV의 시편들이 각각 절대적인 경험의 노래와 절대적인 순진무구의 노래라는 양극을 형성하고 있는데, 다음의 두 시편들은 평범한 사랑('normal' love)을 노래하고 있다.(Unterecker 232)
- 예이츠 자신이 가장 좋은 작품 중의 하나라고 말한 시.(Cullingford 217)
- 제목의 세 가지 소중한 것은 여자가 사랑을 주고받는 데서 얻는 세 가지 즐거움. 즉, 자식에게 젖을 제공하는 일(1연)과 사랑하는 이와의 성생활의 만족감(2연), 그리고 연인과 하룻밤을 지낸 뒤에 하품하면서 얻는 즐거움(3연)을 말한다.(Unterecker 232)

XV

세 가지 소중한 것들

'오 잔인한 죽음이여, 세 가지를 돌려줘요.'
뼈가 해변에서 노래했다.
'아기가 풍요로운 내 젖가슴에서 발견했던 것을.
희열이든 휴식이든 간에
그가 결핍될 수 있는 모든 걸.'
파도에 바랜, 바람에 마른 뼈.

'여자들이 아는 세 가지 소중한 것들은,'
뼈가 해변에서 노래했다.
'내 육신이 팔팔할 때
내가 꼭 껴안아 주기만 하면
그이는 인생의 모든 즐거움을 발견했던 일.'
파도에 바랜, 바람에 마른 뼈.

- 다른 시각으로는, 세 가지 소중한 것은 아기와, 그녀가 만족시킨 남자들, 그리고 성적이든 정신적이든 자신의 전체적인 성취라고 보기도 한다.(Rosenthal & Gall)
- 2행의 뼈는 죽은 여자.(역자)
- 6행의 후렴은 여자는 깨끗하고 순결하다는 것.(Cullingford 217)
- 9-11행은 연인의 만족감을 어머니 품속에 있는 어린아이의 만족감(3-5행)과 병치시킨 대목.(Albright 217)

'The third thing that I think of yet,'
Sang a bone upon the shore;
'Is that morning when I met
Face to face my rightful man
And did after stretch and yawn':
A bone wave-whitened and dried in the wind.

1929

'아직도 내가 생각하는 세 번째 것은,'
뼈가 해변에서 노래했다.
'내가 몸을 뻗고 하품한 뒤에
합법적인 남자와 마주했던
그날 아침의 일이지요.'
파도에 바랜, 바람에 마른 뼈.

1929. 3.

- 16행의 합법적인은 'rightful'의 번역. 그 남자는 남편.

XVI

Lullaby

Beloved, may your sleep be sound
That have found it where you fed.
What were all the world's alarms
To mighty Paris when he found
Sleep upon a golden bed
That first dawn in Helen's arms?

Sleep, beloved, such a sleep
As did that wild Tristram know
When, the potion's work being done,
Roe could run or doe could leap
Under oak and beechen bough,

- XV부와 유사한 내용.(Rosenthal & Gall 131)
- 성행위 후를 소재로 한 관능적인 자장가.(Cullingford 218)
- 4행의 헬레네Helen가 스파르타의 왕비 레다와 제우스 사이에서 태어난 딸.
- 5행의 파리스Paris는 트로이Troy 왕 프리아모스Priam의 아들. 나라를 망친다고 예언되어 산(Ida)에 버려졌다가 목동들에게 발견되어 그들 손에 키워졌다. 이다 산에서 요정과 같이 살던 중, 헤라, 아테네, 아프로디테 세 여신 중 가장 아름다운 여신에게 미의 상을 주도록 지명받게 되었다. 아프로디테가 자기에게 상을 주면 세상에서 가장 아름다운 여인을 얻게 해주겠다고 약속하여 그녀에게 상을 주었다. 그 결과 스파르타에 가서 왕비 헬레네를 설득하여 그녀와 함께 트로이로 도망쳤다. 이를 계기로 트로이 전쟁이 발발했다.(*NC* 316)

XVI

자장가

사랑하는 이여, 푹 깊이 주무세요,
당신이 젖 먹고 빠져든 그런 잠을.
그 첫 새벽, 황금 침대 위,
헬레네의 팔 안에서 잠든 그를 발견했을 때
힘센 파리스에게 보낸 온 세상의 경고들은
어떤 것들이었던가?

사랑하는 이여, 사랑의 묘약으로,
떡갈나무, 너도밤나무 가지 밑,
수사슴이 달리거나 암사슴이 뛰고,
수사슴이 뛰거나 암사슴이 달릴 때,
흥분한 트리스트럼이 맛본,

• 11행의 트리스트럼Tristram은 아서 왕King Arthur의 원탁기사 중의 한 사람. 콘월Cornwall의 왕인 큰아버지 마크Mark의 명을 받아 그의 신부가 될 아일랜드의 공주 이줄트Iseult(또는 이솔드Isolde)를 데려오는 사자로 파견되었다. 귀국하던 중, 드 사람은 배 안에서 술을 함께 마셨는데, 그 술은 둘 외의 다른 사람과는 사랑할 수 없게 만드는 술이어서 서로 깊은 사랑에 빠져 버렸다. 두 사람은 왕의 결혼 후에도 밀회를 거듭하다가 들통나고, 트리스트럼은 유배되어 유랑생활을 하던 중, 마지막 싸움에서 치명상을 입게 되었다. 이줄트가 그곳에 나타나 그의 뒤를 이어 죽었다. 나중에 중세 로망스『트리스트럼과 이솔드』*Tristram and Isolde*(혹은 *Tristan and Iseult*)의 남자 주인공이 되었다.

Roe could leap or doe could run;

Such a sleep and sound as fell
Upon Eurotas' grassy bank
When the holy bird, that there
Accomplished his predestined will,
From the limbs of Leda sank
But not from her protecting care.

1931

- 14행의 거룩한 새는 백조로 변신한 제우스.
- 15행의 에우로타스 강Eurotas은 스파르타의 제일 큰 강.(*NC* 317)

그런 수면을 취하세요.

예정된 의지를 수행한
그 거룩한 새가
풀이 우거진 에우로타스 강둑에서
레다가 껴안아 주는 품으로부터가 아니고
그녀의 사지에서 빠져나왔을 때
곯아떨어졌던 그런 수면 말이에요.

1929. 3. 20 혹은 27.

- 16-17행은 겁탈 후의 무심한 남성과 잠자는 아기에 대한 여자의 모성애와의 대조.(Cullingford 157)
- 16행의 레다Leda는 스파르타 왕 틴다레오스Tyndareos의 왕비.(*NC* 317)

XVII

After Long Silence

Speech after long silence; it is right,
All other lovers being estranged or dead,
Unfriendly lamplight hid under its shade,
The curtains drawn upon unfriendly night,
That we descant and yet again descant
Upon the supreme theme of Art and Song:
Bodily decrepitude is wisdom; young
We loved each other and were ignorant.

1932

- 올리비아 셰익스피어Olivia Shakespear를 염두에 두고 쓴 시.(Unterecker 232; Ellmann 279)
- 60대 중반에 접어든 예이츠가 한때 연인이었던 올리비아 셰익스피어와 만난 이야기.(Vendler 10)

XVII

오랜 침묵이 흐른 뒤

오랜 침묵 뒤에 드리는 말씀이외다.
다른 연인들은 모두 소원해졌거나 죽고,
정분 없는 등불은 갓 아래 숨어 있고,
정분 없는 밤은 커튼 내려 가리었으니,
'예술'과 '노래'의 숭고한 주제를
노래하고 또 노래하는 것은 마땅한 일이죠.
육신의 쇠퇴는 지혜로워지는 것.
젊었을 때 우린 서로 사랑했고 무지했지요.

1929. 11.

- 젊었을 때 무지해서 모드 곤 때문에 뮤즈로서의 그녀를 버렸지만, 결국 그녀야말로 지혜로 가는 길을 보여준 흰 여인이라는 것을 나이 들어 깨닫게 된 이야기.(Hassett 34)
- 예이츠의 사랑 시 가운데 가장 훌륭한 것 중의 하나. 또 우정에 관한 가장 멋진 시 중의 하나. 육신의 쇠퇴와 대비되는 성숙한 지혜를 구가하고 있다.(Cullingford 101)
- 8행의 서로 사랑했다는 것은 올리비아와의 사랑.(*NC* 317)

XVIII

Mad as the Mist and Snow

Bolt and bar the shutter,
For the foul winds blow:
Our minds are at their best this night,
And I seem to know
That everything outside us is
Mad as the mist and snow.

Horace there by Homer stands,
Plato stands below,
And here is Tully's open page.
How many years ago
Were you and I unlettered lads
Mad as the mist and snow?

- 제목과 후렴이 말하는 것은 천재적인 사람은 본질적으로 거지나 미치광이와 유사하다는 것. 이것은 예이츠가 오랫동안 다루어온 주제이다.(Albright 740)
- 1-6행은 아일랜드의 서부 해안지대를 무대로 하고 있다. 바람이 세기 때문에 방 안의 창문에도 빗장을 가로질러 놓았다.(Henn 301)
- 2행의 바람은 열정의 상징.(Unterecker 233)
- 7-8행은 세 개의 풍경.(역자)

XVIII

안개와 눈처럼 미쳐 버린

셔터를 걸고 빗장을 질러요,
추악한 바람들이 불어오니까.
오늘 밤 우리 마음은 최고인데,
우리 바깥의 모든 것
나는 알 듯하네,
안개와 눈처럼 미쳐 버린 거.

호메로스 곁에 저기 호라티우스가 서있고,
그 밑에 플라톤이 서있군.
그리고 여긴 툴리의 책이 펼쳐져 있고.
몇 해 전의 일이던가,
무식한 젊은 시절의 당신과 내가
안개와 눈처럼 미쳐 버린 것은?

- 7행 원문의 호라스Horace는 로마의 시인 호라티우스Horatius(65-8 B.C.). 고전주의『시론』*Ars Poetica*의 저자.(*NC* 318)
- 8행의 플라톤은 그리스 철학자(427-348 B.C.). 소크라테스의 제자. 소크라테스 사후 메가라Megara와 시칠리아Sicily에 물러가 있다가 기원전 385년에 아테네로 귀환, 아카데미Academy에서 가르쳤다.(*NC* 318)
- 9행의 툴리Tully는 키케로Marcus Tullius Cicero(106-43 B.C.). 로마의 철학자, 웅변가. 예이츠는 키케로의『우정론』*De Amicitia*을 읽고 있는 듯하다.

You ask what makes me sigh, old friend,
What makes me shudder so?
I shudder and I sigh to think
That even Cicero
And many-minded Homer were
Mad as the mist and snow.

1932

- 13-18행은 친구 에즈라 파운드Ezra Pound와의 대화.(Henn 301)
- 13행의 친구old friend는 에즈라 파운드. 이 시를 쓸 때 당시 파운드가 살고 있었던 이탈리아의 라팔로Rapallo를 방문하여 상당 기간 머물고 있었다.(Unterecker 233)
- 14행의 몸서리치는 것은 미래에 대한 예상.(Henn 302)

친구여, 당신은 내가 뭣 땜에 한숨짓고,
뭣 땜에 그렇게 몸서리치냐고 묻는데,
나는 전율하고 탄식하며 생각하네,
키케로마저도 그리고
변덕스러운 호메로스도
안개와 눈처럼 미쳐 버린 거라고.

1929. 2. 12.

- 15행의 탄식은 과거에 대한 것.(Henn 302)
- 17행의 변덕스러운은 'many-minded'의 번역. 이 말은 'polumetis'의 영역이라고 한다. 호메로스가 오디세우스Odysseus에게 붙이는 언사. 이즈라 파운드가 즐겨 쓰는 말 중의 하나.(Albright 740)

XIX

Those Dancing Days are Gone

Come, let me sing into your ear;
Those dancing days are gone,
All that silk and satin gear;
Crouch upon a stone,
Wrapping that foul body up
In as foul a rag:
I carry the sun in a golden cup,
The moon in a silver bag.

Curse as you may I sing it through;
What matter if the knave

- 춤추는 사람과 허수아비의 상반된 이미지를 대비시켜, 젊은 시절에 대한 착잡한 심정으로 되돌아보는 늙은 시인의 하소연.(Unterecker 233)
- 늙으면 장식물이 다 떨어져나가고 단순한 것들과의 접촉에서 풍요로워진다는 것.(Albright 740)
- 7-8행의 후렴 중의 태양과 달은 시인이 잔과 지갑에 넣어 가지고 다니는 일종의 부적. 시간의 횡포와 짝사랑의 상처에서 벗어나려는 것.(Unterecker 233) / 여기서 태양과 달이 동원된 것은 망가진 육신을 치유하는 정신적인 특효약이기 때문이다. 태양은 연금술사들의 황금액체liquid gold 음료. 달은 휴대용.(Gorski 171) / 후렴은 각 연에 그려진 쇠퇴 및 죽음과 대비되는 소박한 즐거움.(Gorski 171-172) / 7행의 황금 잔에 태양은 에즈라 파운드의 『칸토스』*Cantos* 23의 107행에서 차용한 것이다.(Albright 740)

XIX

춤추던 그 시절은 가고 없네

자, 당신 귀에 노래 들려줄게.
춤추던 그 시절은 가고 없네,
그 모든 비단과 공단 옷마저도.
추악한 저 육신에다
똑같이 추악한 누더기를 걸치고,
바위 위에 쭈그리고 앉아 볼까.
나는 황금 잔에 태양을 담고,
은 지갑에 달을 넣고 다니거든.

당신이 저주하든 말든 난 줄곧 그걸 노래하네.
당신을 가장 즐겁게 해줄 수 있었던 건달과,

- 8행의 은 지갑은 'silver bag'의 번역. 예이츠가 'the cold cup of the moon's intoxication' 및 'the hot cup of the sun'이란 말을 쓴 일(Albright 740-741)이 있으나, 달의 경우, 이 시에서는 각운을 맞추기 위해서 'cup' 대신 'bag'을 써서 'rag'(5행), 'flag'(14행), 'hag'(22행)과 조응시킨다.(역자) / 예이츠는 차가운 달의 술잔을 마시면 초월적인 갈망으로 자연의 거대한 세계로 마음이 흘러나간다고 하고, 태양의 뜨거운 잔을 마시면 우리 자신이 충만해져서 욕망이 거의 생기지 않는다(*Explorations* 26)고 쓴 일이 있다.(Albright 740-741)
- 9행의 당신은 누군지 알 수 없다. 10행의 죽은 건달과 특별한 관계가 있었던 사람. (Unterecker 233)

That the most could pleasure you,
The children that he gave,
Are somewhere sleeping like a top
Under a marble flag?
I carry the sun in a golden cup,
The moon in a silver bag.

I thought it out this very day,
Noon upon the clock,
A man may put pretence away
Who leans upon a stick,
May sing, and sing until he drop,
Whether to maid or hag:
I carry the sun in a golden cup,
The moon in a silver bag.

1930

그 녀석이 주었던 아이들이
대리석 판석 밑 어딘가에서
팽이처럼 잠을 자고 있다 한들
무슨 상관 있으리?
나는 황금 잔에 태양을 담고,
은 지갑에 달을 넣고 다니거든.

나는 바로 이날, 정오 때,
이런 생각을 했지.
지팡이에 의지하는 사람이라면
가면을 벗어던지고, 죽을 때까지
아가씨에게든 노파에게든
노래하고 노래해도 되는 거라고.
나는 황금 잔에 태양을 담고,
은 지갑에 달을 넣고 다니거든.

1929. 3. 8.

- 19행의 지팡이에 의지하는 사람은 허수아비 같은 늙은이. 시인 자신.(역자)

XX

'I Am of Ireland'

'I am of Ireland,
And the Holy Land of Ireland,
And time runs on,' cried she.
'Come out of charity,
Come dance with me in Ireland.'

One man, one man alone
In that outlandish gear,
One solitary man
Of all that rambled there
Had turned his stately head.
'That is a long way off,

- 춤의 모티브를 사용한 시.(Rosenthal & Gall 131)
- 14세기의 아일랜드 춤곡 중의 3-4행을 활용하여 쓴 작품.(Albright 741)
- 1, 3, 5연의 후렴은 민간전승.(Rosenthal & Gall 131) / 후렴은 초기 아일랜드 민요를 이용한 것.(Vendler 129) / 필경 훌러핸의 딸 코츨린Cathleen ni Houlihan(3행의 그녀)으로 보이는 아일랜드의 과거가 여성으로 분장하여 무도에 초대하는 노랫말.(Unterecker 233) / 초대 노래에 대한 반응은 거의 없는데도 계속 반복되는 것은, 상대의 반응은 아랑곳없이 집요하게 노래한다는 뜻.(Albright 741)
- 노상이나 술집에서 노래하고 춤추는 아일랜드 아가씨와 영국 군중. 그중 오직 한 사람만 그녀에게 관심을 보인다.(*NC* 319-320)

XX

'나는 아일랜드 여인'

'나는 아일랜드 여인,
거룩한 땅 아일랜드 출신.
시간이 없어요,' 그녀는 외쳤다.
'불쌍히 여기시고 나하고 춤을 춰요,
아일랜드 땅에서 말이에요.'

한 사내가, 저 별난 옷을 입은
한 사내만이,
거기 유랑하는 모든 사람 중
한 고독한 인간이,
의젓하게 고개를 돌렸다.
'거긴 너무 멀어,

- 1행의 나는 아일랜드 출신의 여자라기보다는 아일랜드의 의인화.(Ellmann 280)
- 3행의 시간이 없어요라는 것은 시간이 흘러가고 있지만, 아직 이루어놓은 것이 없는 초조한 심정을 표현한 것.(Ellmann 280) / 시간을 말하는 'time'은 음악에서 '박자'의 뜻을 가진 낱말. 따라서 시간이 흘러간다는 것은 곡이 곧 끝난다는 뜻을 함축하고 있을 것이다.(역자)
- 4행의 나하고 춤을 춰요라는 것은 이상적인 아일랜드 세계로의 초대를 의미한다. (Ellmann 280)
- 6-10행에 등장하는 한 사내는 통명스럽지만 그 여자의 노래에 화답하는 유일한 사람. 청중의 무관심 속에서도 그 여자는 계속 노래한다.(Albright 741)

And time runs on,' he said,
'And the night grows rough.'

'I am of Ireland,
And the Holy Land of Ireland,
And time runs on,' cried she.
'Come out of charity,
And dance with me in Ireland.'

'The fiddlers are all thumbs,
Or the fiddle-string accursed,
The drums and the kettledrums
And the trumpets all are burst,
And the trombone,' cried he,
'The trumpet and trombone,'
And cocked a malicious eye,
'But time runs on, runs on.'

'I am of Ireland,
And the Holy Land of Ireland,

• 15행의 거룩한 땅 아일랜드는 현대의 아일랜드와는 거리가 멀다는 뜻이 담겨 있다.(Unterecker 234)

시간은 흘러가고, 점차 밤은
험악해져 가는데.' 하고 그는 말했다.

'나는 아일랜드 여인,
거룩한 땅 아일랜드 출신.
시간이 없어요,' 그녀는 외쳤다.
'불쌍히 여기시고 나하고 춤을 춰요,
아일랜드 땅에서 말이에요.'

'바이올린 주자들 솜씨가 없군.
아니 활이 신통찮겠지.
드럼과 케틀 드럼,
그리고 트럼펫은 모두 터졌군.
그리고 트롬본도,' 하고 그는 소리쳤다.
'트럼펫과 트롬본도.' 하고는
독기어린 한쪽 눈을 치켜떴다.
'그래도 시간이 가네, 흘러가.'

'나는 아일랜드 여인,
거룩한 땅 아일랜드 출신.

• 19-24행은 현대의 음악가들은 춤곡을 제대로 연주할 수 없지만, 춤은 여전히 진행되고 있음을 말한다. 시간의 흐름과 마찬가지로 음악의 박자도 이어지고 있기 때문이다.(Unterecker 234) / 다른 작품에도 악기의 결함을 이야기하는 많은 예를 볼 수 있다.(Albright 741)

And time runs on,' cried she.
'Come out of charity,
And dance with me in Ireland.'

1932

시간이 없어요,' 하고 그녀는 외쳤다.
'불쌍히 여기시고 나하고 춤을 춰요,
아일랜드 땅에서 말이에요.'

1929. 8.

XXI

The Dancer at Cruachan and Cro-Patrick

I, proclaiming that there is
Among birds or beasts or men
One that is perfect or at peace,
Danced on Cruachan's windy plain,
Upon Cro-Patrick sang aloud;
All that could run or leap or swim
Whether in wood, water or cloud,
Acclaiming, proclaiming, declaiming Him.

1932

- XXI-XXV는 1931년 후반에 쓴 연작시. 크레이지 제인의 활력 넘치는 가락이 다시 나타나는 연작시의 마무리 부분.(Bloom 405)
- XXV부를 빼놓고 크레이지 제인의 보충격인 남성 톰Tom을 동원한 작품들.(Rosenthal & Gall 121)
- XXI부는 예이츠가 알고 있었던 아일랜드의 어떤 성자聖者의 노래를 바탕으로 한 작품.(Albright 741)
- 제목의 크루어컨Cruachan은 로스코먼Roscommon 주에 있는 그다지 높지 않은 언덕. 주변은 벌판이다. 원래 코넛Connacht의 여왕 메브Maeve의 터전. / 크로패트릭Cro-Patrick은 보통 크로크 패트릭Croagh Patrick으로 표기함. 마요Mayo 주에 있는 성스러운 산. 높이 약 750미터. 성 패트릭St Patrick이 441년에 40일간 여기에서 단식하고 아일랜드에서 뱀을 몰아냈다. 성지 순례 중심지.(*NC* 320) / 아일랜드의 성지, 코니마라 산Connemara mountain.(Albright 741)

XXI

크루어컨과 크로패트릭에서 춤추는 사람

새나 짐승들이나 사람들 사이에서
완전하거나 평화롭게 지내는
한 분이 존재한다고 선포하면서,
나는 크루어컨의 바람 센 벌판에서 춤을 추었고,
크로패트릭 산에서 큰 소리로 노래 불렀다.
숲 속이나 물속이나 혹은 구름 속에서,
달리거나 뛰거나 헤엄칠 수 있었던 것들 모두가
그분을 환호하고, 선포하고, 큰 소리로 칭송하고.

1931. 8.

- 제목의 춤추는 사람은 성 크루어컨St Cruchan. 동물의 완벽한 경지animal perfection에 이른 사람으로서의 8행의 '그분'(아마 그리스도)을 칭송하는 찬미가를 불렀던 사람. (Unterecker 234)
- 변화하는 세계의 덧없는 현상 이면에 완벽한 형태가 존재함을 말하는 시. 이는 연작시를 마무리하는 네 편의 시의 소재가 된다.(Unterecker 234)
- 3행의 한 분은 8행의 그분.
- 4행의 나는 성 셀라크St Cellach Mac Aodh. 북아일랜드 소재 아마Armagh 대주교(1105-1129). 혹은 이교도의 음유시인들을 지켜준 'Halt Cellach'.(*NC* 320)
- 8행의 그분은 'Him'의 번역.

XXII

Tom the Lunatic

Sang old Tom the lunatic
That sleeps under the canopy:
'What change has put my thoughts astray
And eyes that had so keen a sight?
What has turned to smoking wick
Nature's pure unchanging light?

'Huddon and Duddon and Daniel O'Leary,
Holy Joe, the beggar-man,
Wenching, drinking, still remain
Or sing a penance on the road;
Something made these eyeballs weary
That blinked and saw them in a shroud.

- 미치광이 톰은 크레이지 제인과 대비되는 남성. 다음 세 작품은 전체적인 마무리. 톰의 감각은 우둔해졌지만 사물의 불멸의 실체를 통찰하고 있다.(Unterecker 234)
- 미치광이 제인은 거죽이 누추할망정 정신적으로는 진실성이 잠재되어 있는 데 반하여, 미치광이 톰의 눈에는 물질세계가 환영에 지나지 않는다는 것.(Albright 742)
- 제목 중의 톰은 멍청한 사람fool을 일컫는 전통적인 이름 'Tom Fool'과 연관된다.(*NC* 321)
- 3-6행은 한동안 방심해서 독수리 같았던 시력을 잃었음을 말한다. 2-3연은 시력을 회복하여 죽은 자들을 깨우고 있다.(Whitaker 127)

XXII

미치광이 톰

하늘을 지붕 삼아 잠을 자는
미치광이 톰이 노래했다.
'무엇이 내 생각을 빛나가게 했고
그렇게나 밝았던 내 눈을 달라지게 했는가?
무엇이 자연의 순수한 불변의 빛을
연기 나는 심지로 바꿔 놨는가?

허든과 더든 그리고 대니얼 오리어리,
거지 사나이 홀리 조는 여전히
잡년들과 놀아나고 술 마시거나,
길바닥에서 속죄의 노래 부르는구나.
수의 입고 껌벅이며 그들을 바라본
이 눈알을 무언가가 지치게 했군.

- 7행에 거명된 세 사람, 즉 허든Huddon, 더든Duddon, 더니얼 오리어리Daniel O'Leary는 모두 창조된 인물들.(Unterecker 234) 그들은 동화에 나오는 등장인물들.(*NC* 321; Albright 742)
- 8행의 홀리 조Holy Joe는 창조된 인물. 아일랜드에서 지나치게 종교적인 사람들을 경멸해서 부르는 데 쓰이는 이름.(*NC* 321)
- 11행은 죽을 때 헛것이 보이는 현상.(Albright 742)

‘Whatever stands in field or flood,
Bird, beast, fish or man,
Mare or stallion, cock or hen,
Stands in God’s unchanging eye
In all the vigour of its blood;
In that faith I live or die.’

[29 June 1929 - 27 July 1931] 1932

들판이나 물속에 서있는 건 무엇이건,
새, 짐승, 물고기나 혹은 인간이건,
암말이나 수말, 수탉이나 암탉이건
변함없이 지켜보는 하느님 눈에는
자신의 피의 정력을 온통 발동하여 서있다.
그런 신앙 속에서 나는 살거나 죽는다.'

1931. 7. 27.

• 17행의 피의 정력은 시간이 모든 사물을 변화시키지만, 내재된 사물의 정수, 즉 불멸의 실체를 의미한다. 서있다stands는 것은 성적인 표현.(Unterecker 234)

XXIII

Tom at Cruachan

On Cruachan's plain slept he
That must sing in a rhyme
What most could shake his soul:
'The stallion Eternity
Mounted the mare of Time,
'Gat the foal of the world.'

- 제목의 크루어컨은 지명. XXI의 주해 참조.
- 앞의 두 작품을 토대로 한 시.(Unterecker 234)
- 톰이 성 크루어컨St Cruchan의 동물의 완벽한 경지animal perfection의 비전을 되새기고 있다. 성 크루어컨은 XXI의 주해 참조.
- 1행의 그는 늙은 톰.

XXIII

크루어컨에서의 톰

그는 크루어컨의 벌판에서 잠을 잤다.
그의 영혼을 가장 뒤흔들 수 있는 가락으로
노래하지 않으면 안 되는 그가.
"'영원'이라는 수말이
'시간'의 암말 위에 올라타서,
이 세상의 망아지를 낳았구나.'라고.

1931. 7. 29.

- 4-6행의 암말과 수말은「미치광이 톰」Tom the Lunatic에서 끌어온 이미지. 이것은 성 크루어컨의 비전의 지배적인 이미지. 따라서 이 대목은 성 크루어컨의 노래가 엄청난 은유로 활용된 것으로서, 인간은 파멸될 수 있는 존재임과 동시에, 불멸의 존재가 될 수 있는 이중적인 속성을 말하는 은유. 즉, 인간은 영원과 시간이 결합된 산물. 따라서 죽지만 파멸되지 않는 존재라는 것.(Unterecker 234-235)
- 윌리엄 블레이크의『천국과 지옥의 결혼』*The Marriage of Heaven and Hell*의 '영원은 시간의 산물들과 사랑에 빠져 있다'Eternity is in love with the productions of Time(III: 10) 참조.(Albright 742)
- 6행의 이 세상의 망아지는 인간.(역자)

XXIV

Old Tom Again

Things out of perfection sail,
And all their swelling canvas wear,
Nor shall the self-begotten fail
Though fantastic men suppose
Building-yard and stormy shore,
Winding-sheet and swaddling-clothes.

1932

- 톰의 마지막 노래. 창조적인 상상력이 일시적인 현상을 능가한다는 이율배반적인 예언.(Rosenthal & Gall 132)
- 예이츠는, 이 세상이 현존한다는 입장에 서기도 하지만, 그 반면에 이 세상은 허구이고, 죽음이란 환상에 지나지 않는다고도 생각했다. 여기서는 후자와 관련된 시.(Ellmann 232)
- 사물이란 지상의 조선소에서 창조되어 항해하는 것이 아니라, 완벽한 데에서 나와 항해하는 것이라는 예이츠 주장의 되풀이. 즉, 완벽한 것으로부터 나와 죽음의 바다로 항해한다는 내용의 시.(Unterecker 235).
- 스스로 태어난 영혼들의 영원함에 대한 늙은 톰의 주장. 즉, 완전에서 출발하여 지상에서 얼마간 존재하다가 다시 완전으로 되돌아옴을 말하고 있다.(Vendler 129)
- 1행은 사물은 완벽에 의해 생성되어 거기서 빠져나오는 것으로 해석되기도 하고, 완벽한 상태를 벗어나 완벽하지 못한 것으로 되어 가지만, 여전히 숭고하고 외양은 늠름하게 보이는 것으로 해석될 수도 있다.(Henn 300) / 완벽은 5행의 지상적인 조선소와 대비되는 개념.(Unterecker 235)

XXIV

늙은 톰의 또 하나의 노래

사물은 완벽으로부터 나와 출항하고,
활짝 펼친 그들의 돛을 달고 있다.
스스로 태어난 자는 끄떡없으리라,
비록 엉뚱한 사람들은
조선소와 폭풍이 몰아치는 해변,
수의와 강보를 상상하지만.

1931. 10.

- 2행의 달고 있다는 'wear'의 번역. / 'wear'는 두세 가지 의미가 있다. 지니고 있다는 뜻과, 일시적으로 소유하고 있다는 뜻, 6행의 수의와 강보처럼 ㅍ동적인 것과 연결된 의미가 있다.(Henn 300)
- 3행의 스스로 태어난 자는 플라톤적인 이미지.(Unterecker 235) / 창조적인 상상력.(Rosenthal & Gall 132) / 실체인 인간의 마음과 하느님을 말한다.(Henn 300)
- 4-6행은 톰의 주장. 그는 탄생이 시작이 아니며 죽음이 종말이 아니라는 것. 양자는 모두 영혼의 끝없는 여정의 정거장에 불과하다는 것.(Albright 743)
- 4행의 엉뚱한 사람들은 5-6행이 암시하듯이 죽음이 인간의 일생을 종결짓는다고 생각하는 유물론자들. 예이츠는 은유를 통해서 지상에서의 시작과 지상에서의 종말이라는 생각은 망상이라고 주장한다.(Unterecker 235) / 엉뚱한은 'fantastic'의 번역.
- 5행의 조선소와 폭풍이 몰아치는 해변은 탄생과 죽음의 암시.(Unterecker 235) / 배가 만들어지는 곳과 침몰하는 곳.(Albright 743)
- 6행의 수의와 강보는 죽음과 탄생을 암시.(역자).

XXV

The Delphic Oracle upon Plotinus

Behold that great Plotinus swim,
Buffeted by such seas;
Bland Rhadamanthus beckons him,
But the Golden Race looks dim,
Salt blood blocks his eyes.

- 마지막 10년 사이에 쓴 예이츠의 내세에 대한 네 작품 중의 하나.「델피의 신탁 소식」News for the Delphic Oracle(1938)의 자매편.(Vendler 27, 49)
- 플로티노스가 죽은 뒤에 그의 영혼의 운명에 대하여 델피 신탁이 아멜리우스Amelius에게 내린 것을 토대로 하여 풀이한 시. 포르피리오스Porphyrios가 쓴 플로티노스Plotinus의 전기에 기록되어 있다.(Wilson 213; Albright 743)
- 신탁 내용은 인생의 바다를 건너 '복자의 섬'the Isles of the Blessed으로 가는 여정인데, 플로티노스는 사후에 그의 기억을 정화하는 과정으로서의 두 번째의 바다 건너기를 할 필요가 없다는 것. 그 이유는 그의 일생이 성인과 같이 순결했기 때문이라고 한다.(Wilson 213)
- 앞의 작품(XXIV)이 완벽한 세계에서 나와 죽음의 바다로 항해하려는 상황을 그리고 있다면, 이 작품은 죽음의 바다의 파도에 시달리면서 영원한 세계의 해변(이상향)에서 황금의 종족Golden Race이 손짓하는 모습을 흐릿한 눈으로 바라보는 플로티노스의 상황을 그린 시.(Unterecker 235)
- 크레이지 제인이 상징하는 세계와 그와 대비되는 이상적인 세계 사이를 연결하는 시. 플로티노스가 현실세계와 초자연 세계 간의 간격을 좁히고 있다.(Unterecker 235)
- 전반부(1-5행)는 현세의 모습. 후반부(6-10행)는 이와 대조적인 영생하는 신들의 영역의 전원적인 풍경. 단, 여성이 배제되어 있다.(Vendler 50-51)

XXV

플로티노스에게 내려진 델피의 신탁

보라, 저 위대한 플로티노스가
저런 파도에 시달리며 헤엄치는 것을.
상냥한 라다만티스가 손짓한다.
하지만 '황금의 종족'은 희미하게 보이고,
소금에 절여진 피가 그의 시야를 가로막는다.

- 1행의 플로티노스(205-270)는 이집트에서 태어나 알렉산드리아에서 공부했고, 로마에서 학교를 열어 신플라톤 철학의 토대를 마련했다. 신비론자. 동방철학의 지식도 갖추고 있었다.(*NC* 323)
- 2행의 저런 파도는 'such seas'의 번역. 바다는 죽음의 상징.(Unterecker 235) / 파도에 시달리며 헤엄치는 것은 신탁의 것과는 차이가 있다. 플로티노스의 항해가 위험하고 힘든 일로 그려진 것. 3행의 라다만티스가 손짓하는 것도 마찬가지. 예이츠가 이렇게 쓴 것은 플로티노스의 철학이 그리스의 고전시대보다는 초기 기독교 사상에 가까워져서 그만큼 축복받은 초월의 섬에 당도하는 데 힘이 들기 때문이다.(Ellmann 281)
- 3행의 라다만티스Rhadamanthus는 제우스와 에우로페 사이에서 태어난 아들. 저승의 세 재판관 중의 하나. 공정하고 정의로운 인간으로서 크레타 섬의 법률을 제정했다. / 라다만티스가 플로티노스에게 손짓하며 환영하는 것은 그가 아시아계를 맡고 있고, 예이츠는 예수와 플로티노스를 동방 출신으로 보기 때문.(Ellmann 281) / 상냥한bland이라는 수식어는 번역본에 쓰인 'blandishments'(아첨)에서 나온 말일 것이다. 라다만티스가 저승에 온 플로티노스를 재판하지 않고 무조건 환영하는 것을 뜻한다. 그는 공정한 재판관으로 알려져 있다.(*NC* 325)
- 4행의 황금의 종족은 제우스 휘하의 저승에 사는 불멸의 존재들. / 희미하게 보이는 것은 앞이 잘 보이지 않는 그에게 황금의 종족들이 빛을 쏟아 부어 그를 인도했기 때문이다.(*NC* 325)
- 5행의 소금에 절여진 피salt blood는 바닷물이 스며든 피.(역자)

Scattered on the level grass
Or winding through the grove
Plato there and Minos pass,
There stately Pythagoras
And all the choir of Love.

1932

• 6-10행은 성스러운 숲, 그리스의 낙원인 '복자의 섬'의 모습. 그리스 신화의 이상향Elysium.(Ellmann 281)

평평한 풀밭에 흩어져 있거나
혹은 숲 속을 굽이굽이 나다닌다.
플라톤이 저기 있고, 미노스가 지나가고,
저기엔 위엄 부리는 피타고라스와
'사랑'의 합창단 모두가 있다.

1931. 8. 19.

• 8행의 미노스Minos는 세 재판관 중의 하나. 라다만티스의 형. 크레타 섬의 왕.

The Lady's First Song

I turn round
Like a dumb beast in a show,
Neither know what I am
Nor where I go,
My language beaten
Into one name;
I am in love
And that is my shame.
What hurts the soul
My soul adores,
No better than a beast
Upon all fours.

1938

- 아씨가 다음 두 작품에서 말하기에 앞서 시녀에게 하는 말.(Albright 779)
- 아씨는 크레이지 제인과는 상반되는 인물. 제인이 성을 추구하는 데 반하여 아씨는 정숙을 추구한다.(Vendler 135)
- 2행의 벙어리 짐승처럼은 육신이 자기주장을 하면서 아씨가 육신을 무시하는 데 대하여 보복을 하려는 것 같다.(Albright 779)

아씨의 첫 번째 노래

나는 빙빙 돌아,
쇼에 나간 벙어리 짐승처럼.
나는 내가 누군지,
어디로 가는지도 몰라.
내 언어는
이름 하나로 두들겨 만들어진 것.
나는 사랑에 빠졌어.
그게 내 수치지.
내 영혼은
영혼을 해치는 걸 우러러봐,
네 발 짐승보다
나을 것도 없어.

1936. 11. 20.

- 5-6행은 지극히 단순한 존재(짐승)로 전락한 것을 말한다.(역자)
- 10행의 영혼을 해치는 것은 육체라는 것.(역자)
- 11-12행은 아씨가 성적인 감옥에서 벗어나려는 의식.(Vendler 136) / 「마지막 고백」A Last Confession의 '짐승끼리도 그만큼 준다'는 구절 참조.(*NC* 375)

The Lady's Second Song

What sort of man is coming
To lie between your feet?
What matter, we are but women.
Wash; make your body sweet;
I have cupboards of dried fragrance,
I can strew the sheet.
The Lord have mercy upon us.

He shall love my soul as though
Body were not at all,
He shall love your body
Untroubled by the soul,
Love cram love's two divisions
Yet keep his substance whole.
The Lord have mercy upon us.

Soul must learn a love that is
Proper to my breast,

• 아씨가 자기 나름으로 합일된 사랑을 모색하고 있다.(Henn 331)

아씨의 두 번째 노래

너의 두 발 사이에 어떤 남자가
누우려 하니?
무슨 상관이리, 우린 여자일 뿐.
목욕해. 몸을 향기롭게 해봐.
나는 마른 향료 벽장들을 갖고 있지.
나는 시트에다 뿌릴 수 있어.
　　　　주여 저희에게 자비를.

그는 육신이 전혀 없는 것처럼
내 영혼을 사랑할 거야.
그는 영혼에 시달리지 않는
너의 육신을 사랑할 거야.
사랑은 사랑의 두 조각을 집어삼켜도
사랑의 실체를 하나로 보존하는 거지.
　　　　주여 저희에게 자비를.

영혼은 내 가슴에 알맞은
사랑을 습득해야 하고,

- 6행은 아씨가 (시녀의) 시녀 역할을 하겠다는 말.(Albright 779)
- 7행의 후렴은 연도連禱, Literny. 사제가 암송하는 기도문에 따라 신도들이 그대로 따라 하는 기도문.(Vendler 136)

Limbs a love in common
With every noble beast.
If soul may look and body touch,
Which is the more blest?

The Lord have mercy upon us.

1938

사지는 온갖 숭고한 짐승과 동일한
사랑을 습득해야 한다.
영혼은 구경하고 육신은 접촉한다면
어느 쪽이 더 축복받는 것일까?
주여 저희에게 자비를.

1936. 7.

The Lady's Third Song

When you and my true lover meet
And he plays tunes between your feet,
Speak no evil of the soul,
Nor think that body is the whole,
For I that am his daylight lady
Know worse evil of the body;
But in honour split his love
Till either neither have enough,
That I may hear if we should kiss
A contrapuntal serpent hiss,
You, should hand explore a thigh,
All the labouring heavens sigh.

1938

- 모두 현재시제로 서술되어 있는 것은 그녀의 연인과 시녀의 관계가 일상화된 것을 암시한다.(Vendler 137)

아씨의 세 번째 노래

너와 나의 진실한 연인이 만나
그이가 너의 두 다리 사이에서 곡을 연주할 때,
영혼을 욕하지는 마.
또한 육신이 전부라는 생각도 하지 마.
왜냐하면 그이의 한낮의 여자인 나는
육신의 더 나쁜 해악을 알고 있으니까.
하지만 떳떳하게 그의 사랑을 갈라놓아 줘,
어느 쪽도 충족되지 않을 때까지.
그리하여 행여 우리가 키스한다면
뱀의 대위법적인 쉿 소리를 내가 듣게 되고,
행여 손이 허벅지를 더듬는다면, 너는
산고 같은 천국의 한숨 소리 모두 내도록.

1936. 7.

- 10행의 뱀의 대위법은 사탄에 의한 인간(아담과 이브) 타락의 상징. 따라서 섹스를 의미함. 대위법적이란 영혼과 육신의 갈등의 반대 같은 것이기 때문이다.(*NC* 375) / 뱀의 대위법적인 쉿 소리를 내는 것은 연인의 정숙한 키스 동안에 아씨는 성적 욕구를 충족하지 못한다는 것을 말한다. 시녀가 밀회 때 정신적인 갈망을 충족시키지 못하는 것과 같다.(Albright 779)
- 12행의 산고 같은이라는 말은 'labouring'의 번역. 이 말은 아마 말장난pun일 듯하다.(Albright 779)

The Chambermaid's First Song

How came this ranger
Now sunk in rest,
Stranger with stranger,
On my cold breast?
What's left to sigh for?
Strange night has come;
God's love has hidden him
Out of all harm,
Pleasure has made him
Weak as a worm.

1938

- 2행의 물건은 'ranger'(사냥개)의 번역. 원문은 성기의 속어. 동사 'range'는 '여자의 꽁무니를 따라다니다'의 속어.(역자)

시녀의 첫 번째 노래

이제 쉬느라 주저앉은
이 물건은 어찌 된 일인가요,
차가운 내 가슴 위에
낯선 자끼리?
갈망할 게 무엇이 남아 있나요?
신기한 밤이 찾아왔네요.
하느님의 사랑이 그분을
온갖 해악으로부터 숨겨 주었네요.
쾌감이 그를 지렁이처럼
늘어지게 했군요.

1936. 11.

- 9행의 지렁이worm는 남자의 나신을 암시한다.(Unterecker 264) / 지렁이는 일반적으로 축 늘어진 남성 성기의 속어.

The Chambermaid's Second Song

From pleasure of the bed,
Dull as a worm,
His rod and its butting head
Limp as a worm,
His spirit that has fled
Blind as a worm.

1938

시녀의 두 번째 노래

잠자리의 즐거움으로부터,
지렁이처럼 멍청해져,
그의 막대기와 디미는 머리는
지렁이처럼 물렁해지고,
도망친 그의 정신은
지렁이처럼 눈이 멀었죠.

1936. 11.

- 수식어들이 경멸적인 것들이다. 정서적인 차원이 결여된 두 사람의 관계를 말한다. (Vendler 133-134)

The Spur

You think it horrible that lust and rage
Should dance attendance upon my old age;
They were not such a plague when I was young;
What else have I to spur me into song?

[7 October 1936] 1938

- 육욕과 열정이 넘치는 인간을 찬양하고 있다.(Unterecker 271)
- 최근의 자신의 시에 대한 웰즐리 여사Lady Dorothy Wellesley의 평을 받고 쓴 경구 시epigram. 「비잔티움」Byzantium의 제사epigraph가 될 만한 작품.(Vendler 39-40)

박차

육욕과 격정이 늙은 나이에 함께 춤춘다는 걸
당신은 끔찍한 일이라고 생각한다.
내가 젊었을 때 그건 그런 질병이 아니었다.
그 밖에 무엇이 있는가, 노래하게 박차를 가하는데?

1936. 10. 7.

• 1행의 육욕과 격정lust and rage은 당초에 대문자로 썼던 것. 예이츠는 이 두 가지가 시의 뮤즈라고 생각했다.(Albright 793) / 함께 춤춘다는 'dance attendance'의 번역. 텍스트로 사용한 1956년 판에는 'dance attention'으로 나와 있으나 여기서는 *PR*판에 따르기로 했다.(*PR* 312) / 예이츠가 원래 원고에 'dance attendance'라 썼다고 주장한 학자도 있다.(Henn 319)

The Lover's Song

Bird sighs for the air,
Thought for I know not where,
For the womb the seed sighs.
Now sinks the same rest
On mind, on nest,
On straining thighs.

1938

- 제목의 연인Lover은 남자. 「아씨의 첫 번째 노래」Lady's First Song의 아씨의 연인. 그러나 실제로 잠자리를 같이한 사람은 시녀.(Vendler 134)
- 모든 욕구가 지향하는 신비스러운 목적지에 대한 명상.(Albright 780)

연인의 노래

새는 하늘을 애타게 갈망하고,
생각은 내가 모르는 세계를,
씨앗은 자궁을 애타게 갈망한다.
이제 그와 똑같은 안식이
마음 위에, 둥지 위에,
긴장되는 허벅지 위에 내린다.

1936. 11. 9.

- 1행의 새는 「레다와 백조」Leda and the Swan 참조.(Henn 332)
- 4행은 잠자리 후의 상황. 즉, 새가 실컷 비상하다가 지쳐 둥지에 내려앉아 있듯이 마음과 육신이 똑같이 충족된 상태.(Albright 780)
- 6행의 긴장되는 허벅지도 「레다와 백조」 참조.(Henn 332)

A Model for the Laureate

On thrones from China to Peru
All sorts of kings have sat
That men and women of all sorts
Proclaimed both good and great;
And what's the odds if such as these
For reason of the State
Should keep their lovers waiting,
        Keep their lovers waiting?

Some boast of beggar-kings and kings
Of rascals black and white
That rule because a strong right arm
Puts all men in a fright,
And drunk or sober live at ease
Where none gainsay their right,
And keep their lovers waiting,

- 원문 텍스트 8행 말미의 의문부호는 1956년 판, 21행 말미의 구두점은 *PR*판, 23과 24행의 말미는 1956년 판을 따랐다.
- 1936년의 영국 왕 에드워드 8세King Edward VIII가 즉위한 지 9개월 만에 연인을 위하여 왕좌를 버린 것을 소재로 한 작품.(Jeffares 288)
- 통치자들의 퇴락을 추적한 작품. 1연은 위대한 왕들의 경우, 2연은 거지 왕과 독재적인 왕들, 3연은 현대의 형편없는 왕의 경우.(Unterecker 272)

계관시인의 한 모델

중국에서 페루까지 옥좌에는
모든 종류의 사람들이
선하고 위대하다고 선언한
모든 종류의 왕들이 앉았더랬다.
그런 분들이 '나랏일' 때문에
그들의 연인들을 기다리게 한들,
무슨 상관이 있겠는가,
        연인들을 기다리게 한들?

사람들은 더러 거지 같은 왕들과
검고 흰 악당 같은 왕들을 자랑한다,
강력한 오른팔이
사람들 모두 공포에 몰아넣어 통치하고,
술 취하든 멀쩡하든 그들의 권리를
아무도 반박하지 않아 편히 살면서,
그들의 연인들을 기다리게 하는데,

- 당시 군주들에 대한 예이츠의 경멸감을 드러낸 작품.(Albright 795)
- 발라드 형식을 이용하여 일반 민중이 정치권력보다 사랑을 선택한 것이 올바른 선택이었다고 내세운 작품.(Cullingford 278)
- 당시 계관시인은 친구인 존 메이스필드John Masefield(1878-1967).

Keep their lovers waiting.

The Muse is mute when public men
Applaud a modern throne:
Those cheers that can be bought or sold,
That office fools have run,
That waxen seal, that signature.
For things like these what decent man
Would keep his lover waiting,
Keep his lover waiting?

[26 July 1937] 1938

- 17행의 뮤즈는 침묵한다는 말은, 이런 경우 침묵을 지키는 것이 계관시인의 좋은 모델이 된다는 것.(Unterecker 272)

연인들을 기다리게 하는데도.

뮤즈는 침묵한다,
공인들이 현대의 왕좌를 찬양할 때.
팔고 살 수 있는 그런 환호성,
사무실 바보들이 운영해온 것들.
저런 밀랍 도장, 저런 서명.
품위 있는 어떤 분이 이런 일로
연인을 기다리게 할까 보냐,
연인을 기다리게 할까 보냐?

1937. 7. 말

- 20행의 사무실 바보들은 정사를 좌지우지하는 고위관료들.(Unterecker 272)
- 22-24행은 에드워드 8세의 용단에 대한 언급이다.(역자)

Colonel Martin

I

The Colonel went out sailing,
He spoke with Turk and Jew,
With Christian and with Infidel,
For all tongues he knew.
'O what's a wifeless man?' said he,
And he came sailing home.
He rose the latch and went upstairs
And found an empty room.
The Colonel went out sailing.

II

'I kept her much in the country
And she was much alone,
And though she may be there,' he said,
'She may be in the town.

- 원문 텍스트에서 15행의 'For who can say?'의 의문부호는 *PR*에서는 탈락시켰다.(*PR* 314)

마틴 대령

I

대령은 배를 타러 나갔다.
터키 사람, 유대인,
기독교인, 이교도와 얘기했다,
그는 말을 다 알았으니까.
'오 홀아비 신세란?' 하고 말했다.
그러고는 배를 타고 집으로 왔다.
빗장을 열고 위층으로 올라가
빈 방을 발견했다.
대령은 배를 타러 나갔거든.

II

'나는 그녀를 시골에 많이 가둬 놓았지.
그래서 그녀는 무척 외로웠지.
그러니 시골에 있을지라도,
마음은 도시에 가있을지 몰라.' 하고 그는 말했다.

- 제목의 대령은 리처드 마틴Richard Martin(1754-1834). 그는 골웨이를 대표하는 국회의원, 치안관, 골웨이 의용군 대령. 그는 1777년에 결혼, 1796년에 재혼했다. 전처의 부정에 대한 재판이 1797년 런던에서 열렸다. 상대 남자에게서 배상금 1만 파운드를 받았다.

She may be all alone there,
For who can say?' he said.
'I think that I shall find her
In a young man's bed.'
The Colonel went out sailing.

III

The Colonel met a pedlar,
Agreed their clothes to swop,
And bought the grandest jewelry
In a Galway shop,
Instead of thread and needle
Put jewelry in the pack,
Bound a thong about his hand,
Hitched it on his back.
The Colonel went out sailing.

IV

The Colonel knocked on the rich man's door,
'I am sorry,' said the maid,
'My mistress cannot see these things,
But she is still abed,
And never have I looked upon

'거기서도 무척 외롭겠지,
누가 알겠나?' 하고 그는 말했다.
'어느 젊은이 잠자리에서
찾아낼 거라는 생각이 드는데.'
대령은 배를 타러 나갔거든.

III

대령은 도붓장수를 만났다.
옷을 바꾸어 입기로 했다.
그러고는 골웨이의 한 가게에 들러
가장 큰 보석을 샀다.
실과 바늘 대신
보석을 보따리에 싸서,
가죽 끈을 손에 동여매고,
그걸 등 위에다 걸었다.
대령은 배를 타러 나갔거든.

IV

대령은 부잣집 문을 두드렸다.
하녀가 말했다. '죄송합니다.
마님께서는 이런 걸 구경할 수 없어요.
아직도 주무시고 계셔요.
그리고 나는 그렇게나 큰 보석을

Jewelry so grand.'
'Take all to your mistress,'
And he laid them on her hand.
The Colonel went out sailing.

V

And he went in and she went on
And both climbed up the stair,
And O he was a clever man,
For he his slippers wore.
And when they came to the top stair
He ran on ahead,
His wife he found and the rich man
In the comfort of a bed.
The Colonel went out sailing.

VI

The Judge at the Assize Court,
When he heard that story told,
Awarded him for damages
Three kegs of gold.

결코 본 일이 없거든요.'
'모두 당신 마님께 갖다드려요.'
하고 그는 손에 쥐어 주었다.
대령은 배를 타러 나갔거든.

V

그러고는 그는 들어갔고 그녀는 앞장섰다.
두 사람은 계단을 올라갔다.
그런데 오 그는 영리한 사람.
그는 슬리퍼를 신었거든.
그들이 막바지 계단에 이르렀을 때
그는 후다닥 앞장섰다.
그는 그의 부인과 그리고 그 부자가
안락한 침대 속에 있는 걸 발견했다.
대령은 배를 타러 나갔거든.

VI

그 얘기를 들었을 때
아씨즈 재판소의 판사는
피해 보상으로 그에게
금화 세 켁을 받아주었다.

- 49행의 켁keg은 5-10갤런들이 나무통.

The Colonel said to Tom his man,
'Harness an ass and cart,
Carry the gold about the town,
Throw it in every part.'
The Colonel went out sailing.

VII

And there at all street corners
A man with a pistol stood,
And the rich man had paid them well
To shoot the Colonel dead;
But they threw down their pistols
And all men heard them swear
That they could never shoot a man
Did all that for the poor.
The Colonel went out sailing.

VIII

'And did you keep no gold, Tom?
You had three kegs,' said he.

• 64행의 톰Tom은 대령.(역자)

대령은 그의 하인 톰에게 명했다.
'당나귀와 마차를 준비하여,
금화를 시내에 싣고 가,
그걸 온 데로 뿌려라.'
대령은 배를 타러 나갔거든.

VII

그런데 거기 모든 네거리에는
권총 든 사람 하나씩 서있었다.
부자가 그들에게 많은 돈을 주고
대령을 쏴 죽이게 했다.
하지만 그들은 권총을 내던졌다.
그리고 사람들 모두가 들었다,
빈자들을 위해 그 모든 일을 한 사람을
결코 쏠 수 없었다고 말하는 걸.
대령은 배를 타러 나갔거든.

VIII

'그런데 톰, 자네는 금화 가진 거 없는가?
세 켁이나 있었잖아.' 하고 그가 물었대.

• 65행의 그는 47행의 아씨즈 재판소 판사.(역자)

'I never thought of that, Sir.'
'Then want before you die.'
And want he did; for my own grand-dad
Saw the story's end,
And Tom make out a living
From the seaweed on the strand.
The Colonel went out sailing.

1937

- 66행의 판사님은 'Sir'의 번역.
- 67행의 궁하게 살다는 'want'의 번역.

'판사님, 그 생각 까맣게 못했어요.'
'그렇다면 궁하게 살다 죽게.'
그리하여 그는 궁하게 살았대.
우리 할아버지가 그 얘기 결말을 목격했는데,
톰이 바닷가의 해초로
생계를 꾸려가고 있더래.
대령은 배를 타러 나갔거든.

1937. 8. 10.

- 70행의 해초는 주로 농장의 퇴비용으로 많이 쓰였다.(Albright 795)

The Wild Old Wicked Man

'Because I am mad about women
I am mad about the hills,'
Said that wild old wicked man
Who travels where God wills.
'Not to die on the straw at home,
Those hands to close these eyes,
That is all I ask, my dear,
From the old man in the skies.
Daybreak and a candle-end.

'Kind are all your words, my dear,
Do not the rest withhold.
Who can know the year, my dear,

- 텍스트의 인용부호는 *PR*에 따름. 우리에게 익숙한 방식이기 때문이다.(역자)
- 1937년 3월에 엘리자베스 펠햄 여사Lady Elizabeth Pelham에게 인도 여행에 동행해 줄 것을 요청했다가 그녀로부터 3월 11일에 부드러운 거절 답장을 받은 일이 배경이 된다.(Hassett 195)
- 제목에서 말하는 노인은 1930년대의 전형적인 인물. 섹스를 주제로 하는 크레이지 제인에 해당하는 남성. 이는 현학적인 노시인의 비극적 환희의 적절한 마스크.(Albright 791)
- 가톨릭교회의 특별한 위치와 여성을 가정에 얽매어 놓는 1937년 데 발레라의 헌법을 배경으로 한 작품으로서 악명 높은 발라드.(Cullingford 261-262)
- 영혼보다는 육신 쪽으로 기울어진 사랑.(Unterecker 271)
- 성적인 무용담과 방종을 다룬 시 중의 하나.(Freyer 120)

호탕하고 영특한 늙은이

'나는 여자들에게 미친 사람인지라
산에도 미친 사람이오.' 하고
발길 닿는 대로 떠돌아다니는
호탕하고 영특한 그 늙은이가 말했다.
'아가씨, 내 소원은 집안에서 밀짚 위에 누워,
하늘의 늙은이로부터 와
이 두 눈을 감겨주는 저 손에
죽지 않는 것이오.'
동이 트고 초는 다 되고.

'아가씨, 당신 말은 모두 다정한데,
다른 것도 숨김없이 말해 줘요.
아가씨, 늙은이의 피가 차가워지는 때가

- 1-2행은 이 작품의 창작 동기가 인도를 방문하고자 했던 일과 연관되어 있다는 것을 의미하는 대목. 산은 성스러운 곳을 암시. 따라서 성sex이 성스러운 곳에 오르게 하는 박차라는 말.(Cullingford 262)
- 3-4행은 운명적으로 떠돌이라는 말.
- 6행의 하늘의 늙은이는 기독교의 하느님.(역자)
- 9행의 후렴은 시간이 없어 초조해진 노인의 상황.(역자) / 초는 다 되고는 'candle-end'의 번역. 이 말은 녹아내린 밀랍을 암시하고 여명과 함께 성에 대한 노인의 허세가 꺾이는 것을 말한다.(Cullingford 263)
- 10행의 아가씨는 'my dear'의 번역. 젊은 여성, 즉 처녀를 가리킨다.(Cullingford 262)
- 12-17행은 전기적인 사실과 연관되는 대목.(Jeffares 288)

When an old man's blood grows cold?
I have what no young man can have
Because he loves too much.
Words I have that can pierce the heart,
But what can he do but touch?'
Daybreak and a candle-end.

Then said she to that wild old man,
His stout stick under his hand,
'Love to give or to withhold
Is not at my command.
I gave it all to an older man:
That old man in the skies.
Hands that are busy with His beads
Can never close those eyes.'
Daybreak and a candle-end.

'Go your ways, O go your ways,
I choose another mark,
Girls down on the seashore

- 14-17행은 젊은이들을 경쟁자라 생각하고 상대를 유인하려는 늙은이의 술책.(Cullingford 262)
- 19행의 막대기stick는 지팡이. 튼튼한 성기의 은어.(Cullingford 262)
- 21-26행은 펠햄 여사의 답장 내용.(Hassett 196)
- 23행의 당신보다 더 나이 든 분은 아가씨가 믿는 하느님.(Cullingford 262)

언제인지 누가 알 수 있을까요?
나는 젊은이가 갖지 못하는 걸 갖고 있소,
젊은이는 사랑을 지나치게 하니까요.
나는 심장을 꿰뚫는 언어를 갖고 있소,
한데 젊은이는 만지는 것 외에 무얼 할 수 있단 말이오?'
동이 트고 초는 다 되고.

그러자 그녀는 튼튼한 막대기를 손에 쥔
그 호탕한 늙은이에게 말했다.
'사랑을 주고 안 주고는
내 마음대로 되는 게 아니에요.
나는 당신보다 더 나이 든 분에게 모두 바쳤어요.
하늘에 계시는 저 노인 말이에요.
'그분'에게 묵주기도를 바치느라 손이 바빠
그런 눈은 결코 감겨줄 수 없어요.'
동이 트고 초는 다 되고.

'마음대로 해요, 오 마음대로 해요.
나는 다른 데 눈독을 들일게요.
해변의 아가씨들,

- 25행의 묵주는 'beads'의 번역. 가톨릭의 묵주(로자리오).(역자)
- 28행은 하느님과의 경쟁에서 패배한 것.(Cullingford 262)
- 29-35행은 거부당한 늙은이가 자신의 뮤즈를 찾아나서겠다는 것.(Hassett 196)
- 30행의 해변의 아가씨는 창녀.(Albright 791)

Who understand the dark;
Bawdy talk for the fishermen;
A dance for the fisher-lads;
When dark hangs upon the water
They turn down their beds.
Daybreak and a candle-end.

'A young man in the dark am I,
But a wild old man in the light,
That can make a cat laugh, or
Can touch by mother wit
Things hid in their marrow-bones
From time long passed away,
Hid from all those warty lads
That by their bodies lay.
Daybreak and a candle-end.

'All men live in suffering,
I know as few can know,
Whether they take the upper road
Or stay content on the low,

• 42행의 골수에 숨겨진 것들을 40행에서 슬쩍 건드린다는 것은 성적인 언급. (Albright 791-792)

저 애들은 암흑의 세계를 알지요.
어부들에게 음담패설을 하고,
젊은 어부들에게 춤 한판 춰주고,
물 위에 어둠이 깔리면
자기네들 잠자리를 꺼리지요.'
동이 트고 초는 다 되고.

'나는 깜깜한 데서는 청년이지만,
밝은 데서는 호탕한 늙은이.
고양이도 웃게 할 수 있고,
타고난 지혜로 슬쩍 건드릴 수 있지,
오래전 시절부터
그들의 골수에 숨겨진 것들을,
그들의 육신 옆에 누웠던
사마귀투성이 청년들의 숨겨진 것들을.'
동이 트고 초는 다 되고.

'인간은 모두 고통 속에 산다는 걸,
아는 사람 거의 없어도 나는 압니다.
인간이 윗길을 택하든
아랫길에 머물며 만족하든,

• 44행의 사마귀투성이는 아일랜드 농부 사이에는 강한 성적 능력을 의미한다.(Albright 792; Unterecker 271) / 사마귀 투성이 청년들을 거론하는 것은 이런 사람들을 포옹하기 좋아하는 여자들이 곧 뮤즈라는 것.(Hassett 196)

Rower bent in his row-boat
Or weaver bent at his loom,
Horseman erect upon horseback
Or child hid in the womb.
Daybreak and a candle-end.

'That some stream of lightning
From the old man in the skies
Can burn out that suffering
No right-taught man denies.
But a coarse old man am I,
I choose the second-best,
I forget it all awhile
Upon a woman's breast.'
Daybreak and a candle-end.

1938

- 59-62행은 펠햄 여사가 정신적인 추구를 하는 것은 정당하지만, 예이츠 자신은 끝까지 뮤즈의 시인으로 남겠다는 것.(Hassett 196)

배 안에 엎드린 노 젓는 사람이든,
혹은 베틀에 엎드려 베 짜는 사람이든,
말 등에 꼿꼿하게 앉은 기수든,
혹은 자궁 속에 숨어 있는 아기든 간에.'
동이 트고 초는 다 되고.

'올바르게 배운 자는 아무도
하늘의 노인으로부터 흘러나오는 어떤 빛이
그런 고통을 태워 없앨 수 있다는 것을
부정하지는 않아요.
그렇지만 나는 너절한 노인.
나는 차선의 것을 택해요.
나는 여인의 젖가슴 위에서
잠시 그걸 몽땅 잊어버려요.'
동이 트고 초는 다 되고.

1938. 4. 발표

- 60-62행은 육체적인 쾌락의 암흑세계에 탐닉하는 것을 잃어버린 어머니에게 되돌아가는 어린애의 이미지로 표현한 것.(Cullingford 263)
- 60행의 차선의 것은 'second best'의 번역. 이 말은 셰익스피어의 유언장에 적힌 유명한 말. 그 내용은 그의 부인에게 자기 재산 중 둘째로 좋은 침대를 부인에게 준다는 것.

Politics

'In our time the destiny of man presents its meanings in political terms.'—Thomas Mann

How can I, that girl standing there,
My attention fix
On Roman or on Russian
Or on Spanish politics?
Yet here's a travelled man that knows
What he talks about,
And there's a politician
That has read and thought,
And maybe what they say is true
Of war and war's alarms,
But O that I were young again
And held her in my arms!

1939

- 원문 텍스트에서 8행을 *PR*에는 'both'를 끼워넣어 'That has both read and thought'로 고쳐 놓았다.(*PR* 348)
- 미국 시인 매클리시Archibald MacLeish(1892-1982)가 자기 시를 찬양하는 글 「시에 쓰인 공적 언어와 사적 언어」Public Speech and Private Speech in Poetry(*Yale Review*, 1938 봄)를 읽고 거기에 대한 응답으로 쓴 시. 그러나 예이츠는 그런 것과는 관계없이 한순간의 명상의 결과라고 했다.(Unterecker 289; Albright 844) / 서사로 활용된 토마스 만Thomas Mann(1875-1955)의 말은 매클리시가 인용한 것.(Albright 844) / 스페인 내란과 제2차 세계대전 사이에 토마스 만이 내놓은 논평(서사)에 대한 짤막한 응답.(Rosenthal 337)

정치

'우리 시대의 인간의 운명은 정치적인 언어로
그 의미를 제시한다.'—토마스 만

저 아가씨가 저기 서있는데,
나의 관심을 어찌 로마나 러시아나
혹은 스페인의 정치에
집중시킬 수 있겠는가?
하지만 여기에 자기 분야는 제법 아는
어떤 여행가가 있고,
책을 읽고 사색해온
어떤 정치가도 있는데,
아마 전쟁과 전쟁의 경종에 대한
그들의 말은 맞겠지.
그러나 오 내가 다시 젊어져
팔 안에 그녀를 안고 있다면!

1938. 5. 23.

- 정치가 삶의 전부일 수는 없다는 주제.(Rosenthal 337)
- 시의 주제의 타당성에 관한 명상. 현실 정치의 주제를 거부하고 가장 보편적인 것을 지향하고 있다. 일종의 고별사.(Albright 844) / 낭만적인 주인공의 목소리. 표면적인 것을 걷어내고 정서적인 체험의 밑바탕에 도달하려는 의지의 표명.(Cullingford 280, 285)
- 제럴드 웰즐리Gerald Wellesley 댁에서 만난 한 손님의 전쟁 얘기를 듣다가 한 소녀에게 시선을 돌려 다시 젊어질 수 있다면 하는 생각을 피력한 시.(Hone 472) / 그녀는 도로시 웰즐리. 여성시인. 예이츠의 만년에 4년간 친구로 지낸 사람. 7대 웰링턴 공작부인.

News for the Delphic Oracle

I

There all the golden codgers lay,
There the silver dew,
And the great water sighed for love,
And the wind sighed too.
Man-picker Niamh leant and sighed

- 예이츠의 마지막 10년 사이에 쓴 내세에 대한 네 작품 중의 하나. 「플로티노스에게 내려진 델피의 신탁」The Delphic Oracle upon Plotinus(1931)의 자매편.(Vendler 27, 49)
- 내세에 대한 신화적인 상상물에 대한 찬양과 함께 풍자하는 시. 여러 종류의 성적인 활동을 그린, 신에 대한 모독이 가장 두드러진 작품.(Vendler 52)
- 제목의 델피의 신탁Delphic Oracle은 기원전 6세기에 그리스의 파르나소스 산 밑의 델피에 건립된 아폴로 신전에서 행해진, 고전시대의 가장 유명한 신탁. 여사제가 예언을 하면 남자 사제가 해석을 하지만, 애매하기 때문에 여러 가지 해석이 가능했다. 이 작품은 「플로티노스에게 내려진 델피의 신탁」과 마찬가지로 스티븐 맥케너Stephen MacKenna(1872-1934)가 번역한 포르피리오스Porphyrios(c. 232-303)의 『플로티노스의 생애』*Life of Plotinus*에 유래한다.
- 죽은 플로티노스가 이 세상을 떠나 '복자의 섬'에 도착한 기록.(Albright 828)
- 에로틱한 후기 시의 절정인 작품. 육신의 형상을 가진 저승의 영혼과 신들이 거주하는 세 지역의 장면을 부각시키고 있다.(Rosenthal 335)
- I부에서는 노령에 접어든 인사들, II부에서는 살해된 유아들, III부에서는 태아 관련 건을 다루고 있다. 따라서 이 시는 죽은 자가 거꾸로 되돌아가면서 다시 살아가는 구조로 되어 있다.(Albright 828)
- 켈트 신화, 그리스 신화, 기독교 신화 등 여러 신화를 동원하여 신과 인간과 중간 존재(님프와 목양신), 동물(돌고래)에다 어린이에서 사춘기를 거쳐 늙은이에 이르는 각 단계의 존재까지 동원되었다.(Vendler 52)

델피의 신탁 소식

I

거기에는 모든 황금의 종족들이 누워 있었고,
거기에는 은 이슬이,
그리고 거대한 바다가 사랑을 갈망해 한숨을 쉬고,
바람 역시 한숨을 쉬었다.
인간을 유인해 간 니아브가

- I부(1-12행)는 황금의 종족들(철학자, 시인, 전설적인 연인들)이 거주하는 '청춘의 나라' 장면.(Rosenthal 335) / 이교도적인 천국의 사랑.(Ellmann 284)
- 한숨 쉬고 하품하고 기지개 켜는 것은 예이츠적인 내세의 성적 활동에 선행되는 특징적인 동작.(역자)
- 1행의 거기는 플로티노스의 눈에 비친 모든 존재들의 최종적인 안식처나 중심지이며, 신과 인간이라는 상반된 양극이 화합되는 곳.(Whitaker 128) / 황금의 종족은 'the golden codgers'의 번역. 이는 불사불멸의 '황금의 종족'the Golden Race을 말한다. 그들은 제우스 휘하의 불멸의 신들. 플라톤과 피타고라스도 여기에 포함된다.
- 2행의 은은 1행의 황금과 대비되는 것으로서, 이 둘의 결합은 연금술적인 상징이 된다. 태양과 달의 원리의 연금술적인 결합과 상통되는 완성의 표상.(Wilson 219) / 이슬은 하늘의 음식. 하지만 유대신비주의Kabalism에서는 올바른 내세의 혼령을 위하여 마련된 만나. 천국의 성스런 존재들의 양식.(Wilson 219) / 은 이슬은 그리스 신탁에서 언급되는 넥타에 대한 간접적인 암시.(Wilson 219)
- 3행의 바다는 4행의 바람과 대비된다. '바다'와 '바람'은 유대신비주의의 남성원리와 여성원리의 상징. 상반된 양자의 융합은 완벽한 조화의 경지에 도달함을 말한다. 거대한 바다는 현세의 삶sea of life을 말하기도 한다.(Wilson 219)
- 3행에서 비롯된 한숨은 III부에 가서 양자의 결합으로 해소되었다.(Unterecker 282)

By Oisin on the grass;
There sighed amid his choir of love
Tall Pythagoras.
Plotinus came and looked about,
The salt-flakes on his breast,
And having stretched and yawned awhile
Lay sighing like the rest.

- 5-6행의 니아브와 오쉰은 신탁에는 들어 있지 않은 인물들. 예이츠가 임의로 투입한 것.(Ellmann 284) / 인간을 유인해 간 니아브Niamh와 유인된 오쉰Oisin 이야기는 그리스의 종말론(죽음, 심판, 천국, 지옥)에다 켈트 신화의 인물들을 가미시킨 것.(*NC* 417) / 니아브는 영원한 '청춘의 나라'the Country of Youth 왕의 딸. 오쉰은 3세기의 이상적인 영웅이며 시인. 오쉰은 그의 명성을 흠모하여 바다를 건너온 니아브에게 유인되어 영원한 청춘의 나라로 건너가 300년을 살다가 조국에 다시 돌아오지만, 귀국해 보니 이미 영웅시대는 끝나고 기독교 시대가 열려 있었다.(Conner 131, 136)

풀밭에 앉아 있는 오쉰 곁에 기대어 한숨을 쉬었다.
거기에 키 큰 피타고라스가
그의 사랑의 합창대 사이에서 한숨 쉬었다.
플로티노스가 와서 주위를 둘러보았다,
가슴에 소금 조각들을 붙이고서.
그러고는 기지개를 켜고 잠시 하품하다가
다른 분들처럼 누워 한숨을 내쉬었다.

- 10행의 가슴에 소금 조각들은 플로티노스가 마침내 황금의 종족에 합류했음을 말한다. 방금 바다를 건넜기 때문에 가슴에 묻은 바닷물이 말라 소금으로 된 것을 말한다.(Unterecker 281) / 소금 조각들은 물질세계에서 오염된 것들을 상징한다.(Wilson 220) / 플로티노스의 문둥병을 암시.「플로티노스에게 내려진 델피의 신탁」의 'salt blood'(5행)와 비교할 것.(Albright 829)
- 11행의 기지개를 켜고 잠시 하품하는 것은 천국에서의 혼령의 축복을 성행위 다음의 평화로운 안식에 비유한 것.(Wilson 220) / 성행위 후의 나른한 육신의 상황.(Albright 829)

II

Straddling each a dolphin's back
And steadied by a fin,
Those Innocents re-live their death,
Their wounds open again.
The ecstatic waters laugh because
Their cries are sweet and strange,
Through their ancestral patterns dance,
And the brute dolphins plunge
Until, in some cliff-sheltered bay
Where wades the choir of love
Proffering its sacred laurel crowns,
They pitch their burdens off.

- II부는 저세상에 도착한 순간.(Vendler 55) / 이 장면은 돌고래의 등을 타고 이들이 '복자의 섬'에 도착하는 장면.(Rosenthal 336)
- 1행의 무구한 저 애들은 'Those Innocents'의 번역. 'Innocents'는 헤롯왕에 의해 죄 없이 살해된 어린애들The Holy Innocents을 연상시키는 말.(*NC* 417) / 플라톤 사상에서 순화된 혼령은 영혼이나 육체가 어린애로 표현된다.(Wilson 220) / 돌고래는 죽은 자의 영혼을 '복자의 섬'으로 실어 나른다. 돌고래는 또한 사랑의 짐승으로서 영혼을 인도하여 인생의 바다를 건너게 한다.(Wilson 221)
- 3-4행은 죽음과 고통의 삶의 재현. 이는 어린애로 되돌아가는 과정.(역자)

II

'무구한 저 애들'이 각기 돌고래 등에 타고
지느러미에 의지하여 몸을 가누고,
그들의 상처를 다시 열어 보이면서,
그들의 죽음을 되풀이하며 산다.
그들의 울음소리가 감미롭고 신기하고,
대대로 내려오는 양식 따라 춤을 추고,
사나운 돌고래들이 물속으로 뛰어드니까,
황홀감에 빠진 바다는 웃는다.
마침내 사랑의 합창단이
거룩한 월계관을 증정하러 물속으로 걸어오는,
절벽에 둘러싸인 어느 만에 가서
그들은 그들의 짐을 훌떡 벗어던진다.

- 6행의 대대로 내려오는 양식은 'ancestral patterns'의 번역. 이는 과거 기억의 되풀이. 그들은 지금 거기서 해방되는 중에 있다. 춤을 추는 것은 바다 위의 햇빛이나 파도가 춤추듯이 춘다는 것.(Wilson 221)
- 7행의 사나운 돌고래는 육체적인 사랑을 강조하고, 물속으로 뛰어드는 행위는 때로 천국으로 가는 길에서 벗어나 기억된 과거의 정서의 바다로 다시 뛰어든다는 것.(Wilson 221)
- 8행의 황홀감에 빠진 바다는 웃는다는 것은 비극적 환희의 암시.(Albright 829) / 바다는 보편적으로 삶과 죽음을 에워싸고 있기 때문에 개체의 욕구와 감정과는 무관하다. 따라서 웃게 된다.(Rosenthal 336) / 바다는 삶의 전체, 즉 과거와 현재와 미래이며 세계령Anima Mundi의 이미지.(Wilson 221)
- 10행의 월계관은 새로 도착한 사람들에게 증정하는 환영의 월계관.(Unterecker 281)

III

Slim adolescence that a nymph has stripped,
Peleus on Thetis stares.
Her limbs are delicate as an eyelid,
Love has blinded him with tears;
But Thetis' belly listens.
Down the mountain walls
From where Pan's cavern is
Intolerable music falls.

- III부는 예이츠가 내세에 함께하고 싶은 것들을 통해 이승의 중심 활동인 성행위를 내세에서 보여 주고 있다.(Vendler 55)
- '복자의 섬'에서의 사랑의 향연. 육체적인 사랑, 즉 I, II부에 결여된 감각적인 측면을 첨가시킨 예이츠적인 천국의 제시.(Ellmann 284-285)
- 성이 배제된「비잔티움」Byzantium의 세계보다는 항시 활동적인, 주로 성적·육체적인 활동이 활발한 내세를 선호함을 드러낸 작품.(Vendler 56)
- II부의 혼령들이 '복자의 섬'에 도착하는 반면에, III부에서는 지상으로 귀환하는 길이 제시되고 있다.(Wilson 222)
- III부는 프랑스의 17세기 화가 니콜라 푸생Nicholas Poussin(1594-1665) 작 <펠레우스와 테티스의 결혼>The Marriage of Peleus and Thetis(아일랜드 국립 미술관 소장)을 소재로 한 것.(*NC* 418) / 이 그림은 휴 레인Hugh Lane이 기증한 것 중의 하나이다. 니콜라 푸생의 그림을 변용시켜 활용한 작품.(Ellmann 285)
- 1-4행은 펠레우스의 사랑이 순수한 천국적인 사랑임을 말한다. 사후에만 가능한 이상적인 사랑과 관련된 구절.(Wilson 223)
- 2행의 펠레우스Peleus는 테살리아Thessalia의 왕. 그는 아르고 호Argo를 타고 원정했을 때 바다의 요정 테티스Thetis를 만나 사랑에 빠졌다. 이는 인간의 육신과 바다 요정의 더욱 세련된 감성의 결합.(Rosenthal 337)

III

알몸이 된 날씬한 사춘기의 요정,
펠레우스는 테티스를 응시한다.
그녀의 팔다리는 눈꺼풀처럼 나긋해서,
사랑이 눈물로 앞을 가렸다.
하지만 테티스의 배는 듣는다.
판의 동굴이 있는 데서부터
절벽 같은 산 아래쪽으로
감당 못할 음악이 흘러내린다.

- 2행의 테티스는 해신 네레우스Nereus의 딸 50명 중 하나. 바다의 여신 혹은 요정. 그녀가 펠레우스의 구애를 받았을 때 불로, 물로, 사자로, 뱀으로, 물고기로 변신하여 도망쳤지만, 결국 붙잡혀 결혼했다. 인간과 요정의 결혼으로 양자의 결합에서 아킬레우스Achilleus가 태어났다. 이들의 결혼은 신과 인간이라는 상반된 것의 결합이며 '황금의 종족'의 축복 속에 이루어진다.(Wilson 222)
- 4행의 펠레우스의 사랑이 눈물로 앞을 가렸다는 것은 그의 사랑이 정신적인 것을 말하고, 테티스가 아래쪽의 소동에 눈이 팔리는 것(30-32행)과는 대조적이다. 그녀는 두 세계를 이어주는 교량 역.(Wilson 222-223)
- 5행의 테티스의 배는 듣는다는 것은 판의 피리 소리.(Unterecker 282) / 테티스 뱃속의 태아(아킬레우스)의 움직임.(Albright 830) / 이는 분화된 그녀의 성격을 말한다. 즉, 그녀는 하늘의 주민이지만, 모성애의 본능은 그녀를 시간에 얽매이게 한다.(Wilson 223)
- 6행의 판Pan은 목장의 풍요 신. 동굴에 살고 무서운 목소리의 소유자이며, 갈대 피리 발명자, 자연의 신, 번식의 상징. 푸생의 그림에 피리 부는 판의 모습(33-35행)이 돋보이게 그려져 있다.(Wilson 222; *NC* 418) / 동굴은 자궁의 상징. 자손 번식generation의 표상. 판은 동굴을 관장하는 신.(Wilson 212, 222)
- 6-8행의 판의 음악은 수호신으로서 모두에게 성행위를 강요하는 것.(Vendler 56)

Foul goat-head, brutal arm appear,
Belly, shoulder, bum,
Flash fishlike; nymphs and satyrs
Copulate in the foam.

1939

흉측한 염소 머리, 야만적인 팔이 나타나고,
배, 어깨, 궁둥이,
물고기처럼 번쩍인다.
님프들과 사티로스들이 거품 속에 교미한다.

1938

• 12행의 님프들과 사티로스들satyrs은 아직도 천국에 있으나 곧 지상에 태어날 혼령들의 상징.(Wilson 222) / 영어의 'satyr'는 그리스어의 'saturos', 라틴어의 'satyrus'.

2

모드 곤 시편

The Sorrow of Love

The brawling of a sparrow in the eaves,
The brilliant moon and all the milky sky,
And all that famous harmony of leaves,
Had blotted out man's image and his cry.

A girl arose that had red mournful lips
And seemed the greatness of the world in tears,
Doomed like Odysseus and the labouring ships
And proud as Priam murdered with his peers;

Arose, and on the instant clamorous eaves,
A climbing moon upon an empty sky,

- 최초로 셰익스피어적인 12행 시douzain.(Vendler 154)
- 한 여인이 몰고온 비극을 다룬다.(Unterecker 80)
- 1891년 작. 그 이듬해에 발표. 1895년에 수정했다가 1924년에 개작했다.(O'Neill 98; Albright 438) / 개작한 이 작품을 그때 모드 곤에게 보낸 일이 있다.(Cullingford 1)
- 1연에는 자연이 인간을 압도하는 것으로 되어 있으나, 3연에 가면 역사의 무대에 여인이 등장하자 자연을 무질서하게 만들어 버린다.(*NC* 81)
- 2행의 온통 유백색 하늘은 'all the milky sky'의 번역. 1895년의 수정본에는 하늘에 별이 총총한 것으로 되어 있어 은하수와 관련된 표현이 아닌가 하는 생각도 하게 된다.(역자)
- 5행의 한 처녀는 트로이의 헬레네인 듯하다. 또한 모드 곤의 아름다움과 관련된다.(*NC* 32) / 붉은 입술은 붉은 장미로서 헬레네의 입술을 말한다.(Thurley 20) / 처녀가 일어났다의 원문은 'A girl arose. 이 말은 'A girl, a rose'로도 읽힌다. 따라서 이 처녀는 다른 작품의 '장미'the Rose와 일치될 수도 있다.(Albright 439)

사랑의 슬픔

처마 밑 참새 한 마리의 재잘거림과,
휘황찬란한 달, 온통 유백색 하늘,
그리고 나뭇잎의 멋진 화음이
인간의 모습과 비명을 막아 버렸다.

한 처녀가 일어났다. 슬픔을 머금은 붉은 입술,
눈물 젖은 위대한 세계 같은 여인,
오디세우스와 파도에 시달리는 배들의 운명 같은,
신하들과 함께 살해된 당당했던 프리아모스 같은 여인.

여인이 일어나자 즉각 부산한 처마와,
텅 빈 하늘에 기어오르는 달,

- 7행의 오디세우스는 호메로스의『오디세이아』의 주인공. 그리스의 한 작은 섬나라인 이타카Ithaca의 왕. 헬레네의 구혼자 중 한 사람이었으나 페넬로페Penelope와 결혼했다. 트로이 전쟁의 무장. 트로이 함락 후, 12척의 배를 이끌고 귀국 항해 중 폭풍우를 만나 난파되고, 10년간 표류와 모험을 거듭한 끝에, 홀로 귀국에 성공했다.(*NC* 32)
- 8행의 프리아모스Priamos(영어로는 프라이엄)는 트로이의 마지막 왕. 많은 자녀를 두었다. 그중에는 아들 헥토르Hector, 파리스Paris와 딸 카산드라Cassandra가 있다. 그는 트로이 성이 함락된 뒤 아킬레우스의 아들에게 살해되었다. 헬레네를 유혹해 간 왕자는 둘째인 파리스.(*NC* 32)

And all that lamentation of the leaves,
Could but compose man's image and his cry.

1892; 1925

그리고 나뭇잎들의 온갖 슬픈 가락이
인간의 이미지와 비명을 엮어낼 수 있을 뿐.

1891. 10.

When You Are Old

When you are old and grey and full of sleep,
And nodding by the fire, take down this book,
And slowly read, and dream of the soft look
Your eyes had once, and of their shadows deep;

How many loved your moments of glad grace,
And loved your beauty with love false or true,
But one man loved the pilgrim soul in you,
And loved the sorrows of your changing face;

And bending down beside the glowing bars,
Murmur, a little sadly, how Love fled
And paced upon the mountains overhead
And hid his face amid a crowd of stars.

1892

- 16세기 프랑스 시인 롱사르Ronsard(1524-1585)의 페트라르카식 소네트(14행시), 「그대 늙으면」Quand vous serez bien vieille을 잘라 12행시douzain로 만든 작품.(Vendler 153) 페트라르카Petrarch(1304-1374)는 이탈리아 문예부흥기의 시인. 이탈리아식 소네트의 창안자.(역자)
- 모드 곤과 관련된 시.

그대 늙으면

그대 늙어 머리가 희끗해지고 잠이 많아져
난롯가에서 꾸벅거릴 때, 이 책을 꺼내어
천천히 읽어 보고, 상상해 보세요,
한때 그대 눈이 지녔던 부드러운 시선과 깊숙한 그늘을.

얼마나 많은 사람이 우아하게 반기는 순간을 사랑했고,
그대의 아름다움을 사랑했던가, 거짓이든 진정이든.
하지만 한 사람만이 그대 마음속 순례자 정신을 사랑했고,
그대의 변해 가는 얼굴들에 나타나는 슬픔들을 사랑했었소.

그러하니 이글거리는 난로 옆에 몸을 굽히고
조금은 슬픈 가락으로 중얼거려 보세요,
'사랑'이 어떻게 도망쳐 저 산 위에 서성대다가
별들의 무리 속에 얼굴을 숨겨 버렸는가를.

1891. 10. 21.

- 사랑의 실패를 상대방의 오만 탓이 아니라 자기 탓으로 본다.(Albright 440)
- 예이츠의 사랑의 성격이 모두 골고루 배어 있는 시.(Jeffares 79)
- 2행의 꺼내어는 'take down'을 편의상 번역한 말. 이 말은 책이 서가의 높은 자리에 꽂혀 있는 것을 전제로 한 말인데, 잘 보지 않는 책이라는 듯이 함축되어 있다.(역자)

A Dream of Death

I dreamed that one had died in a strange place
Near no accustomed hand;
And they had nailed the boards above her face,
The peasants of that land,
Wondering to lay her in that solitude,
And raised above her mound
A cross they had made out of two bits of wood,
And planted cypress round;
And left her to the indifferent stars above
Until I carved these words:
She was more beautiful than thy first love,
But now lies under boards.

- 모드 곤이 죽었다는 소문을 듣고 쓴 작품. 아름다운 여인이 젊어서 죽는 것은 뮤즈 관련 시의 두 번째 전통적인 주제. 당초의 제목은「비문」Epitaph.(Hassett 73)
- 모드 곤이 프랑스에서 병이 나을 때 쓴 작품. 예이츠에 의하면 어떤 못된 여자가 모든 곤이 프랑스 남부에서 곧 죽어간다고 말했다고 한다.(Albright 440)
- 죽음을 예상하고 미리 써 본 비명.(Cullingford 47)
- 그녀의 병에 관한 소문에다 그녀의 어떤 프랑스 사람과의 우정관계 얘기도 있었는데, 그녀가 회복되면서 실제로 루시앙 밀레보예Lucien Millevoye라는 사람과 연인관계가 진전되고 있었다.(Cullingford 47)
- 예이츠는 이 시의 초고를 모드 곤에게 보낸 바 있다.(Jeffares 71)

죽음에 대한 꿈

나는 꿈을 꾸었다, 근처에 가까운 사람도 없는
한 사람이 낯선 고장에서 죽는 꿈을.
그리하여 그 고장 농사꾼들 그들이,
그녀의 얼굴 위에 판자를 덮어 못을 박고는,
저런 고독한 곳에 눕혀도 되겠지 했다.
그러고는 그녀의 무덤 위에
두 토막의 나무를 가지고 십자가를 만들어 세우고,
주위에 사이프러스를 심어 놓고는,
무심한 하늘의 별들에게 그녀를 맡겨 두었다,
내가 다음과 같이 글을 새겨 놓을 때까지.
그 여자는 그대의 첫사랑보다 더 아름다웠으나,
이제는 널빤지 아래 누워 있도다.

1891. 12. 12. 발표

- 2행의 한 사람은 부정대명사(one)로 쓴 것. 이는 모드 곤을 가리킨다. 그녀는 기근이 심했던 도니골Donegal 지역에서 봉사하다가 과로로 견디다 못해 프랑스에 가서 몸과 마음을 안정하며 쉬고 있었다. 결핵성 증후였다.(*NC* 33) / 낯선 고장은 모드 곤이 쉬고 있던 프랑스 남부.(*NC* 33)
- 11행의 그대는 독자를 지칭한다.(Albright 441) / 그대의 첫사랑은 아마 예이츠 일가족이 호스Howth에 살 때 예이츠가 사랑에 빠졌던 붉은 머리의 로라 암스트롱Laura Armstrong인 듯하다.(*NC* 33)

The Rose of Peace

If Michael, leader of God's host
When Heaven and Hell are met,
Looked down on you from Heaven's door-post
He would his deeds forget.

Brooding no more upon God's wars
In his divine homestead,
He would go weave out of the stars
A chaplet for your head.

And all folk seeing him bow down,
And white stars tell your praise,
Would come at last to God's great town,
Led on by gentle ways;

And God would bid His warfare cease,

- 원래의 제목은「장미의 평화」The Peace of the Rose.(*NC* 28)
- 「이 세상의 장미」The Rose of the World와 마찬가지로 장미는 현실적인 여인으로 시작되지만 여인을 신격화하면서 찬양하고 있다.(Ellmann 73)
- 모드 곤의 아름다움을 찬양하는 시이지만, 가정법으로 시작되는 이 시는 환상일 뿐이라는 것. 현실은「전쟁의 장미」The Rose of Battle에서 말하고 있다.(Unterecker 79)

평화의 장미

만약 천국과 지옥이 대결했을 때
하느님 군대의 대장 미카엘이
천국의 문기둥에서 당신을 내려다본다면
그는 자신이 하는 일을 잊어버리리라.

그는 거룩한 그의 영지에서 더 이상
하느님의 전쟁들을 곱새기지 않고
별을 엮어 당신 머리에 씌워 줄
화관을 마련하러 나서리라.

그리고 그가 허리 굽히는 모습과
흰 별들이 당신을 찬양하는 것을 본 사람들은
모두 다 정중하게 인도되어
마침내 하느님의 위대한 도시로 가게 되리라.

그리고 하느님은 만사가 형통했다면서

- 영국적인 전통의 영향을 받은 시.(Jeffares 75)
- 2행의 미카엘은 사탄을 제압한 대천사. 에덴동산의 문을 지킨다.
- 3행의 당신은 모드 곤.
- 4행의 하는 일은 예이츠가『실락원』에서 읽은 하느님과 사탄 간의 전쟁.(*NC* 28)

Saying all things were well;
And softly make a rosy peace,
A peace of Heaven with Hell.

전쟁 종언을 선포하고, 조용히
장미꽃 같은 평화를 조성하리라,
지옥과 함께하는 천국의 평화를.

1892. 2. 13. 발표

• 16행의 지옥과 더불어 맺은 천국의 평화는 스베덴보리Swedenborg적인 생각. 그러나 윌리엄 블레이크William Blake의『천국과 지옥의 결혼』*The Marriage of Heaven and Hell*의 역설적인 폭력 의미는 아니지만, 블레이크의 천국과 지옥의 병치를 떠올리게 하는 표현.(*NC* 28)

The White Birds

I would that we were, my beloved, white birds on the foam
of the sea!
We tire of the flame of the meteor, before it can fade and flee;
And the flame of the blue star of twilight, hung low on the rim
of the sky,
Has awaked in our hearts, my beloved, a sadness that may not
die.

A weariness comes from those dreamers, dew-dabbled, the lily
and rose;
Ah, dream not of them, my beloved, the flame of the meteor
that goes,
Or the flame of the blue star that lingers hung low in the fall
of the dew:
For I would we were changed to white birds on the wandering
foam: I and you!

- 예이츠가 모드 곤에게 청혼하고 거절당한 그 이튿날 오후, 두 사람이 호스의 바닷가 절벽 위를 산책하다가 쉴 때, 머리 위로 갈매기 한 쌍이 날아가 바다 위에 내려앉는 것을 보고, 그녀가 흔히 하는 말로 새 중에서 선택하라고 한다면 자기는 무엇보다 갈매기를 선택하겠다고 했는데, 사흘 뒤에 예이츠가 그녀에게 이 시를 써 보냈다고 한다.(*NC* 32)
- 세상의 온갖 것과는 담을 쌓는 사랑의 서정시.(Cullingford 204) / 새가 되어 사랑하는 이와 함께 어머니 같은 바다로 도망치고 싶은 생각을 드러낸 시.(Ellmann 70)

흰 새들

연인이여, 우리가 거품 이는 바다 위, 흰 새가 된다면!
우리는 희미하게 곧 사라질 유성의 섬광에 지쳐 있소,
연인이여, 하늘 가장자리 나직이 매달린 황혼의 푸른 별빛이
소멸되지 않을지도 모를 슬픔을 우리 가슴 속에다 일깨워 주었소.

피로함은 이슬 맺은 백합과 장미 같은 몽상가들로부터 비롯되오.
오, 그들의 꿈을 꾸지 마오, 연인이여, 날아가는 유성의 섬광이나,
이슬 내릴 그때 매달려 있는 푸른 별빛의 꿈 말이오.
왜냐하면 나와 당신은 떠도는 바다 위, 흰 새가 되었으면
　　하니까.

- 제목의 흰 새는 갈매기.(*NC* 32) / 제목의 흰 새는 요정 나라의 새가 눈처럼 희다는 사실과 연관된다. 흰 새는 거품, 유성, 이슬, 꽃과 같은 무상한 것과는 대조적인 것.(Albright 440) / 흰 새들은 연금술적인 정신의 변화에 저항하는 문구.(Gorski 57)
- 2행의 유성은 불타는 열정과 덧없는 시간을 암시한다.(Ellmann 70)
- 3행의 황혼의 푸른 별은 금성Venus.(*NC* 32) / 금성은 사랑과 죽음을 암시한다. 이 별들은 바다와 대비된다.(Ellmann 70)
- 5행의 백합과 장미는 낭만적인 사랑의 장애가 된다는 것. 백합과 장미는 정신적으로 변화시키는 연금술적인 묘약이 되기 때문이다. 백합은 달을 상징, 백색의 연금술적인 묘약을 표상하고, 장미는 해를 상징, 적색의 연금술적인 묘약을 표상한다. 양자의 기묘한 연금술적인 작용으로 정신적인 변화를 일으켜 낭만적인 사랑을 방해한다.(Gorski 55) / 백합과 장미는 다 같이 기독교적인 상징물. 전자는 특히 프랑스의 국화라는 점에서 관련이 깊고, 후자는 성모 마리아와 관련되어 역시 가톨릭 국가인 프랑스와 관련될 수도 있다. 따라서 5행은 그녀와 프랑스 사람과의 염문과 관련될 것이다. 텍스트에서 장미 색깔에 대한 언급은 없지만, 장미를 아일랜드와 연관시키면 모드 곤의 경직된 애국심을 지칭할 수도 있을 것이다. 두 사람은 방법론에서 이견이 있었기 때문이다.(역자)

I am haunted by numberless islands, and many a Danaan shore,
Where Time would surely forget us, and Sorrow come near us no more;
Soon far from the rose and the lily and fret of the flames would we be,
Were we only white birds, my beloved, buoyed out on the foam of the sea!

- 9행의 다난Danaan은 여신 다나Dana의 종족. 다나는 아일랜드의 모든 고대 신들의 어머니. 이들 종족은 점차 산과 들의 지하로 숨어들었고 이런 곳을 '티르나노그'Tir-msn-Oge 혹은 '청춘의 나라'the Country of the Young라고 했다. 이들은 사람들의 상상 속에서 차츰 요정(또는 쉬)으로 자리잡았다. 이들은 여러 가지 모습으로 변신하는데 물에서는 새의 형태가 되고 때로 눈같이 흰 새로도 변한다.(Conner 43) / 다난의 해안선은 요정이 사는 섬의 해상낙원, 영원한 젊음의 나라.(*NC* 32)

내 머릿속엔 수많은 섬과 다난의 해안선 생각이 떠나지 않소.
거긴 틀림없이 시간이 우리를 망각하고, '슬픔'이 범접하지
　　못하리.
우리는 곧 장미와 백합, 섬광의 초조함에서 멀리 벗어나리니,
연인이여, 우리가 바다의 파도 위에 떠있는 흰 새가 되기만
　　한다면.

1892. 5. 이전

• 12행의 떠있는은 'buoyed out'의 번역. 이 말은 부표로 띄워 놓은 것을 뜻한다. 따라서 날아다니는 갈매기를 말하는 것이 아니라 물 위에 떠있는 갈매기를 지칭한다.(역자)

The Rose of the World

Who dreamed that beauty passes like a dream?
For these red lips, with all their mournful pride,
Mournful that no new wonder may betide,
Troy passed away in one high funeral gleam,
And Usna's children died.

We and the labouring world are passing by:
Amid men's souls, that waver and give place
Like the pale waters in their wintry race,
Under the passing stars, foam of the sky,
Lives on this lonely face.

Bow down, archangels, in your dim abode:
Before you were, or any hearts to beat,

- 모드 곤을 염두에 두고 쓴 시. 모드 곤을 트로이의 헬레네Helen of Troy 및 데어드라Deirdre와 동일시하고 있다.(*NC* 27)
- 한 여인을 영원한 여인으로 만들어 신격화한 작품들 중 하나이다.(Ellmann 73)
- 여성을 중심적인 상징으로 잡은 작품.(Cullingford 41)
- 1행의 아름다움은 제목의 '이 세상의 장미', 2행의 '붉은 입술', 10행의 '고독한 이 얼굴', 13행의 '다정한 한 분', 14행의 '그녀'로 이어진다.(역자)
- 3행의 이 붉은 입술은 헬레네의 입술.(Thurley 21) / 쿠훌린이 이상적인 남자이듯이 헬레네는 이상적인 여자.(Unterecker 79)

이 세상의 장미

아름다움은 꿈처럼 사라진다고 누가 그렇게 생각했던가?
새로운 기적이 밀려오지 않을까 슬퍼하는,
그 슬픈 자부심을 가진 이 붉은 입술을 위하여
트로이는 높이 치솟은 한 가닥 화장의 불길 속에 사라졌고,
우슈내의 자식들도 죽었다.

우리들과 고역에 시달리는 세상은 지나가고 있다.
하늘의 거품 같은, 사라지는 별들 아래
겨울철에 경주하는 창백한 물살처럼
머뭇머뭇 자리를 내주는 인간의 영혼 속에서
고독한 이 얼굴은 마냥 살아 있다.

대천사들이여, 허리를 굽히세요, 어둠침침한 거처에서.
당신들의 존재 이전에, 혹은 어떤 심장의 박동 이전에,

- 5행의 우슈내Usuna는 드루이드Druid의 딸과 결혼하여 3형제를 둔 사람. 장남 니셔Naoise는 늙은 왕 코너르Conchubar의 젊은 부인 데어드라Deirdre와 함께 스코틀랜드로 도피해서 결혼했다. 그 뒤 그녀를 둘러싼 비극적인 이야기는 아일랜드 3대 비화 중의 하나. 그녀 때문에 3형제가 모두 죽었다.(Ellmann 73) / 이는 아름다운 헬레네로 말미암은 트로이의 멸망과 아름다운 데어드라로 말미암은 우슈내 아들들의 비극이라는 공통점을 말하고 있다.(역자) / 예이츠는 헬레네와 데어드라(및 모드 곤)를 불멸의 '장미'의 화신이라고 생각하고 있다.(Albright 434)
- 6행의 고역에 시달리는 세상은 아름다운 여자 때문에 배를 타고 출전하여 전쟁을 치르는 남자들을 가리킨다.(Thurley 21)

Weary and kind one lingered by His seat;
He made the world to be a grassy road
Before her wandering feet.

[1891] 1892

• 12-15행은 여성이 대천사들보다 먼저 존재했다는 말.(Cullingford 207)

지치고도 다정한 한 분이 그분의 보좌 곁에 서성대었소.
그분은 방랑하는 그녀의 발길 앞에다
세상을 풀밭 길로 만들어 주신 거죠.

1392. 6. 이전

- 13행의 지치고도는 애초 이 시를 두 연으로 썼다가 모드 곤과 함께 주변 산들을 산책하고 지친 모드 곤을 위하여 나중에 추가한 셋째 연과 관련이 있음.(*NC* 27) / 그분은 창조주를 암시.(역자)

The Poet Pleads with the Elemental Powers

The Powers whose name and shape no living creature knows
Have pulled the Immortal Rose;
And though the Seven Lights bowed in their dance and wept,
The Polar Dragon slept,
His heavy rings uncoiled from glimmering deep to deep:
When will he wake from sleep?

Great Powers of falling wave and wind and windy fire,
With your harmonious choir
Encircle her I love and sing her into peace,
That my old care may cease;
Unfold your flaming wings and cover out of sight
The nets of day and night.

- 제목의 대자연의 신들은 이 작품의 최초 제목이었던「자연의 세 관장자, 미카엘, 가브리엘, 라파엘에게 바치는 신비스러운 기도」A Mystical Prayer to the Masters of the Elements, Michael, Gabriel, and Raphael와 상응되는 세 가지 '자연의 위력들'인 파도, 바람 및 불을 가리킨다.(*NC* 70)
- 신비주의적인 작품 중 가장 정교한 작품. 밀도있게 짜맞춘 기도문이다.(Bloom 129)
- '생명의 나무'Tree of Life에 대한 직접적인 언급은 없지만 그것을 염두에 두고 쓴 시. '생명의 나무'는 이상적인 미의 장미 나무. 북극성을 가리킨다.(Ellmann 77)
- 「은밀한 장미」The Secret Rose에서 말하는 그 장미가 인간의 시야에서 사라지고 인간이 결코 접근할 수 없는 영역에 올라가 버린 상황을 주제로 한 작품. 하늘의 별들도 그녀가 사라진 것을 슬퍼하지만, 속수무책이다. 오직 물질세계의 아래위 혹은 그 너머에 존재하는 신들의 관할권 안에 있다. 여기서 장미는 모드 곤의 상징, 따라서 그녀에게 청혼하지 못하는 상황과 연관된다.(Albright 472)

시인이 대자연의 신들에게 탄원하다

살아 있는 것들은 아무도 그 이름과 형체를 알지 못하는 신들이
'불멸의 장미'를 잡아갔습니다.
그리고 '일곱 빛'이 고개 숙여 춤추고 울었지만,
'북극 용'은 잠을 잤고,
그의 묵직한 똬리가 번들거리는 심연에서 심연으로 풀려갔습니다.
언제 그가 잠에서 깨어날까요?

거센 파도와 바람과 세찬 불길을 일으키는 위대한 신들이시여,
나의 해묵은 근심이 멈추어지도록,
당신들의 조화로운 합창대와 함께 내가 사랑하는 그녀를
감싸고 노래해, 그녀를 평화롭게 해주세요.
당신들의 눈부신 날개들을 펼치시어 밤과 낮의 그물이
눈에 보이지 않게 덮어 주세요.

- 1행의 신들의 실체는 여러 가지로 추정됨. 제목과 관련된 위의 주 참조.
- 2행의 불멸의 장미는 예이츠의 말로는, '장미는 이상적인 미의 장미'Rose of Ideal Beauty. (*NC* 70) / 예이츠에 의하면, 장미는 수백 년간 정신적인 사랑과 최상의 미의 상징으로, 한때는 태양의 상징으로 쓰였으며, 신성한 것의 상징, 사물의 핵심으로 쓰였는데, 그 이유는 장미가 성모 마리아에게 바치는 성스러운 꽃이라서 서구에서는 생명의 꽃이기 때문이다.(Albright 472)
- 3행의 일곱 빛은 큰곰좌의 일곱 별, 즉 북두칠성.(*NC* 70)
- 4행의 북극 용은 별자리 이름인 용좌. 옛 신화에는 큰곰좌와 함께 '생명의 나무'를 에워싸고 보호한다. 북극 용이 잠드는 것은 자연계가 미美에서 분리됨을 말한다.(Ellmann 78)
- 9행의 내가 사랑하는 그녀는 모드 곤.(*NC* 70)

Dim Powers of drowsy thought, let her no longer be
Like the pale cup of the sea,
When winds have gathered and sun and moon burned dim
Above its cloudy rim;
But let a gentle silence wrought with music flow
Whither her footsteps go.

자고 싶은 생각으로 흐릿해진 신들이시여,
바람들이 모여들어
해와 달이 구름 낀 해면 위에 희미하게 불탈 때,
그녀가 바다 위의 창백한 운명의 잔처럼 되지 않게 해주시고,
음악으로 빚어낸 부드러운 정적이
그녀의 발길이 닿는 곳으로 흘러가게 해주세요.

1892. 10. 1. 발표

- 17행의 부드러운 정적은 바람이 잠잠해지기를 비는 또 하나의 기도. 장미는 태풍의 눈 안에 사는 듯하다.(Albright 473)

The Lover Tells of the Rose in His Heart

All things uncomely and broken, all things worn out and old,
The cry of a child by the roadway, the creak of a lumbering cart,
The heavy steps of the ploughman, splashing the wintry mould,
Are wronging your image that blossoms a rose in the deeps of
my heart.

The wrong of unshapely things is a wrong too great to be told;
I hunger to build them anew and sit on a green knoll apart,
With the earth and the sky and the water, remade, like a casket
of gold
For my dreams of your image that blossoms a rose in the deeps
of my heart.

- 세상사와 담을 쌓는 낭만적인 사랑의 시.(Cullingford 104)
- 4행의 당신 모습은 모드 곤.(*NC* 48)

연인이 마음속의 장미를 이야기하다

모든 게 볼썽사납게 망가지고, 모든 게 낡고 오래되었소.
길가의 아기 울음소리, 덜거덕거리는 마차의 삐걱대는 소리,
겨울철 묻은 진흙 퉁기는 농부의 무거운 발걸음들은
내 마음 깊은 곳에서 장미꽃을 피우는 당신 모습을 그르치고 있소.

보기 흉한 것들의 잘못됨은 듣기에도 엄청나게 거북한 것.
내 그들을 새롭게 만들기를 간절히 바라, 외딴 푸른 언덕에 앉아 있소,
땅과 하늘과 물과 함께. 내 마음 깊은 곳에 장미꽃을 피우는,
내가 꿈꾸는 당신의 모습을 담아 둘 황금 상자처럼 다시 만들기 위해.

1892. 11. 12. 발표

- 6행의 푸른 언덕은 예이츠가 모드 곤과 함께 비교occult를 연구할 계획을 세워 보려고 했던 어느 먼 곳에 대한 암시.(Albright 455) / 그 언덕은 키 호수Lough Key에 있는 섬을 중심지로 한 지역인 듯하다.(*NC* 48)

He Wishes for the Cloths of Heaven

Had I the heavens' embroidered cloths,
Enwrought with golden and silver light,
The blue and the dim and the dark cloths
Of night and light and the half-light,
I would spread the cloths under your feet:
But I, being poor, have only my dreams;
I have spread my dreams under your feet;
Tread softly because you tread on my dreams.

- 자신의 뮤즈에게 아부하는 흔적이 역력한 작품.(Hassett 76)
- 소극적인 동경과 함께 자칫 환멸로 끝날지도 모른다는 생각을 담은 사랑 시.(Rosenthal 4-5)
- 여자를 추어올리고 남자를 낮추는 전통적인 로맨스 구조의 시.(Cullingford 25)
- 1행의 금빛과 은빛은 햇빛과 달빛.(Vendler 93)
- 1-4행의 하늘의 옷감은 별이 총총한 하늘과 성모 마리아에게 바치는 성직자의 값비싼 파란 의상들을 합친 것.(Cullingford 25) / 별이 장식된 하늘의 구름 옷감.(Vendler 93) / 수놓은 하늘의 옷감이라는 표현은 하늘을 예술작품으로 보는 시각.(Albright 474)

하늘의 옷감을 원하다

내가 만일 금빛과 은빛으로 짠,
파랗고 흐릿하고 깜깜한,
밤과 낮과 어스름으로 수놓은
하늘의 옷감을 갖고 있다면,
당신 발아래 깔아 드리련만.
하지만 난 가난하여 꿈만 있을 뿐.
그대 발밑에 내 꿈들을 펼쳐 놓았으니,
사뿐히 밟아요, 그대 내 꿈 밟고 가는 것이니.

1892. 11. 12. 발표

- 5행의 당신 발아래 깔아 드리련만은 여신에 대한 가난한 시인의 기사도적인 몸짓.(Cullingford 25)
- 6행의 난 가난하여는 모드 곤이 경제적으로 독립된 처지인 데 반하여, 예이츠는 무일푼이었던 시절을 말한다.(Cullingford 25)
- 8행의 내 꿈 밟고 가는 것은 사랑하는 사람이 시인의 환상 속에 싸여 있다는 것. (Albright 474)

Maid Quiet

Where has Maid Quiet gone to,
Nodding her russet hood?
The winds that awakened the stars
Are blowing through my blood.
O how could I be so calm
When she rose up to depart?
Now words that called up the lightning
Are hurtling through my heart.

• 현재의 시 제목은 1887년에 발표한 습작기의 작품, 「시카모어 단풍 숲에 살았던 그녀를 상상하며」She Who Dwelt Among the Sycamores: A Fancy의 13행에 나오는 '침묵 양'Lady Quietness을 '침묵 아가씨'Maid Quiet로 바꾸어 새로운 시의 제목으로 삼은 것. 최종적인 시의 텍스트는 1897년에 출판된 시집 『은밀한 장미』*The Secret Rose*에 발표한 것을 부분적으로 개작한 것이다. 그 여인은 「일곱 숲 속에서」In the Seven Woods의 10행에 '침묵의 여인'Quiet으로 나온다. (Ellmann 99-101)

침묵 아가씨

적갈색 두건을 끄덕이며
침묵 아가씨는 어디 갔는가?
별들을 깨운 바람이
내 핏속으로 불고 있다.
그녀가 떠나려고 일어났을 때
오 어떻게 나는 그렇게 담담했을까?
이제 번개를 불러왔던 말들이
내 심장을 뚫고 휙 지나가고 있다.

1892. 12. 24 발표

- 제목의 침묵 아가씨는 침묵Quiet의 의인화.(Albright 470)
- 7-8행은 침묵 아가씨를 놓친 대신, 주술적인 능력을 얻은 것.(Albright 471)

The Pity of Love

A pity beyond all telling
Is hid in the heart of love:
The folk who are buying and selling,
The clouds on their journey above,
The cold wet winds ever blowing,
And the shadowy hazel grove
Where mouse-grey waters are flowing,
Threaten the head that I love.

• 모드 곤에게 바치려고 모아놓은 시편 중의 하나. 꿈같은 행복이 상인들과 땅과 공기와 물의 위협을 받고 있음을 말하는 시.(Unterecker 80)

사랑의 연민

이루 말할 수 없는 연민이
연인의 마음속에 감추어져 있다.
물건을 사고파는 사람들,
저 하늘에 떠도는 구름들,
늘 부는 차고 축축한 바람,
그리고 쥐색 물이 흐르는
그늘 짙은 개암나무 숲이
내가 사랑하는 그 머리를 위협한다.

1392 발표

- 여타의 작품과는 달리 연약한 연인, 자연의 위협을 받는 허약한 연인의 모습을 그리고 있다.(Albright 438)
- 등장하는 4대 원소(땅, 공기, 불, 물)는 연인의 불안한 감정의 상징.(Ellmann 33)

The Two Trees

Beloved, gaze in thine own heart,
The holy tree is growing there;
From joy the holy branches start,
And all the trembling flowers they bear.
The changing colours of its fruit
Have dowered the stars with merry light;
The surety of its hidden root
Has planted quiet in the night;
The shaking of its leafy head
Has given the waves their melody,
And made my lips and music wed,
Murmuring a wizard song for thee.
There the Loves a circle go,

- 제목의 두 모습의 나무는 두 가지 속성을 가진 한 그루의 나무. 즉, 인간의 상반된 두 가지 속성의 상호관계를 말한다. 하나는 생명의 나무Tree of Life, 또 하나는 지식의 나무Tree of Knowledge.(Unterecker 86) / 이 나무는 유대신비사상에서 말하는 이중적인 성격의 나무. 즉, 한쪽은 인자하고 또 한쪽은 사악하다. 유대신비주의자들은 인간을 소우주로 보고, 양면성을 가진 나무는 우주와 인간 심성의 두 가지 모습이라고 보았다.(Ellmann 76)
- 존 프랭크 커모드Sir John Frank Kermode에 의하면, 블레이크가 이 시의 뿌리. '예술은 생명의 나무이고 … 과학은 죽음의 나무'라는 블레이크의 말에 의존했다.(*Romantic Image* 96) / 두 모습의 나무는 블레이크의 순수innocence와 경험experience을 나타낸다.(Bloom 117)
- 연인의 삶에 위기가 옴에 따라 행동적인 삶과 명상적인 삶의 갈등을 다룬 초기 작품 중의 하나.(Parkinson, *Early* 14) / 모드 곤의 정치적인 헌신에 대한 예이츠의 우려를 표명한 시. 그녀를 위한 시 중에서 그녀가 가장 좋아했다는 작품.(Unterecker 85-86)

두 모습의 나무

연인이여, 당신의 가슴을 들여다봐요.
거룩한 나무가 거기 자라고 있어요.
거룩한 가지들이 기쁨에서 출발하여,
하늘거리는 온갖 꽃을 피워요.
그 열매의 변화되는 색깔들은
별에다 즐거운 빛을 주고,
숨겨진 그 뿌리의 확실함은
한밤중에 고요함을 심었어요.
머리의 무성한 잎들의 흔들림은
물결에다 곡을 주고,
당신에게 마법의 노래를 흥얼대면서
내 입술과 음악을 결합시켜요.
거기는 '연인들'이 한 영역으로 들어가,

- 전반부(1-20행)는 생명의 나무 편. 인간의 마음heart, 즉 내면의 세계inner world를 들여다보라고 지시한다.(Gorski 39) / 생명의 나무는 생각하지 않는 아름다운 여인의 마음속에 성장한다. 거기에는 사랑이 거주하고 있다(Kermode).(*NC* 39)
- 1행의 들여다봐요는 후반부 3행(23행)과 마찬가지로 어디서 삶의 곧은 뿌리, 즉 직근直根을 찾아내야 하는가를 의미하는 은유.(Gorski 39)
- 2행의 거룩한 나무는 양면성을 가진 나무. 즉, 생명의 나무와 지식의 나무.(*NC* 38)
- 13행의 영역circle은 'sphere'의 뜻으로 본 번역. 예이츠는 생명의 나무를 직선들로 연결된 열 개 원형의 영역으로 이루어진 기하학적인 모양으로 묘사하고 있다.(*NC* 40)

The flaming circle of our days,
Gyring, spiring to and fro
In those great ignorant leafy ways;
Remembering all that shaken hair
And how the wingèd sandals dart,
Thine eyes grow full of tender care:
Beloved, gaze in thine own heart.

Gaze no more in the bitter glass
The demons, with their subtle guile,
Lift up before us when they pass,
Or only gaze a little while;
For there a fatal image grows
That the stormy night receives,
Roots half hidden under snows,
Broken boughs and blackened leaves.

- 15행의 멋모르는은 34행의 쉴 줄 모르는 생각과 상반되는 미덕.(*NC* 40)
- 17행의 해적선들은 'sandals'의 번역. 이는 지중해와 접한 아프리카의 해적선. 속도가 빠르기로 유명했다.(역자)
- 후반부(21-40행)는 '지식의 나무' 편. 즉, 경험의 나무 편.(Bloom 117) / 후반부는 감각의 세계인 외부세계outer world. 속임수, 폭풍우, 불모, 끊임없는 생각, 고통이 지배하는 곳. 지식의 나무 출신자들이 서로 분노를 터뜨리고, 상대방을 그물로 사로잡느라 지새우는 세계(예이츠의 말).(*NC* 39)
- 21행의 마귀들demons은 추상적인 사고. 진리로 향해 가는 영혼의 길목에 매복해 있을 것 같은 것들.(*NC* 40)

일상적인 우리 삶의 불타는 영역이
멋모르는 무성한 나뭇잎 모양으로
선회하면서 이리저리 솟아올라요.
휘날리는 머리와 날개 달린 해적선들이
어떻게 치닫는가를 기억하면서,
당신 눈은 부드러운 정으로 가득 차네요.
연인이여, 당신의 가슴을 들여다봐요.

우리 앞에 마귀들이 지나가면서
교묘한 속임수로 쳐드는
꺼림칙한 거울 속은 들여다보지 마세요.
보더라도 잠깐만 봐요.
왜냐하면 거기엔 폭풍우의 밤이 영접하는
치명적인 이미지가 자라나니까요.
눈 덮인 땅에 반쯤 숨겨진 뿌리들과
부러진 나뭇가지, 시커먼 나뭇잎들 말이에요.

- 22-23행의 거울에 대한 경계는 거울을 들여다보는 행위는 허영심과 관계가 있고, 자의식을 조장한다는 것. 허영심은 이상적인 아름다움을 앗아가고 자의식은 지식의 나무의 소산이기 때문이다.(Albright 447)
- 23행의 꺼림칙한 거울bitter glass은 나무의 반대 측면을 보여 주는 거울. / 꺼림칙한 거울은 가짜 거울이라는 말. 이 거울은 한때 하느님의 존재를 정확하게 비춰주는 거울이었는데, 인간들이 개성화에 들떠 하느님의 마음과 격리된 그들의 정체를 주장하면서, 상상력과 자연계의 무한한 생명보다는 인간의 이성을 우선시함으로써 인간이 영원한 세계와 단절되게 하고 인간과 하느님을 떼어 놓게 한 거울을 말한다. 예이츠의 애인이 가짜 거울을 통해 '생명의 나무'를 '지식의 나무'로 오인하였다.(Parkinson 14)
- 26행의 치명적인 이미지는 '생명의 나무'와 대비되는 '지식의 나무'를 가리킨다.(*NC* 40)

For all things turn to barrenness
In the dim glass the demons hold,
The glass of outer weariness,
Made when God slept in times of old.
There, through the broken branches, go
The ravens of unresting thought;
Flying, crying, to and fro,
Cruel claw and hungry throat,
Or else they stand and sniff the wind,
And shake their ragged wings; alas!
Thy tender eyes grow all unkind:
Gaze no more in the bitter glass.

왜냐하면 마귀 소유의 희미한 거울 안에는
모든 게 불모不毛로 화하고 마니까요.
신이 늙어 잠들었을 때 만들어진
외형도 싫증나는 거울이란 말이에요.
거기엔, 부러진 나뭇가지 사이로
쉴 줄 모르는 생각의 까마귀들이 드나들어요.
이리저리 날아다니면서 소리 지르고,
잔인한 발톱과 굶주린 목구멍,
그러지 않으면 가만히 앉아 바람을 마시고,
너덜너덜한 날개를 흔들어대요. 아, 기막혀!
당신의 부드러운 두 눈은 아주 사나워져요.
이젠 꺼림칙한 거울 속은 들여다보지 마세요.

1892 발표

• 31-32행은 지식의 나무라는 외부세계의 거울은 절대자 신이 늙어서 잠들었을 때 만들어진 것이라는 것. 이 거울은 18세기 기계론자들이 만들어낸 것 신이 우주를 회전시켜 놓고는 속(즉 창조물)을 비워 버린 것. 이는 예이츠가 예술가와 그의 연인이 열정과 상징의 저장고인 깊은 상상력을 회복시키려고 하는 연금술적인 사상으로의 회귀를 제시하는 것이다. (Gorski 41)

The Secret Rose

Far-off, most secret, and inviolate Rose,
Enfold me in my hour of hours; where those
Who sought thee in the Holy Sepulchre,
Or in the wine-vat, dwell beyond the stir
And tumult of defeated dreams; and deep
Among pale eyelids, heavy with the sleep
Men have named beauty. Thy great leaves enfold
The ancient beards, the helms of ruby and gold
Of the crowned Magi; and the king whose eyes
Saw the Pierced Hands and Rood of elder rise
In Druid vapour and make the torches dim;
Till vain frenzy awoke and he died; and him
Who met Fand walking among flaming dew
By a grey shore where the wind never blew,

- 장미는 정신적인 아름다움의 상징.(*NC* 22)
- 초기의 장미 상징에 대한 예이츠의 생각을 증류하고 확장한 시. 장미는 개인적으로는 모드 곤, 보편적으로는 영원한 아름다움, 그리고 역사적으로는 이상적인 아일랜드에 대한 정치적인 이념을 나타낸다.(O'Neill 109-110)
- 명백하게 장미에 바친 시 중에서는 마지막 작품.(Albright 468)
- 욕정erotic desire을 제재로 하여 영국통치의 종식을 결합한 작품.(Cullingford 54)
- 3행의 성스러운 묘지는 예수가 묻힌 곳.(*NC* 67; O'Neill 110)
- 8행의 큼직한 꽃잎들은 꽃잎이 넷인 장미.(*NC* 67) / 동방박사들은 아기 예수를 찾아간 세 왕.(O'Neill 110)

은밀한 장미

아득한, 더없이 은밀한, 범접 못할 '장미'여,
모든 시간 중에서, 나만의 시간에 나를 품에 안아 주오.
거기에는 '성스러운 묘지'에서, 혹은
포도주 술독에서 그대를 희구했던 사람들이,
깨진 꿈들의 소란과 소요에서 벗어나 살고 있소.
미美라고 명명하는 잠으로 무겁게 된
창백한 눈꺼풀 사이 깊숙이 빠져서 말이외다.
그대의 큼직한 꽃잎들은 동방박사들의 늙은 흰 수염,
루비와 황금의 보관寶冠들을 감싸고 있소.
그리고 '못 박힌 두 손'과 딱총나무 '십자가'가
드루이드의 안개 속에 떠올라 횃불들이 희미해지는 걸 목격하고,
마침내 공연한 광증이 발동하여 죽은 그 왕을 품에 안고,
바람이 불지 않은 회색빛 해변에서
반짝이는 이슬 사이를 산책하는 팬드를 만났던 그 사람,

- 10-12행은 코너르Conchubar에 관한 이야기. 일식과 월식이라는 천체의 이변이 생겨, 드루이드에게 물어본 결과, 예수의 십자가 처형 때문이라는 말을 듣고 흥분한 나머지, 예수를 죽인 유대인들을 죽인다고 칼을 빼어 나무를 친 결과, 과거에 적군에게 타격을 받았던 두개골이 터져 죽었다.(*CP* 527-528) / 코너르는 어머니 네새와 드루이드 사이에 태어난 사생아라는 말도 있다. / 코너르는 말년에 기독교로 개종했다.(Albright 469)
- 13-15행은 쿠훌린Cuchulain에 관한 이야기.
- 14행의 팬드Fand는 바다와 죽은 자들의 섬들을 다스리는 신인 매내넌Manannan의 부인.(*NC* 67) 쿠훌린을 유혹한 여신.(O'Neill 110)

And lost the world and Emer for a kiss;
And him who drove the gods out of their liss,
And till a hundred morns had flowered red
Feasted, and wept the barrows of his dead;
And the proud dreaming king who flung the crown
And sorrow away, and calling bard and clown
Dwelt among wine-stained wanderers in deep woods;
And him who sold tillage, and house, and goods,
And sought through lands and islands numberless years,
Until he found, with laughter and with tears,
A woman of so shining loveliness
That men threshed corn at midnight by a tress,
A little stolen tress. I, too, await
The hour of thy great wind of love and hate.
When shall the stars be blown about the sky,
Like the sparks blown out of a smithy, and die?

- 15행의 에버르Emer는 쿠훌린의 부인.(*NC* 67)
- 16-18행은 예이츠가 가우래Gabhra 전투 후의 킬처Caoilte 기사에 관한 이야기를 어디선가 읽은 기억을 바탕으로 하여 쓴 것.(*NC* 66)
- 16행의 은신처는 'liss'의 번역. 이 말은 둥글게 흙을 쌓거나 도랑을 파서 만든 고대 아일랜드의 요새, 혹은 물품 저장 공간. 여기서는 초자연적인 존재가 은신하는 둔덕mound.(*NC* 67)
- 19-21행은 퍼거스Fergus에 관한 이야기. 네새Nessa와 결혼하고, 결혼 조건에 따라 네새가 데리고 온 아들 코너르에게 왕위를 내주었다.
- 21행의 호기 어린 그 사람은 코너르의 선임자, 즉 퍼거스.(*NC* 67)
- 22-27행은 민담「붉은 망아지」The Red Pony를 바탕으로 한 것.(*CP* 528; Albright 470)

키스 한 번에 이승과 에버르를 잃어버린 그 사람을,
그리고 은신처에서 신들을 모시고 나와,
백일 동안 아침마다 붉게 꽃으로 상을 차려,
죽은 부하들의 무덤에 눈물 흘리고 울었던 그 사람을,
그리고 왕관과 슬픔을 집어던지고, 시인과 광대를 불러들여,
깊은 숲 속, 술에 빠진 방랑자들 사이에서
늘 꿈꾸면서 살았던 호기 어린 그 사람을,
그리고 땅을 팔고, 집과 가재도구를 팔아,
헤아릴 수 없는 많은 세월을 육지와 섬들을 헤매다, 마침내,
신기하게 입수한 약간의 머리채, 그 머리채의 밝은 빛으로,
사내들이 한밤중에 곡식을 타작할 만큼,
그토록 아름다운 찬란한 한 여인을
웃음과 눈물로 발견했던 그 사람을 품에 안고 있소.
나 또한 그대의 애정과 증오의 큰 바람 기다리고 있소.
대장간에서 튀어나온 불똥처럼, 별들은 언제
바람에 불려 하늘에 떠다니다 죽을까요?

- 24행의 신기하게 입수한은 'stolen'의 번역. 노상에서 우연히 발견한 것을 말하기 때문이다. 밝은 빛은 원문에는 없지만, 그 머리채가 밤에도 아름다운 빛을 발했다는 사실을 밝혀서 이해를 돕기 위해 편의상 보충한 것. 다음 주 참조.(역자)
- 26행의 그토록 아름다운 찬란한 한 여인은 모드 곤.(*NC* 67)
- 27행의 그 사람은 민담의 주인공인 젊은이. 노상에서 머리 타래가 든 상자를 발견한 사람. 머리 타래의 주인은 26행의 아름다운 여인. 민담에는 젊은이가 나중에 그녀와 결혼하게 된다.(*CP* 528) / 이름 없는 젊은이가 전원적인 이상향을 발견한 내용. 예이츠가 전적으로 만들어낸 얘기.(Bloom 131)
- 28-32행은 은밀한 장미에게 하는 말.
- 28행의 큰 바람은 세상의 종말과 관련된 것으로 보인다.(*NC* 67)

Surely thine hour has come, thy great wind blows,
Far-off, most secret, and inviolate Rose?

아득한, 더없이 은밀한, 범접 못할 '장미'여,

틀림없이 그대의 시간 찾아와, 큰 바람 불어젖히겠지요?

1896. 9. 발표

- 첫 행을 마지막 행에서 반복한 것은 모든 것이 장미 안에 포용된다는 사실을 암시하기 위함이다.(Albright 470)

He Reproves the Curlew

O curlew, cry no more in the air,
Or only to the water in the West;
Because your crying brings to my mind
Passion-dimmed eyes and long heavy hair
That was shaken out over my breast:
There is enough evil in the crying of wind.

- 머리채에 대한 직접적인 언급이 있는 29개 작품 중의 하나.(Unterecker 92)
- 1행의 도요새의 울음이나 6행의 바람 소리 같은 자연의 소리는 시인의 좌절된 사랑을 나타내는 일종의 통곡소리.(Albright 461)
- 2행의 '서역' 바닷물은 'the water in the West'의 번역. / 'water'는 바닷물을 말한다. 바다는 뭐라 꼬집어서 말할 수 없는 정체 없는 인생의 고통을 상징한다. 'West'는 꿈같이 사라지는 것들의 지역.(*NC* 57)

도요새를 나무라다

오, 도요새여, 하늘에서 더는 울지 마오,
울려거든 '서역' 바닷물에 대고 울어요.
너의 울음은 내 마음속에 열정으로 흐려진 눈과
가슴 위에 치렁치렁 길게 하늘거린
풍성한 머리채를 떠오르게 하니까요.
바람의 비명소리만으로도 끔찍합니다.

1896. 11. 발표

- 3-5행의 내 마음속에 … 머리채는 올리비아 셰익스피어와 관련되는「연인에게 평화로운 마음가짐을 당부하다」He bids his Beloved be at peace에 유사한 구절이 있다.(*NC* 57)
- 6행의 바람은 막연한 욕망, 기대의 상징.(*NC* 57)

He Mourns for the Change That Has Come upon Him and His Beloved, and Longs for the End of the World

Do you not hear me calling, white deer with no horns?
I have been changed to a hound with one red ear;
I have been in the Path of Stones and the Wood of Thorns,
For somebody hid hatred and hope and desire and fear
Under my feet that they follow you night and day.
A man with a hazel wand came without sound;
He changed me suddenly; I was looking another way;
And now my calling is but the calling of a hound;
And Time and Birth and Change are hurrying by.
I would that the Boar without bristles had come from the West
And had rooted the sun and moon and stars out of the sky
And lay in the darkness, grunting, and turning to his rest.

[1895 - June 1897]

- 발표 당시의 제목은 「남자와 여자의 욕망」The Desire of Man and Woman. / 남성에 대한 자신감이 부족한 시인이 지치고 좌절한 나머지 세상의 종말을 희구하게 되는 내용.(Cullingford 53)
- 1행의 뿔 없는 흰 암사슴 및 2행의 한쪽 귀 붉은 사냥개는 오쉰Oisin이 만난 네 환영 중의 두 환영(*The Wanderings of Oisin*, I: 139-40행). 이 시는 욕망의 영원한 추구라는 오쉰의 방랑 주제에 대한 명상.(Albright 460)
- 6행의 개암나무 지팡일 가지고 다니는 사람은 사랑의 도사인 엥거스Aengus.

자신과 연인에게 닥친 변화를 슬퍼하고 세상의 종말을 갈망하다

뿔 없는 흰 암사슴이여, 당신은 내가 부르는 소리를 듣지 못하나요?
나는 한쪽 귀 붉은 사냥개로 변했어요.
누군가가 내 발밑에다 증오, 희망, 욕망, 공포를 숨겨 놓고,
그것들이 밤낮으로 당신을 추적하도록 해놓아서,
나는 '돌밭 길과 가시밭 숲' 속에서 쭉 살게 된 거죠.
개암나무 지팡이를 가지고 다니는 사람이 쓱 나타나,
갑자기 날 변신시킨 거죠. 난 딴 걸 보고 있었는데.
그래서 이젠 내가 지르는 소리는 사냥개의 그것 말곤 아녜요.
그런데 '시간'과 '탄생'과 '변화'는 바삐 지나갑니다.
나는 털 없는 '수퇘지'가 '서역'에서 와서
해와 달과 별들을 하늘에서 뽑아버리고
꿀꿀대며 휴식처로 돌아가 암흑 속에 누워 있으면 좋겠어요.

1897. 6. 발표

- 10행의 털 없는 수퇘지는 고대 켈트의 '해가 진 뒤의 암흑'의 이미지.(Bloom 127) / 털 없는 수퇘지는 불벤 산Ben Bulben에서 디어르마드Diarmuid를 물어 죽인 돼지. 디어르마드는 늙은 핀Finn 왕이 결혼하려고 했던 젊은 그로니Grania와 사랑의 도피행각을 벌였던 돈Donn의 아들. 이 수퇘지는 핀 왕의 청지기가 자신의 죽은 아이를 드루이드의 지팡이로 쳐서 털 없는 수퇘지로 변신시킨 것. 디어르마드의 아버지는 자기 아들이 신분이 낮은 청지기의 아이와 함께 엥거스Aengus의 교육을 받는 것을 꺼리던 중, 우연한 기회에 청지기의 아들을 죽게 했다.(Conner 17) / 이 수퇘지는 밤이 되면 서쪽에서 해를 파괴하듯이 최후에는 이 세상을 파괴할 것이다(예이츠의 말).(*NC* 55) / '서역'은 해가 지는 곳. 사라지는 곳.(*NC* 51, 57)

The Lover Pleads with His Friend for Old Friends

Though you are in your shining days,
Voices among the crowd
And new friends busy with your praise,
Be not unkind or proud,
But think about old friends the most:
Time's bitter flood will rise,
Your beauty perish and be lost
For all eyes but these eyes.

- 상대방의 젊음이 상실되고 아름다움이 사라져도 변함없다는 연인의 마음을 노래한 시.(Cullingford 22-23)
- 1행은 모드 곤의 절정기의 정치적인 활동을 말한다.(*NC* 69) / 당신은 정치적인 활동에 깊이 개입된 모드 곤.(Albright 471)

연인이 옛 친구들을 생각하라고 친구에게 호소하다

당신은 지금 한참 주목받는 시절,
군중들 사이의 화젯거리,
새 친구들이 당신 칭찬하느라 분주하지만,
매정하거나 오만해하지 말고,
옛 친구들 생각을 가장 많이 하세요.
시간의 비통한 홍수가 날 것이고,
이들의 눈 말고는 모든 사람의 눈에
당신의 미모도 소멸되고 사라지는 법.

1897. 7. 24. 발표

- 3행의 새 친구들은 일반 대중.(역자)
- 7행의 이들의 눈은 옛 친구들의 눈.(역자)
- 7-8행은 예언적인 말. 모드 곤의 인기는 결혼했다가 헤어졌을 때 급락했다.(*NC* 69)

He Wishes His Beloved Were Dead

Were you but lying cold and dead,
And lights were paling out of the West,
You would come hither, and bend your head,
And I would lay my head on your breast;
And you would murmur tender words,
Forgiving me, because you were dead:
Nor would you rise and hasten away,
Though you have the will of the wild birds,
But know your hair was bound and wound
About the stars and moon and sun:
O would, beloved, that you lay
Under the dock-leaves in the ground,
While lights were paling one by one.

- 「죽음에 대한 꿈」A Dream of Death의 생각을 발전시킨 작품.(*NC* 70)
- 거부당한 남성의 시체애호증적인 내용의 시.(Cullingford 48)
- 1891년, 프랑스에서 모드 곤의 건강이 회복 중일 때 쓴 것.(*NC* 71)
- 4-5행은 어머니의 이미지.(Cullingford 49)
- 7-10행은 상대방을 가두어 놓겠다는 뜻.(Cullingford 48)

연인의 죽음을 소망하다

당신이 싸늘하게 죽어 누워 있기만 하고,
'서방 세계'로부터의 빛이 파리해지면,
당신은 이리 와서 고개를 숙이리라.
그러면 나는 머리를 당신 가슴 위에 얹고,
당신은 부드러운 말을 중얼거리리라,
당신이 죽었으니, 날 용서하면서.
당신은 일어나 서둘러 가지는 못하리,
비록 야생 조류의 의지를 가지고 있긴 하지만.
허나 별과 달과 태양 주위에 당신 머리카락이
묶이고 감겨 있다는 사실을 알리라.
오, 연인이여, 당신이 소루쟁이 잎사귀 밑의
땅속에 누워 있으면 좋겠어요,
빛이 하나하나 파리해지고 있는 동안에.

1898. 2. 9. 발표

- 9-10행의 머리카락이 천체에 묶여 있다는 것은 자연계와 여전히 연결되어 있다는 사실을 말한다.(Albright 474)
- 11행의 소루쟁이dock는 수영이라고도 하는 여뀌과의 흔한 잡초. 0.6-1.2미터로 자란다. 잎은 길고 크며 가장자리가 물결모양이다. 초록빛이나 붉은빛이 도는 작은 꽃이 핀다.

He Thinks of Those Who Have Spoken Evil of His Beloved

Half close your eyelids, loosen your hair,
And dream about the great and their pride;
They have spoken against you everywhere,
But weigh this song with the great and their pride;
I made it out of a mouthful of air,
Their children's children shall say they have lied.

- 모드 곤을 옹호하는 작품 중의 하나.
- 예이츠는 모드 곤을 아일랜드의 깨어 있는 정신적 상징으로 찬양하고 있다.(Hassett 75)

연인을 비방한 자들에 대하여

절반쯤 눈을 감고, 머리를 풀어,
그 잘난 사람들과 그들의 우쭐대는 꼴을 상상해 봐요.
그들은 어디서나 당신을 비방해 왔어요.
하지만 잘난 그들의 긍지와 이 노래 무게를 달아 봐요.
나는 한 입의 공기로 이 노래를 지었지요.
그들 자식들의 자식들은 그들이 거짓말했다고 말하겠지요.

1898. 5. 발표

- 5행의 한 입의 공기는 예이츠가 요정들을 묘사할 때 쓰는 말.(*NC* 75)

He Hears the Cry of the Sedge

I wander by the edge
Of this desolate lake
Where wind cries in the sedge:
Until the axle break
That keeps the stars in their round,
And hands hurl in the deep
The banners of East and West,
And the girdle of light is unbound,
Your breast will not lie by the breast
Of your beloved in sleep.

- 제목의 사초는 존 키츠John Keats의「잔인한 미인」La Belle Dame sans Merci(1819)에 등장하는 풀. 이 작품은 19세기 후반부의 '라파엘 전기파' 시인들과 윌리엄 모리스William Morris(1834-1896)가 그들의 시의 싹이라고 생각했던 작품. / 사초莎草는 습지에 자라는 식물. 풀과 유사하나 분류학상으로는 소속이 다른 사초과 식물.
- 연인의 사악함보다는 연인의 사라짐을 슬프게 노래했다.(Cullingford 53)
- 예이츠가 무척 초조하고 슬펐던 시기에 모드 곤에게 써 보낸 작품.(*NC* 64)
- 1896년에 올리비아 셰익스피어와 1년간 관계를 맺고 난 뒤 7년간 독신생활을 하는 동안 이따금 비명을 지를 정도로 성적인 스트레스에 시달렸다고 실토한 사실과 연관되는 작품.(Albright 467)
- 신비주의적인 작품 중의 하나.(Bloom 129)

사초가 울부짖는 소리를 듣다

나는 이 황량한 호숫가를
떠돌아다닌다,
바람이 이렇게 울부짖는 사초 속을.
잠자는 네 연인 가슴 옆에
네 가슴 눕진 못하리,
별들을 빙빙 돌게 하는
축軸이 망가지고,
손이 '동'과 '서'의 깃발들을
심연에다 집어던지고,
빛의 허리띠가 풀려버리기까지는,

1898. 5. 발표

- 1-3행은 절망적인 상태의 표현.(Rosenthal 6)
- 1행의 호숫가는 쿨 파크Coole Park의 호수일 것이다.(*NC* 64)
- 4-8행은 자연의 질서가 모두 파괴되는 상황.(Rosenthal 7)
- 7행의 축은 굴대 나무. 생명의 나무에 해당한다.(Ellmann 78)
- 8행의 '동'과 '서'의 깃발들은 '황금여명회'The Order of the Golden Dawn의 입회의식과 관련이 있을 것이다.(*NC* 64)
- 10행의 빛의 허리띠가 풀려버리기까지라는 것은 그때까지는 연인이 옷을 벗는 일이 있을 수 없을 것이라는 말.(Albright 467)

The Fish

Although you hide in the ebb and flow
Of the pale tide when the moon has set,
The people of coming days will know
About the casting out of my net,
And how you have leaped times out of mind
Over the little silver cords,
And think that you were hard and unkind,
And blame you with many bitter words.

- 모드 곤에게 써 준 시.(*NC* 51)
- 화자는 자신의 뮤즈인 그녀의 명성을 지켜 주려고 노력하고 있는데, 그녀가 늘 빠져나가니까 안타깝다는 것. 장차 사람들은 그녀가 너무했다고 나무랄 것이라고 일깨워 주려는 내용의 시.(Hassett 75-76)

물고기

달이 지고 나면 당신이
창백한 조수의 간만 속에 숨어 버리지만,
장차 사람들은 알게 되리라, 내가 그물을 던진 데 대하여.
그리고 당신이 셀 수 없을 정도로 여러 차례나
가느다란 은빛 그물 실 너머로
어떻게 뛰어넘어 갔는가를,
당신이 모질고 인정머리 없었다고 여기고,
많은 씁쓸한 말로 당신을 비난하리라.

1898. 12. 발표

• 주제는 사랑과 동시에 예술인 듯하다. 여인이 포옹에서 빠져나가듯 이미지가 빠져나간다.(Albright 456)

The Arrow

I thought of your beauty, and this arrow,
Made out of a wild thought, is in my marrow.
There's no man may look upon her, no man,
As when newly grown to be a woman,
Tall and noble but with face and bosom
Delicate in colour as apple blossom.
This beauty's kinder, yet for a reason
I could weep that the old is out of season.

1903

- 시간에 대한 명상. 시간은 미와 열정의 적이라는 것.(Rosenthal 28)
- 미 자체라고 여겨졌던 모드 곤의 아름다움도 철이 지나면 퇴화할까 안타까워하고 있다. 모드 곤의 늙음에 대한 최초의 시.(Albright 483, 831)
- 제목의 화살은 전통적인 사랑의 화살인 큐피드의 화살이라기보다는 사나운 생각을 가진 여성의 무기.(Cullingford 77)

화살

나는 당신의 아름다움에 대하여 생각했고,
사나운 사상이 만들어 낸 이 화살이 내 골수에 박혀 있소.
훤칠하고 고매한 데다 사과꽃처럼
고운 얼굴과 가슴의 여인으로 갓 성숙했던
그런 때의 그녀를 관찰한 사람은
아무도 없을지 몰라요, 아무도.
이 미인은 전보다 싹싹해졌지요. 하지만 나는
늙으면 철이 지나버릴까 눈물 날 것 같아요.

1901

- 1행의 당신의 아름다움은 모드 곤의 아름다움.(*NC* 74)
- 2행의 사나운 사상이 만들어 낸 이 화살은 모드 곤의 아름다움(1행)을 말한다.(Hassett 80) / 이 화살은 윌리엄 블레이크의 화살의 의미를 염두에 두었을 것이다. 예이츠와 에드윈 엘리스Edwin Ellis가 공동 편집한『블레이크 전집』에서『밀턴』*Milton*에 붙인 블레이크의 서시 한 구절에 대하여 예이츠가 가한 논평에 의하면, 활은 성적인 상징, 화살은 욕구, 창은 남성의 힘, 전차는 즐거움이라고 했다.

  Bring me my bow of burning gold:
  Bring me my arrows of desire;
  Bring me my spear: O clouds unfold!
  Bring me my chariot of fire!(Blake, *Milton*, 29-32)(*NC* 75)
- 3행의 사과꽃은 예이츠가 모드 곤을 처음 봤을 때 받은 인상.(*NC* 75) / 지상에는 없는 완벽함과 부활의 상징.(Ellmann 99) / 사과꽃에 대한 언급은 연인으로서의 모드 곤과 아일랜드의 이미지로서의 모드 곤이 합쳐진 것.(Cullingford 59)

The Folly of Being Comforted

One that is ever kind said yesterday:
'Your well-beloved's hair has threads of grey,
And little shadows come about her eyes;
Time can but make it easier to be wise
Though now it seem impossible, and so
All that you need is patience.'
                                        Heart cries, 'No,
I have not a crumb of comfort, not a grain.
Time can but make her beauty over again:
Because of that great nobleness of hers
The fire that stirs about her, when she stirs,
Burns but more clearly. O she had not these ways
When all the wild summer was in her gaze.'

- 페트라르카식도 셰익스피어식도 아닌 소네트. 화자의 내면적인 갈등이 없다.(Vendler 157-158)
- 우울했던 1901년의 작품 중의 하나.(Unterecker 97)
- 전통적인 시는 늙어가는 뮤즈에게 미의 상실에 대한 위협적인 내용을 담고 있으나, 예이츠는 모드 곤의 아름다움은 시간이 갈수록 더욱더 쇄신되어 가리라고 하면서 그녀의 영원한 미를 찬양한다.(Hassett 81)
- 「아담의 저주」Adam's Curse와 같은 대화체의 사랑 시.(Cullingford 83)
- 여성의 가치가 육신의 아름다움과 맥을 같이한다는 생각을 버리는 것을 보여 주는 작품.(Cullingford 23)

어리석게 위로받음

늘 친절했던 한 분이 어제 말했다.
'당신이 사랑하는 분의 머리에 희끗한 데가 있고,
눈 주변엔 잔주름이 생겨났어요.
지금이야 불가능한 것 같지만
시간의 흐름만이 슬기롭게 해줘요.
그러니 필요한 건 인내뿐이지요.'
'아니에요,' 하고
심장이 소리친다. '그 말은 조금도 위로가 안 돼요, 털끝만큼도.
시간만이 오직 그녀를 또다시 아름답게 해줄 수 있어요.
그녀의 그 엄청난 고귀함 때문에
그녀가 꿈쩍하면 그녀 주변에 이는 불이
더욱 뚜렷하게만 타올라요. 오, 그녀의 눈빛 속에
온통 사나운 여름이 들어 있었을 때도 이렇지는 않았어요.'

- 시적 영감이 모드 곤에 대한 절망적인 애정에 달린 것처럼 그녀에 대한 집념을 가다듬으려고 하는 듯이 보이는 시.(Albright 484)
- 1-6행은 상대방이 늙어감에 따라 사랑에 대한 어리석은 생각도 줄어들 것이라는 호의적인 친구의 말.(Vendler 157)
- 1행의 한 분은 그레고리 여사Lady Gregory인 듯하다.(*NC* 75)
- 2-3행은 그레고리 여사가 늙어가는 모드 곤의 모습을 말하는 대목.(역자)
- 7-12행은 연인의 아름다움은 점점 더해 갈 것이라는 화자의 반론.(Vendler 157)

O heart! O heart! if she'd but turn her head,
You'd know the folly of being comforted.

1902

오 심장이여! 심장이여! 그녀가 고개를 돌리기만 해도,
너는 어리석게 위로받고 있음을 알리라.

1902. 1. 11. 이전

- 13-14행은 화자가 자신의 마음에 울부짖는 말. 사랑의 영속성을 믿지 않고 위로받는 것은 진실로 어리석은 짓이라는 것.(Vendler 157)

Adam's Curse

We sat together at one summer's end,
That beautiful mild woman, your close friend,
And you and I, and talked of poetry.
I said: 'A line will take us hours maybe;
Yet if it does not seem a moment's thought,
Our stitching and unstitching has been naught.
Better go down upon your marrow-bones
And scrub a kitchen pavement, or break stones
Like an old pauper, in all kinds of weather;
For to articulate sweet sounds together
Is to work harder than all these, and yet
Be thought an idler by the noisy set
Of bankers, schoolmasters, and clergymen

- 제목의 아담의 저주는 아담에게 내린 하느님의 저주. 즉, 인간은 일을 해야만 하는 운명. 이는 아담의 후손인 인간에게 내린 저주와 같다. 하느님은 지시를 어긴 아담에게 에덴동산을 떠나 노동을 하게 했다. 따라서 인간의 운명은 무엇이든 공을 들이고 노력해야 하는 것이다.
- 1901년 2월에서 5월 사이 맥브라이드MacBride의 미국 강연 동행으로 피로로 수척해진 모드 곤을 주제로 한 작품.(Hassett 81) / 정치적인 활동에 대한 예이츠의 원망스러운 감정이 배어 있다. / 모드 곤이 런던의 여동생 집에 들러 저녁을 먹고 있을 때 예이츠가 방문, 세 사람이 응접실에서 커피를 마시면서 대담한 것을 토대로 한 작품.(Hone 159)
- 예이츠는 시를 쓰는 노역을 치러야 함을, 모드 곤의 여동생은 아름다움을 가꾸는 노력을 해야 함을 말한다.(Bloom 166) / 시를 쓰는 것과 아름다움을 가꾸는 것, 그리고 사랑은 다 같이 공을 들여야 하는 일이지만, 현대에는 모두 소홀히 하고 있다는 내용.(Unterecker 99)

아담의 저주

우리는 자리를 같이하고 시에 관한 얘기를 나누었다.
여름이 끝날 무렵 어느 날, 가까운 당신 친구,
아름답고 온화한 그 부인과 당신과 내가.
나는 말했다. '시 한 줄 쓰는 데도 몇 시간이 걸려요.
하지만 그것이 어떤 한순간의 생각이 아닌 것 같으면,
우리가 짜깁고 풀고 하는 것은 무의미한 것이 되지요.
차라리 무릎 꿇고 부엌 바닥을 박박 문지르거나,
늙은 구호대상자처럼 날씨에 구애됨이 없이,
도로포장용 돌을 부수는 노동이 낫지요.
왜냐하면 아름다운 소리를 한데 담아 낸다는 것은
온갖 이런 일보다도 더 힘든 일이니까요.
하지만 순교자들이 세속사람이라 지칭하는 소란한 무리들,
은행가들, 교장들, 목사들에게는

- 극적 대화 형식의 초기 작품 중의 하나.(Unterecker 99) / 대화체로 된 가장 훌륭한 작품 중의 하나.(Bloom 164) / 모드 곤이 요청한 '정신적인 결혼'spiritual marriage이 진행 중(1898-1903년)이었던 1902년에 쓴 작품.(Cullingford 95)
- 3행의 아름답고 온화한 그 부인은 모드 곤의 두 살 아래 여동생 캐슬린 필처Mrs. Kathleen Pilcher(1868-1918). 당신은 모드 곤.(*NC* 78)
- 5행의 어떤 한순간의 생각은 'a moment's thought'의 번역. 예이츠가 르네상스적 이상인 고귀한 예절에 대해 공부하고 있었음을 말한다.(Albright 487)
- 12행의 순교자들은 중산층 부르주아지의 문화의 손에 고통받는 사람들.(O'Neill 112)
- 13행의 교장들과 목사들은 각각 문화와 정신의 전달자들.(Rosenthal 16) / 은행가들, 교장들, 목사들은 금융, 교육 및 제도화된 종교에 종사하는 남성의 세계.(Cullingford 95)

The martyrs call the world.'

And thereupon
That beautiful mild woman for whose sake
There's many a one shall find out all heartache
On finding that her voice is sweet and low
Replied: 'To be born woman is to know—
Although they do not talk of it at school—
That we must labour to be beautiful.'

I said: 'It's certain there is no fine thing
Since Adam's fall but needs much labouring.
There have been lovers who thought love should be
So much compounded of high courtesy
That they would sigh and quote with learned looks
Precedents out of beautiful old books;
Yet now it seems an idle trade enough.'

We sat grown quiet at the name of love;
We saw the last embers of daylight die,
And in the trembling blue-green of the sky

- 20행의 예뻐지도록 애써야 한다는 것은 영원한 사랑과 마찬가지로 아름다움이란 예술작업 중 가장 어려운 일이라는 것.(Albright 487)
- 21-27행은 'courtly love'에 대한 예이츠의 말.(Hassett 82)

빈둥빈둥 노는 이로 생각되지요.'

그러자
아름답고 온화한 그 부인이 대답했다,
목소리가 곱고 차분한 것을 알면
많은 사람이 무척 가슴앓이할 그 부인.
'여자로 태어나면 꼭 알아야 할 것은—
학교에선 그런 얘기 해주진 않지만—
예뻐지도록 애써야 한다는 거지요.'

나는 말했다. '아담이 타락한 이래르 멋진 일치고
많은 노동이 필요하지 않는 게 없다는 건 확실하죠.
사랑은 고결한 예절로 잔뜩 이루어져 있다고
생각하고서, 연인들이 아름다운 옛 책에서
선례들을 뽑아, 유식한 표정을 짓고
한숨을 내쉬면서 인용하곤 했지요.
하지만 그건 이젠 아주 부질없는 짓 같아요.'

우리는 사랑이란 말에 숙연해지면서 앉아 있었다.
우리는 하루 해의 마지막 잔불이 꺼져가는 것을 보았다.
그리고 떨고 있는 청록색 하늘에

• 23행의 사랑은 고결한 예절로 잔뜩 이루어져 있다는 것은 진정한 사랑은 지혜를 필요로 하는 수련이라는 예이츠의 생각을 말한다. 즉, 긍정적인 전통의 사랑.(*NC* 79)

A moon, worn as if it had been a shell
Washed by time's waters as they rose and fell
About the stars and broke in days and years.

I had a thought for no one's but your ears:
That you were beautiful, and that I strove
To love you in the old high way of love;
That it had all seemed happy, and yet we'd grown
As weary-hearted as that hollow moon.

1902

- 31-34행에서 그려진 달은 뮤즈의 지혜의 근원인 기능을 상실한 달.(Hassett 82)
- 31행의 달은 사랑의 상징. 그러나 이미 닳아 버린 것이고, 시간에 의해 부서진(33행) 달이 되어, 속이 빈 달(37행)이 되었다.(Jeffares 129) / 속이 빈 달은 사랑의 고상한 옛날 방법은 무의미하다는 말. 속이 빈hollow은「학생들 사이에서」Among School Chiildren IV에서의 '홀쭉한 뺨'Hollow of cheek의 경우와 유사한 표현.(Cullingford 8, 192)

조개껍데기처럼 닳아버린 달을 보았다.
별 주변에서 쳐올리고 내리치는 시간의 물결에 씻기고
날이 가고 해가 가면서 부서진 조개껍데기.

난 당신 귀 말고는 누구의 귀도 염두에 두지 않았소.
당신은 아름다웠다는 것, 그리고 나는 사랑의
오랜 전통의 고매한 길을 걸으며 당신을 사랑하려 했고,
모든 게 행복했던 것 같지만, 우린 속이 빈 달처럼
마음이 지쳐 버렸다는 사실을 당신에게 들려주고 싶었던 것.

1902. 11. 20. 이전

- 33행의 부서진은 'broke'의 번역. 여기서는 과거분사.(역자)
- 34-38행(5연)은 그 이튿날 모드 곤과 함께 웨스트민스터 사원의 대관식용 나무의자 밑에 박혀 있는 돌Lia Fail을 보러 갔을 때 예이츠가 그녀에게 했던 말.(Jeffares 129)
- 35-36행의 사랑의 오랜 전통은 낭만적인 전통.(Jeffares 129)

Old Memory

O thought, fly to her when the end of day
Awakens an old memory, and say,
'Your strength, that is so lofty and fierce and kind,
It might call up a new age, calling to mind
The queens that were imagined long ago,
Is but half yours: he kneaded in the dough
Through the long years of youth, and who would have thought
It all, and more than it all, would come to naught,
And that dear words meant nothing?' But enough,
For when we have blamed the wind we can blame love;
Or, if there needs be more, be nothing said
That would be harsh for children that have strayed.

1904

- 연인이며 동료인 모드 곤의 배신, 즉 그녀의 결혼에 대한 원망스러운 감정을 솔직하게 드러낸 작품.(Rosenthal 30) / 1903년 2월 모드 곤의 결혼 소식을 들었을 때 예이츠는 마치 벼락 맞은 것 같았다고 했다.(Albright 484)
- 1행의 상념은 원망스런 감정이 담긴 생각.(Rosenthal 32)
- 2행의 그녀는 1903년 2월 파리에서 존 맥브라이드John MacBride 소령과 결혼한 모드 곤.(*NC* 76)
- 4행의 여왕들은 고대 게일어 작품에 등장하는 여왕들. 모드 곤은 그런 미를 갖춘 그 시대의 사람 같다는 말.(*NC* 76)
- 6행의 절반은 예이츠 자신의 공헌이라는 뜻. 7행의 반죽과 연관된다.(역자)

옛 추억

오 상념想念이여, 하루의 종말이 옛 추억을 되살릴 때,
그녀에게 날아가 이렇게 말해 줘요.
'당신의 강인한 힘은 매우 숭고하고 격렬하고 다정해서
오래전 상상된 여왕들을 떠올리게 하고,
새로운 시대를 불러오리라 여겨지지만,
그 힘의 절반은 오로지 당신의 것입니다.
그가 긴 젊은 시절 내내 반죽을 했는데,
그 모든 것, 그보다 더한 것이, 허사가 될 줄은,
정다웠던 대화가 무의미하게 될 줄은 누가 상상했겠습니까?'
하지만 그만합시다. 바람을 나무라면 사랑을 나무라는 것이니까요.
혹, 더 할 말이 있다면, 길을 잃고 헤맨 어린이들에게
가혹하다고 생각되는 그런 말은 하지 말자는 것입니다.

1903. 11 혹은 12.

- 7행의 그는 예이츠. 긴 젊은 시절은 1889년 모드 곤을 처음 만나 사랑에 빠졌을 때가 23세였다는 사실을 암시한다.(*NC* 76) 이 시를 썼을 때는 38세. / 반죽 행위는 예이츠가 모드 곤에게 정치를 그만두고 자기와 결혼하도록 설득하는 일과, 장기간의 문학운동, 그리고 그녀를 소재로 한 시의 창작을 가리킨다.(*NC* 76)
- 8행의 허사는 모드 곤과의 결혼에 대한 희망이 끝장난 것.(*NC* 76)
- 11-12행에서 어린이를 동원한 것은 배신행위가 순진하다는 것.(Rosenthal 32) / 어린이에 대한 언급은 7년 뒤의「하찮은 찬사에 대한 반론」Against Unworthy Praise에 다시 나온다. 거기서 예이츠는 그녀를 '절반은 사자, 절반은 어린애'라고 말했다.(Albright 485)

The Ragged Wood

O hurry where by water among the trees
The delicate-stepping stag and his lady sigh,
When they have but looked upon their images—
Would none had ever loved but you and I!

Or have you heard that sliding silver-shoed
Pale silver-proud queen-woman of the sky,
When the sun looked out of his golden hood?—
O that none ever loved but you and I!

O hurry to the ragged wood, for there
I will drive all those lovers out and cry—
O my share of the world, O yellow hair!
No one has ever loved but you and I.

- 원래의 제목은 'The Hollow Wood.'(Albright 490)
- 모드 곤과 맥브라이드 소령의 결혼 직후에 쓴 서정시 중의 하나.(Unterecker 97-98)

야생의 숲

오 서둘러 가요, 나무 사이 고인 물가에서
곱게 걸어가는 수사슴과 그의 여인이
그들의 이미지들을 내려다보기만 하면 한숨짓는 곳에—
당신과 나 외엔 아무도 사랑한 일 없었으면!

혹은 해가 그의 금빛 두건 밖을 내다볼 때,
은빛 구두 신고 활주하는 창백한 은빛의
도도한 하늘 여왕 얘기 들어본 일 있는가?—
오 당신과 나 외엔 아무도 사랑하지 않았으면!

오 야생 숲으로 달려가요, 왜냐하면 거기서 나는
모든 연인을 몰아내고 이렇게 외칠 테니—
오 이 세상의 내 몫이여, 오 금발 머리!
당신과 나 외엔 아무도 여태 사랑한 적 없노라고.

1904 발표

- 3행의 한숨짓는 것은 물속에 비친 자기들 모습을 보고 은밀한 사랑의 침범자로 오인하는 것을 말한다.(Albright 490)
- 5행의 금빛과 6행의 은빛은 해와 달. 양자의 결합은 완벽의 연금술적인 표상.(*NC* 35)
- 7행의 여왕queen-woman은 달의 여신. 로마신화에서 달과 사냥의 여신인 디아나Diana.

O Do Not Love Too Long

Sweetheart, do not love too long:
I loved long and long,
And grew to be out of fashion
Like an old song.

All through the years of our youth
Neither could have known
Their own thought from the other's,
We were so much at one.

But O, in a minute she changed—
O do not love too long,
Or you will grow out of fashion
Like an old song.

1905

- 모드 곤의 결혼 후에 쓴 서정시 중의 하나.(Unterecker 97-98)
- 지나친 성실과 변함없는 마음은 극적인 매력이 없어 권태감을 준다.(Albright 490)

오 너무 오래 사랑하지 마세요

연인이여, 너무 오래 사랑하지 마세요.
나는 오래오래 사랑하여,
옛날 노래처럼
유행이 지나버린 거죠.

우리 젊은 시절은 통틀어서
어느 쪽도 자신의 생각과
상대방 생각을 구별할 수 없었으니,
우리는 그만큼 하나가 된 거지요.

하지만 오, 일순간에 그녀가 변했어요—
오 너무 오래 사랑하지 마세요,
그렇게 하면 옛날 노래처럼
당신도 유행이 지나버릴 거예요.

1905. 2. 23. 이전

- 8행의 하나 운운은 모드 곤과의 친분관계를 말한다.(*NC* 82)「학생들 사이에서」Among School Children의 II부 5-6행 참조.

  ... it seemed that our two natures blent 우리 두 사람의 성품은 젊은 시절의 공감으로 하여
  Into a sphere from youthful sympathy. 한 구체 속에 혼합된 듯했다.

- 9행의 변했어요는 모드 곤의 결혼에 대한 것.(*NC* 32)

Never Give All the Heart

Never give all the heart, for love
Will hardly seem worth thinking of
To passionate women if it seem
Certain, and they never dream
That it fades out from kiss to kiss;
For everything that's lovely is
But a brief, dreamy, kind delight.
O never give the heart outright,
For they, for all smooth lips can say,
Have given their hearts up to the play.
And who could play it well enough
If deaf and dumb and blind with love?

- 「옛 추억」Old Memory과 함께 사랑의 절망을 보여준 작품.(Rosenthal 30)
- 제목에 '다 주진 마세요'는 윌리엄 블레이크의 시 구절 참조.

Never pain to tell thy love	절대로 그대 연인에게 애써 말하지 마세요,
Love that never told can be;	말로 할 수 없는 사랑 얘기를.
For the gentle wind doth move	왜냐하면 부드러운 바람은
Silently, invisibly.	말없이 살그머니 움직이니까요.
I told my love, I told my love,	나는 연인에게 말을 했지요, 말을 했지요.
I told her all my heart,	나는 그녀에게 내 심정을 죄다 말했지요,
Trembling, cold, in ghastly fears	부들부들 떨면서, 차분히, 두려운 심정으로.
Ah! she did depart!	아! 그녀는 떠나버렸어요!

1행의 'pain'은 원문에 따른 것(*Notebook* II, 1-8).(*NC* 77)

마음을 절대로 다 주진 마세요

마음을 절대로 다 주진 마세요. 왜냐하면
사랑이 확실한 듯 보이면 열정적인 여인들은
그건 생각할 가치가 거의 없는 듯이 여기니까요.
그리고 그들은 사랑이 키스하고 키스하다가
사라진다는 생각을 절대로 하지 못하니까요.
왜냐하면 사랑스러운 것은 모두 단명한,
꿈같은, 정겨운 즐거움에 지나지 않으니까요.
오, 결단코 마음을 덜렁 다 주진 마세요.
왜냐하면 말재주 좋은 입술이 온갖 소리 다 하지만
그들은 그런 연극에다 마음을 넘겨주고 말았으니까요.
그러니까 사랑에 귀가 먹고 말을 잃고 눈이 멀면
누가 멋지게 그런 연극 연출할 수 있겠어요?

- 9-12행은 사랑을 주제로 한 연극에서 배우가 연출하는 사랑과 실제의 사랑과의 차이점을 말한 대목.(Unterecker 99) / 여자에게 전적으로 매달리는 남자와 연극에 전적으로 매달리는 여자와의 대비.(Albright 485) / 여자가 남자보다 연극을 더 잘한다는 것.(Cullingford 211)
- 11행의 사랑에 귀가 먹고 말을 잃고 눈이 멀면이라는 것은 예이츠 자신의 절망적인 열정.(*NC* 77)

He that made this knows all the cost,
For he gave all his heart and lost.

• 13행의 이 시를 지은 자는 11행에서 말한 '사랑에 귀가 먹고 말을 잃고 눈이 멀'었던 사람.(역자)

이 시를 지은 자는 그 모든 대가를 알고 있지요.
왜냐하면 마음 전부 주었다가 잃어버렸으니까요.

1905. 12. 발표

• 14행은 모드 곤의 결혼에 대한 또 하나의 언급.(*NC* 77)

Words

I had this thought a while ago,
'My darling cannot understand
What I have done, or what would do
In this blind bitter land.'

And I grew weary of the sun
Until my thoughts cleared up again,
Remembering that the best I have done
Was done to make it plain;

That every year I have cried, 'At length
My darling understands it all,
Because I have come into my strength,

- '내가 당신과 결혼하지 않아 세상 사람들이 나에게 고맙게 생각하리라'는 모드 곤의 말에 대한 응답으로 쓴 작품.(Unterecker 105)
- 모드 곤이 자기 계획이나 성격이나 사상을 이해하지 못한다는 생각이 들어 쓴 것. 예이츠는 글을 쓰는 목적이 그녀를 이해시키는 일이니까 그녀가 이해한다면 글 쓸 이유가 없어진다고 여겼다(예이츠 자신의 말).(*NC* 87; Albright 504)
- 자기가 가는 길을 정당화하려고 쓴 작품.(Gorski 136)
- 연인의 상실과 시적인 성취와의 관계를 검토하는 작품.(Cullingford 30)
- 2행의 내가 해온 일은 예이츠의 시 창작 행위를 말한다.(Rosenthal 88)

언어

나는 얼마 전 이런 생각을 했다.
'내 연인은 내가 해온 일이나,
어둡고 괴로운 이 땅에서 무엇이 좋을까를
이해하지 못하는가봐.'라는 생각을.

그러고는 나는 태양이 싫증났다.
그러다 마침내 이런 생각이 떠올라
내 상념이 다시 맑게 개었다.
내가 해온 최선의 것은 그걸 분명하게 하려고 했다는 것,

해마다 나는 '마침내 내 연인이 죄다 이해하는군.
왜냐하면 나는 내 나름의 힘을 키웠고,
언어들이 내 소집에 응했으니까.'라는

- 4행의 이해하지 못하는은 모드 곤이 예이츠의 예술 활동은 민족운동의 선전물을 만들지는 못한다고 늘 비난한 것과 관련 있는 말. 세기가 바뀔 때 그녀는 IRB 활동을 청산하고 그보다는 온건한 '신페인'Sinn Fein(우리끼리) 쪽으로 방향을 잡으면서 그에게 신페인의 아서 그리피스Arthur Griffith를 소개해 주면서 신페인과 노선을 맞추어 예이츠가 문학 활동을 해주기를 바랐다.(*NC* 87)
- 6행의 이런 생각은 세 가지, 즉 8행 이하 전부(8행, 9-12행, 13-16행).(역자)
- 8행의 내가 해온 최선의 것은 자신의 생각을 모드 곤에게 설명하는 일. 그걸은 자기 계획이나 생각을 모드 곤이 속속들이 이해하지 못하고 있는 점.(Jeffares 141) / 분명하게 하려고 했다는 것은 시 창작의 가장 큰 동기는 모드 곤에게 사랑을 분명하게 표명하는 일이라는 것.(Rosenthal 88)

And words obey my call';

That had she done so who can say
What would have shaken from the sieve?
I might have thrown poor words away
And been content to live.

[22 January 1909] 1910

- 9-16행은 모드 곤은 이해하지 못할지라도 그의 사랑은 시 창작의 영감으로 정당화됨을 말한다.(Henn 119)
- 15행의 그랬다면은 편의상 역자가 가정법의 조건절을 보충한 것. / 서툰 언어들poor words은 서툰 창작활동.(역자)

그런 말을 외쳐댔다는 사실,

그리고 그녀가 이해했다 한들 채에서 걸러진
그게 무엇인지 누가 말할 수 있을까?
그랬다면 나는 서툰 언어들은 내버리고
살아가는 데 만족했을지도 모르리라는 것.

1908. 1. 23.

• 15-16행은 완벽한 삶을 선택할 것인가, 아니면 완벽한 예술작품 창작에 매진할 것인가의 선택과 관련 있는 말.(*NC* 87) 즉, 모드 곤과 결혼하면 시 창작의 동력이 꺼져 버리기 때문에 시 쓰기를 그만두고, 평범한 인간으로 살아가는 데 만족했으리라는 것.(Hassett 91) '만약 그녀가 이해한다면 나는 글을 쓸 이유가 없어지리라'는 예이츠의 말(Albright 504)과 모드 곤이 예이츠를 성적으로 거부하고 그에 따른 예이츠의 불행이 그로 하여금 아름다운 시를 쓰게 했다고 한 말(Cullingford 275)을 참조할 것.

His Dream

I swayed upon the gaudy stern
The butt-end of a steering-oar,
And saw wherever I could turn
A crowd upon a shore.

And though I would have hushed the crowd,
There was no mother's son but said,
'What is the figure in a shroud
Upon a gaudy bed?'

And after running at the brim
Cried out upon that thing beneath
—It had such dignity of limb
By the sweet name of Death.

Though I'd my finger on my lip,

- 꿈을 바탕으로 하여 쓴 시. 화자는 조타수. 며칠 전 괜찮은 배를 몰고 좁은 수로를 가는데, 양쪽 둑에는 많은 사람이 나와 있다가, 배의 한가운데의 침대에 있는 어떤 모습을 가리키며 질문했고 화자는 꿈속에서 노래하다가 잠이 깼다. 단 작품에서는 강이 아니고 바다로 바뀌었다. / 꿈으로 위장한 상징주의적인 수법의 발라드symbolical ballad.(Vendler 114)
- 죽음과 사랑을 주제로 한 작품.(Unterecker 110)
- 자살의 의미가 짙은 죽음의 찬양.(Rosenthal 84)

그의 꿈

나는 화사한 갑판 위에서
방향 잡이 노 끄트머리를 흔들었다.
그리고 내가 어느 쪽을 향하든
기슭에는 군중이 있는 것을 보았다.

그리고 내가 군중에게 조용히 하라고 했지만,
'화사한 침대 위, 수의에 싸인 것은
무엇입니까?'라는 그런 질문을
하지 않는 어미의 자식은 없었다.

그러고는 물 있는 데까지 뛰어와서는
—팔다리가 아주 위엄 있게 생겼군—
하고 '죽음'이라는 아름다운 이름으로
저 밑에 있는 저것에다 대고 외쳤다.

나는 내 입술에 손가락을 갖다 댔지만,

- 1-2행의 배는 죽음의 배.(Unterecker 110)
- 6행의 침대 위, 수의에 싸인 것은 '죽음'. 8행의 자식과 결부시키면 아름다움과 생명 근원으로서의 여인을 말한다.(Rosenthal 85)
- 11행의 죽음은 모드 곤을 지칭한다.(Bloom 169)
- 13행의 입술에 손가락을 갖다 대는 것은 입을 다물라는 신호.(Unterecker 110)

What could I but take up the song?
And running crowd and gaudy ship
Cried out the whole night long,

Crying amid the glittering sea,
Naming it with ecstatic breath,
Because it had such dignity,
By the sweet name of Death.

[3 July 1908]

그 노래를 따라 하지 않을 수 있겠는가?
그리하여 뛰어다니는 군중과 화사한 배가
밤새도록 외쳐댔다,

번쩍번쩍 빛나는 바다 가운데서 울부짖고,
열광적인 숨결로 그것 이름 부르면서.
왜냐하면 그것은 '죽음'의 아름다운 이름으로,
그런 위엄을 지녔으니까.

1908. 7. 11. 발표

• 14행의 노래는 죽음에 대한 찬양. 그 노래를 따라 할 수밖에 없는 것은 집단 히스테리에 굴복하는 것.(Albright 503)

Reconciliation

Some may have blamed you that you took away
The verses that could move them on the day
When, the ears being deafened, the sight of the eyes blind
With lightning, you went from me, and I could find
Nothing to make a song about but kings,
Helmets, and swords, and half-forgotten things
That were like memories of you—but now
We'll out, for the world lives as long ago;
And while we're in our laughing, weeping fit,
Hurl helmets, crowns, and swords into the pit.
But, dear, cling close to me; since you were gone,
My barren thoughts have chilled me to the bone.

1910

- Ellmann은 창작연대를 1908년 9월로 잡았다.(Ellmann 288; *NC* 88)
- 모드 곤이 존 맥브라이드와 결혼했다는 전보를 받고 쓴 시. 3행의 '그날'을 근거로 한 의견.(Unterecker 107) / 1903년의 강연 중에 그녀의 결혼 사실을 알고 난 뒤 그의 심정을 기록한 시.(Albright 506)
- 2행의 당신은 모드 곤.(*NC* 88)
- 3-4행은 예이츠가 더블린에서 강연하기 직전에 두 사람의 결혼 소식을 접하고, 강연에서 무슨 말을 했는지 몰랐음을 말한다.(*NC* 88)

화해

그들을 감동시킬 수 있는 시를 당신이 앗아 갔으니
사람들은 더러 당신을 원망했을지 몰라요.
당신이 나에게서 떠나가신 그날은
귀가 먹고 번갯불로 눈앞이 캄캄해져서
왕과 투구와 칼, 그리고 당신의 추억 같은
절반쯤 잊어버린 것들 외에는 아무것도
노래할 거리를 발견할 수 없었어요. 하지만 이젠
우리 자신을 드러냅시다, 세상이 옛날처럼 살아 있으니까.
그리고 우리가 웃고 울고 싶을 동안에는,
구덩이에 투구와 왕관과 칼을 던져 버립시다.
하지만 그대, 나에게 바짝 다가와요. 당신이 떠난 뒤론
메마른 생각으로 뼛속까지 서늘했어요.

1909. 2.

- 5행의 왕과 투구와 칼은 두 연극 작품(『왕궁 문턱』*The King's Threshold*과『볼러 해변에서』*On Baile's Strand*)에 대한 얘기일 것이다.(*NC* 88)
- 5-6행은 모드 곤을 남성과 결부시킨 대목.(Cullingford 81)
- 8행의 우리 자신을 드러냅시다는 'We'll out'의 번역. 이 말은 'We'll show ourselves'의 뜻.(Albright 506)
- 10행의 구덩이는 애비 극장의 바닥 자리pit를 가리킬 수도 있으나, 무덤grave을 가리키는 듯하다.(*NC* 88)

King and No King

'Would it were anything but merely voice!'
The No King cried who after that was King,
Because he had not heard of anything
That balanced with a word is more than noise;
Yet Old Romance being kind, let him prevail
Somewhere or somehow that I have forgot,
Though he'd but cannon—Whereas we that had thought
To have lit upon as clean and sweet a tale
Have been defeated by that pledge you gave
In momentary anger long ago;
And I that have not your faith, how shall I know
That in the blinding light beyond the grave

- 제목의 왕은 마치 두 사람 같아 보이지만 실은 한 사람이다. 즉 왕이 되었다가 왕 자격을 잃을 뻔한 왕, 따라서 왕이지만 왕이 될 자격이 없는 왕, 그러나 결국 왕의 자격을 갖춘 왕이다.
- 프랜시스 보몬트Francis Beaumont(1584-1616)와 존 플레처John Fletcher(1579-1625)의 합작인 『왕이자 왕이 아닌 왕』*A King and No King*(1611)을 활용하여 모드 곤에게 사랑을 호소하는 작품. 이 연극은 이베리아Iberia 왕 아바세스Arbaces가 그의 친누이로 알려졌던 판테아Panthea와 사랑에 빠져 결혼 못해 한탄하던 중, 그가 양자로서 왕위에 올랐고 왕위를 이어받을 사람은 판테아임이 판명되자 왕의 자격이 없어졌지만, 그녀와 결혼하게 됨으로써 명실공히 왕이 된 것을 줄거리로 한 희비극.
- 1908년 모드 곤과의 짧은 기간의 육체적인 관계가 있고 나서 그녀가 성적인 관계를 청산하고 재차 '정신적인 결혼'을 이어가자는 제의가 있었던 뒤에 쓴 작품.(Cullingford 97-98)
- 낸시 카도조Nancy Cardozo는 그들의 '정신적인 결혼'은 1898년에 맺어졌고, 1907-8년에 육체 관계가 있었으며, 그 뒤 갱신되어 이어졌다고 주장했다.(*NC* 89)

왕이자 왕이 아닌 왕

'그게 단순한 소리에 지나지 않으면 좋겠어!'
그 뒤에 왕이 된 당시의 '왕이 아닌 왕'이 외쳤다.
왜냐하면 그는 한 낱말과 어울려
소음 이상의 것이 되는 어떤 것도 들어본 적이 없었으니까.
허나 '옛날 이야기'는 관대해서, 그가 가진 건 대포뿐일지라도,
내가 잊어버린 어느 대목에서 혹은 어찌어찌하다가
그가 승리하는 것으로 해두자— 반면에
깨끗하고 아름다운 이야기로 불 밝히려던 우리는
오래전 순간적인 분노로 당신이 행한
그 서약 때문에 끝장나고 말았다.
그리고 나는 당신의 신앙을 갖고 있지 못하니,
내가 어찌 무덤 너머의 눈부신 빛 속에서,

- 1행은 언어(말)가 무의미한 소리, 즉 구속력이 없으면 좋겠다는 뜻. / 그게는 오빠와 누이brother and sister라는 말. 아바세스 왕이 자기는 구력으로 무엇이든지 정복할 수 있지만, 친누이라는 말 때문에 결혼할 수 없으므로, 말이 있는 곳이는 어디든지 찾아가 말 자체를 없애 버리겠다는 의지를 표명한 구절(4막 4장)을 활용한 것.(Ellmann 252)
- 2행의 당시의 왕이 아닌 왕은 당시에는 알려지지 않았지만, 경분상 왕 자격이 없는 사람.(역자)
- 5행의 옛날 이야기는 'Old Romance'의 번역. 즉, 『왕이자 왕이 아닌 왕』을 가리킴.(*NC* 89)
- 10행의 그 서약은 예이츠가 맨 처음 모드 곤에게 청혼했을 때 그녀가 거절한 일. 그녀는 당시 프랑스인(Lucien Millevoye, 불랑제 장군 지지자)과 깊은 관계에 있었다.(*NC* 89) / 모드 곤이 절대로 결혼하지 않는다고 언젠가 예이츠에게 말했을지 모를 그 서약.(Albright 507)
- 11행의 당신의 신앙은 모드 곤이 로마 가톨릭 신도가 됨을 말한다. 그녀는 1897년에 로마 가톨릭 신도가 되었고, 존 맥브라이드와 결혼하기 직전인 1903년 2월에 교회가 인정했다.(*NC* 89)

We'll find so good a thing as that we have lost?
The hourly kindness, the day's common speech,
The habitual content of each with each
When neither soul nor body has been crossed.

1910

- 14-16행은 13행 그 멋진 것의 구체적인 내용.(역자)

우리가 잃어버린 그 멋진 것을 발견하리라는 걸 알까?
영혼과 육신 어느 쪽도 엇갈린 적이 없던 그 시절,
매시간마다의 다정함, 하루하루의 일상적인 말,
습관처럼 몸에 배인 상호간의 만족감을.

1909. 12. 7.

- 16행은 연인과의 상상된 생활.(Albright 507)

No Second Troy

Why should I blame her that she filled my days
With misery, or that she would of late
Have taught to ignorant men most violent ways,
Or hurled the little streets upon the great,
Had they but courage equal to desire?
What could have made her peaceful with a mind
That nobleness made simple as a fire,
With beauty like a tightened bow, a kind
That is not natural in an age like this,

- 제목의 제2의 트로이는 아일랜드를 말한다.(Thurley 50) / 모드 곤과 현대 아일랜드의 대조적인 면을 보여 주는 작품.(Albright 505) / 모드 곤을 그리스 신화의 헬레네에 견주어 쓴 시.(Unterecker 105) / 헬레네를 처음 등장시킨 작품.(Ellmann 110)
- 비극적인 종말에 대한 열정 및 초연한 자세를 보여준 작품. 초연함과 수용의 목소리.(Whitaker 149)
- 한 인간의 외면적인 행위와 내면적인 인품에 대한 네 가지 질문으로 이루어진 12행시douzain.(Vendler 160-161)
- 연속적인 의문문으로 제시한 것은 모드 곤으로 대표되는 여성상에 대한 시인의 불안감의 표현.(Cullingford 79-80)
- 1-5행은 모드 곤의 행위에 대한 질문.(Vendler 161)
- 1행의 그녀는 모드 곤.(*NC* 87)
- 2행은 용기가 부족한 그녀의 지지자들을 경멸하는 말.(Ellmann 11)
- 3행의 최근은 지금을 말하는 것이 아니다. 결혼의 파탄(1905)으로 모드 곤이 정치적인 활동에서 물러났던 때를 말한다.(*NC* 87; Albright 505) / 가장 폭력적인 것들은 결혼 전 모드 곤의 적극적인 반영 활동을 말한다. 혁명적인 아일랜드공화국동맹IRB과 프랑스 정보 당국과의 가교 역할 및 브뤼셀의 보어 전쟁 첩자와의 음모 등.(*NC* 87; Albright 505)

제2의 트로이는 없다

그녀가 나날이 나를 비참하게 했다고 해서,
혹은 무지한 사람들이 욕망에 필적할 용기만 있으면,
최근에는 그들에게 가장 폭력적인 것들을 가르쳐 주었거나,
뒷골목들을 큰길에 내어던졌으리라고 해서
내가 왜 그녀를 책망해야 한단 말인가?
고매함이 불처럼 단순하게 만든,
팽팽한 활 같은 아름다움을 지닌,
훤칠하고 고고하고 더없이 준엄하여
오늘 같은 시절에는 맞지 않는 그녀 마음을

- 4행의 뒷골목과 큰길은 각각 뒷골목에 사무실을 가진 작은 모임의 정치색을 띤 문학 클럽 내지는 단체와 그런 데서 성장한 '신페인'Sinn Fein 운동을 가리킨다.(*NC* 87) / 크고 작은 두 길의 상호 간의 경쟁 관계를 말한다.(Ellmann 111)
- 5행의 책망은 1897년에 있었던 일과 관련된다. 당시 군중 앞에서 모드 곤이 연설한 뒤에, 경찰의 저지에도 그녀가 군중 속에 뛰어드는 것을 예이츠가 만류한 결과, 그녀가 예이츠를 원망했던 일을 두고 하는 말이다. 그러나 이제는 나무라지 않겠다는 말.(Hassett 92)
- 6-7행은 모드 곤의 인품에 관한 질문.(Vendler151)
- 7-9행의 서술은 모드 곤을 그리스 여신처럼 그린 대목.
- 7행의 팽팽한 활 같은 아름다움의 이미지는 윌리엄 블레이크의 성적인 상징.(*NC* 88) / 그녀의 아름다움은 무기라는 것.(Cullingford 81) / 그녀의 아름다움 때문에 전쟁이 발발했음을 말한다.(Thurley 50)
- 8행의 훤칠하고는 그녀가 실제로 키가 큰 편이었음을 말한다.(*NC* 88)
- 9행은 트로이의 헬레네시대와는 달라서, 시대에 맞지 않아 좌절될 수밖에 없다는 것.(Albright 505) / 그녀의 아름다움은 당연시되는 당시의 문화적인 이념과 상반된다는 것.(O'Neill 114)

Being high and solitary and most stern?
Why, what could she have done, being what she is?
Was there another Troy for her to burn?

1910

• 11행은 행위가 인품의 필연적인 결과인가에 대한 질문.(Vendler 161) / 그런 인품이니는 자신의 성격에 조금도 어긋나지 않고 충실하기 때문이라는 것.(O'Neill 114)

무엇이 평화롭게 할 수 있었겠는가?
아니, 그런 인품이니 무얼 할 수 있었겠는가?
그녀가 불태울 또 하나의 트로이가 있었단 말인가?

1908. 12.

- 12행은 모드 곤과 헬레네를 동일시하고 있다.(Ellmann 111) / 모드 곤의 행위가 그녀의 인품에 비추어 정당한가에 관한 질문.(Vendler 161)

A Woman Homer Sung

If any man drew near
When I was young,
I thought, 'He holds her dear,'
And shook with hate and fear.
But O! 'twas bitter wrong
If he could pass her by
With an indifferent eye.

Whereon I wrote and wrought,
And now, being grey,
I dream that I have brought
To such a pitch my thought
That coming time can say,

- 제목의 호메로스가 노래한 여인은 트로이의 헬레네.(Rosenthal 88) / 화자가 사랑하는 여인은 호메로스가 노래한 '영웅적인', '당당한', '불같은' 여자라는 것을 부각하고 있다.(Cullingford 78) / 모드 곤의 눈부심과 예이츠의 작품에 그려진 이미지를 대조한 내용의 작품.(Albright 503)
- 「언어」Words에서도 다룬 내용의 작품.(Rosenthal 88)
- 자신의 예술에 대한 가장 혹독한 비판.(Harris 91)
- 1연(1-7행)은 젊은 시절의 불행했던 사랑의 상반된 두 가지 근원을 회상하는 내용이다.(Rosenthal 86) / 사랑하는 사람이라기보다는 소유물처럼 생각함으로써 불안했던 심정을 고백하고 있다.(Thurley 48)
- 3행의 그녀는 모드 곤.(*NC* 86)
- 4행은 예이츠의 질투와 자존심의 손상.(Rosenthal 87)

호메로스가 노래한 여인

내가 젊었을 때
어떤 사람이 가까이 가면
'그녀를 좋아하는군.' 하는 생각이 들었고,
증오와 공포로 몸을 떨었다.
그러나 그 사람이 무관심한 눈으로
그녀 곁을 지나쳐 버리면
오, 그건 참 잘못된 거라고 했다.

그 뒤 나는 글을 쓰고 다듬었다.
그런데 이제 머리가 희끗해지니까
이런 생각을 하게 된다.
'그 양반은 그녀의 육신이 어떠했던가를
거울에 희미하게 비춰 놨구나.'라는 말이

- 2연(8-14행)은 그녀를 소재로 한 예술적인 작업의 결과에 대한 것.(Rosenthal 87)
- 9행은 중년에 이르렀다는 말. 예이츠의 나이 45세 때.(*NC* 36)
- 11-14행은 자신의 업적에 대한 후세 사람들의 평가에 대한 생각.(Gorski 144)
- 11행의 그 양반은 예이츠 자신의 간접적인 지칭.(역자)
- 12행의 거울에 희미하게 비춰 놨다는 것은 그녀의 아름다움을 찬양했다는 것인데, 그것은 당연한 일로 여겼지만, 그녀는 거울에 비친 이미지를 꺼리는 것 같았다고 한다.(*NC* 86) / 거울에 희미하게 비춰 놨다는 예이츠가 공들인 창조행위가 아무리 아름다워도 거울의 영상처럼 존재하지 않는다는 것.(Rosenthal 87) / 그녀를 제대로 보지 못했다는 말. 『고린도 1서』 13장 12절 참조. 지금은 거울에 비친 모습처럼 어렴풋이 보지만 나중에는 얼굴을 직접 대하여 마주 봄으로써 하느님을 온전하게 보게 되리라는 것.(Albright 504)

'He shadowed in a glass
What thing her body was.'

For she had fiery blood
When I was young,
And trod so sweetly proud
As 'twere upon a cloud,
A woman Homer sung,
That life and letters seem
But an heroic dream.

1910

- 3연(15-21행)은 모드 곤을 작품화한 변명.(역자)
- 17행의 호메로스가 노래한 여인은 모드 곤이 헬레네에 해당한다는 말.(Rosenthal 88) / 따라서 예이츠는 아일랜드의 호메로스 격이라는 말.(Gorski 144) / 사실인즉슨, 헬레네는 『일리아드』*Iliad*의 마지막 장인 24장의 헥토르Hector의 장례식에 참석한 데 대한 언급과 전쟁 후 그녀가 스파르타에 돌아와 있다는 사실이『오디세이아』*Odyssey* 4장에 나와 있을 뿐이다.(*NC* 86; 역자)

장차 나올 수 있을 정도에
이르렀구나 하는 생각 말이다.

왜냐하면 내가 젊었을 때
그녀는 불같은 피를 가졌었고,
호메로스가 노래한 여인처럼
마치 구름 위를 걸어다니듯이
우아하고 당당하게 걸어다녔으니까.
그래서 그녀에겐 삶도 시도 모두
한갓 하나의 영웅적인 꿈처럼 보였으니까.

1910. 4. 5 - 15.

- 18-19행의 구름 위를 … 걸어다녔다는 것은 삶이란 꿈에 지나지 않는다는 헬레네의 강렬한 실체감을 제공하는 이미지. 뮤즈로서의 이러한 특징은 나중에 「청동 두상」A Bronze Head 19-20행에도 제시된다.(Hassett 92)

Against Unworthy Praise

O Heart, be at peace, because
Nor knave nor dolt can break
What's not for their applause,
Being for a woman's sake.
Enough if the work has seemed,
So did she your strength renew,
A dream that a lion had dreamed
Till the wilderness cried aloud,
A secret between you two,
Between the proud and the proud.

What, still you would have their praise!
But here's a haughtier text,
The labyrinth of her days

- 모드 곤이 맥브라이드와 별거하고 난 뒤 애비 극장에 나타났을 때 관중의 야유를 받은 일을 배경으로 한 작품.(Unterecker 107)
- 2행의 악당이나 멍청이는 1907년, 싱Synge의『서역의 인기인』*The Playboy of the Western World*의 관객들이 애비 극장에서 벌인 소동을 가리킬 것이다.(*NC* 90)
- 3행의 한 여인은 모드 곤.(역자) / 한 여인을 찬양하기 위한 것은 시인의 작품을 말한다.(Unterecker 106)
- 5행은 예이츠가 모드 곤을 뮤즈로 삼고 창작의 은밀한 근원으로 간주한 것을 말한다. 그런가 하면「옛 추억」Old Memory에서는 그와 반대로 예이츠 자신이 그녀에게 영감을 불어넣어 주었다고 한다.(Albright 508)

하찮은 찬사에 대한 반론

오 심장이여, 마음 놓고 편안하게 지내다오.
악당이나 멍청이에게 칠 박수가 아니라,
한 여인을 찬양하기 위한 것인지라,
그들이 부숴 버릴 수는 없을 테니까.
그녀가 너의 기력을 그처럼 새롭게 했듯이,
사자의 울음 따라 황야가 울 때까지,
작품이 사자가 꿈꾸어 왔던 꿈같이 보이게 하고,
너희 두 사람 사이의,
당당한 자와 당당한 자 사이의,
은밀한 것같이 보이게 했으면 충분한 거지.

아니, 너는 아직도 그들의 칭찬을 받고 싶은가!
하지만 여기에 더욱 콧대 높은 표본이 있고,
그녀 자신의 엉뚱함이 어리둥절하게 만든

- 8-9행의 너희 두 사람과 당당한 자와 당당한 자는 예이츠와 모드 곤.(역자)
- 11행의 칭찬을 받고 싶은 것은 작품의 발표를 말한다.(Unterecker 106)
- 12행의 더욱 콧대 높은 표본a haughtier text은 칭찬이건 비방이건 아랑곳하지 않는 모드 곤의 초연한 자세를 예이츠가 명심하고자 하는 것을 말한다. 그녀의 취향 기준은 대중의 것이 아니라, 참다운 취향의 기준임을 말하고 있다.(Albright 508)
- 13-14행은 맥브라이드와의 갑작스러운 결혼과 갑작스러운 별거를 말한다.(Unterecker 107)

That her own strangeness perplexed;
And how what her dreaming gave
Earned slander, ingratitude,
From self-same dolt and knave;
Aye, and worse wrong than these.
Yet she, singing upon her road,
Half lion, half child, is at peace.

1910

- 14행의 미궁은 여성의 성적·정서적인 심오함과 복잡미묘함을 말한다.(Cullingford 220)
- 16-17행은 모드 곤이 맥브라이드와 별거 절차를 마치고 1906년 10월 20일 아비 극장에 나타났을 때 소동을 벌인 관중을 말한다. 이런 일이 있은 뒤 그녀는 1918년까지 공적인 일에서 완전히 물러났다.(*NC* 90) / 이들은 1년 뒤(1907) 소동 때의 사람들과 같은 패거리라는 것.

미궁 같은 그녀의 나날들,
그녀가 제공한 꿈이
바로 그 멍청이와 악당에게
어떻게 비방과 배신을 당했는가 하는 것,
그럼, 그런데 이보다 더한 것도 있네.
하지만 그녀는 절반은 사자, 절반은 어린애,
자기 길을 걸어가며 노래하고 편히 지내네.

1910. 5. 11.

- 19행의 절반은 사자, 절반은 어린애라는 것은 스핑크스 같은 인물임을 말한다.(역자) / 절반은 사자라는 것은 시인 예이츠와 닮은 데가 있음을 말하고, 절반은 어린애라는 것은 주변의 소동을 의식하지 않고 있음을 말한다.(Unterecker 107) / 이는 상반된 여러 가지가 융합된 모드 곤의 복합적인 성격을 말한다. 여기서는 사자와 어린애의 성격적인 결합을 두고 하는 말.(Albright 508)

Peace

Ah, that Time could touch a form
That could show what Homer's age
Bred to be a hero's wage.
'Were not all her life but storm,
Would not painters paint a form
Of such noble lines,' I said,
'Such a delicate high head,
All that sternness amid charm,
All that sweetness amid strength?'
Ah, but peace that comes at length,
Came when Time had touched her form.

1910

- 모드 곤이 프랑스의 노르망디 해변에 한때 기거했던 집에서 쓴 것.(*NC* 89)
- 나이가 들어가는 모드 곤을 주제로 한 작품 중의 하나. 그녀는 젊었을 때 폭풍 같아서 일관된 이미지 제시가 허용되지 않았다. 나이가 들어감에 따라 예술의 주제로 좀 더 적절하게 되었다.(Albright 507)
- 1-2행은 모드 곤과 트로이의 헬레네를 대비시킨 것.(*NC* 89) 즉, 파리스Paris(영웅)가 헬레네를 차지했듯이 맥브라이드 소령이 모드 곤을 아내로 차지한 것을 말한다.

평화

호메로스 시대 같으면 영웅의 보상이 될 것을
보여줄 수 있었던 어떤 형상에다
아, '시간'이 손댈 수 있다니.
'그녀의 일생이 온통 폭풍우에 지나지 않을지라도,
화가들이 그런 고상한 얼굴 형상을,
우아하게 살짝 쳐든 그런 두상을,
매력적이고도 더없이 엄격하고,
강직하고도 더없이 감미로운 면모를
그리려 들지 않겠는가?'라고 나는 말했다.
아, 그러나 평화가 마침내 찾아왔지만
이미 '시간'이 그녀 모습에 손을 대어버린 때였다.

1910. 5.

- 1행의 영웅의 보상은 보어 전쟁에 반영국 의용병으로 참전했던 맥브라이드 소령이 모드 곤과 결혼하게 된 것을 암시한다.(*NC* 89) / 예이츠의 이 말에는 아이러니가 잠재되어 있다.(Albright 507)
- 2행의 어떤 형상은 'a form'의 번역. 이는 모드 곤의 모습.(역자)
- 3행은 두 사람의 파경을 암시한다.(역자)
- 4-9행은 화가들도 그리기 어려울 그녀의 수은 같은 민활한 성격을 그린 것.(Gorski 145)
- 7-8행은 모드 곤의 두 가지 상반된 면모. 예이츠를 고통스럽게 했던 그녀의 성격.

Friends

Now must I these three praise—
Three women that have wrought
What joy is in my days:
One because no thought,
Nor those unpassing cares,
No, not in these fifteen
Many-times-troubled years,
Could ever come between
Mind and delighted mind;
And one because her hand
Had strength that could unbind
What none can understand,
What none can have and thrive,
Youth's dreamy load, till she
So changed me that I live

- 세 여자 친구(그레고리 여사, 올리비아, 모드 곤)를 찬양하고 있다.(Vendler 188)
- 1행의 이 세 사람은 예이츠의 일생에서 가장 가깝게 지냈던 세 여자 친구.
- 4-9행은 올리비아 셰익스피어Olivia Shakespear(1863-1938) 편. 그녀와의 순수한 우정관계를 거론하고 있다.(Rosenthal 101)
- 4행의 한 분은 올리비아. 동료 시인 존슨Lionel Johnson의 사촌. 1894년에 런던에서 만나 죽을 때까지 편지를 교환했다. 40년간 한번도 다툰 일이 없는 친구.(*NC* 123) / 두 사람 사이에는 유사점이 있고, 모드 곤과는 상반된 성격이지만 상호보완적인 관계였다.(Albright 542)

친구들

자 이제 나는 이 세 분을 찬양해야겠다—
지금까지 살아오는 동안
기쁨이라는 걸 만들어준 여인 세 사람.
한 분은 어떠한 거리낌도,
또한 넘겨버릴 수 없는 어떤 근심도,
아니, 15년이라는
어려운 고비 많았던 그 세월 속에서도,
마음과 즐거워진 마음 사이에
끼어들 수 없었으니까.
그리고 또 한 분, 그녀의 손은
남들이 이해할 수 없는 것을,
남들이 가지고도 번창할 수 없는 것을,
젊은이의 꿈 같은 짐을
풀어줄 수 있는 능력을 가졌기 때믄.
그리하여 마침내 그녀는 나를 변화시켜

- 10-16행은 그레고리 여사 편.
- 10행의 또 한 분 은 그레고리 여사Lady Gregory. 예이츠는 그녀를 1896년에 처음 만났다. 아일랜드 문예부흥운동의 동반자.
- 13행의 젊은이의 꿈 같은 짐 은 'Youth's dreamy load'의 번역. 이 짐을 덜어 준다는 것은 동정의 해방을 암시한다.(Cullingford 100)

Labouring in ecstasy.
And what of her that took
All till my youth was gone
With scarce a pitying look?
How could I praise that one?
When day begins to break
I count my good and bad,
Being wakeful for her sake,
Remembering what she had,
What eagle look still shows,
While up from my heart's root
So great a sweetness flows
I shake from head to foot.

1912

- 16행의 황홀감 속에 애써라는 말은 모드 곤이 예이츠가 1907년 그레고리 여사와 그녀의 아들 로버트Robert와 함께 이탈리아를 여행했을 때를 가리킨다고 생각했다.(*NC* 124)
- 17-28행은 모드 곤 편.
- 19행의 그녀는 모드 곤. 1889년에 처음 만났다.

황홀감 속에 애써 살아가도록 해주었다.
그런데 내 젊음이 다 가버릴 때까지
동정의 눈길 거의 한 번 주지 않고,
모든 걸 앗아간 그녀를 뭐라고 할까?
나는 그 친구를 어떻게 찬양할 수 있으랴?
동이 트기 시작할 때
나는 그녀를 위해 정신차려 잠을 깨고,
그녀가 가진 것이 무엇이며,
어떤 독수리 모습을 여전히 보여 주는가를 상기하면서,
내가 잘한 것과 잘못한 걸 따져 본다.
내 마음의 뿌리로부터
감미로운 엄청난 애정이 솟아오르는 동안에
나는 머리에서 발끝까지 벌벌 떤다.

1911. 1.

- 24행의 독수리 모습은 명상적이기보다는 활동적인 것과 연관되는 초연함과 객관성을 말한다. 모드 곤은 자신에 대한 논의를 꺼렸다.(*NC* 124)
- 26-28행은 차분하게 지속되어 온 목소리가 열정에 압도된 상황.(Whitaker 149) / 마지막 이 대목은 절정을 만드는 오르가슴의 이미지.(Cullingford 100)

A Memory of Youth

The moments passed as at a play;
I had the wisdom love brings forth;
I had my share of mother-wit,
And yet for all that I could say,
And though I had her praise for it,
A cloud blown from the cut-throat North
Suddenly hid Love's moon away.

Believing every word I said,
I praised her body and her mind
Till pride had made her eyes grow bright,
And pleasure made her cheeks grow red,
And vanity her footfall light,
Yet we, for all that praise, could find
Nothing but darkness overhead.

We sat as silent as a stone,
We knew, though she'd not said a word,

- 1행의 연극마냥은 시인과 상대 여성도 아마 자신들을 연극의 일부로 느끼고 있음을 말할 것이다.(Albright 541)
- 5행의 그녀는 모드 곤.

젊은 날의 추억

그 순간들은 연극마냥 지나갔다.
나는 사랑이 가져온 지혜를 갖고 있었고,
내 몫으로 타고난 지혜도 있었다.
하지만 내가 말할 수 있는 온갖 것에드 불구하고,
그리고 그로 해서 그녀의 찬양도 받았지만,
살인적인 '북풍'에 밀려온 구름이
갑자기 사랑의 달을 숨겨 버렸다.

나는 내가 말한 모든 걸 신봉하면서,
그녀의 육신과 정신을 찬양했다.
마침내 자부심이 그녀 눈을 빛나게 했고,
즐거움이 그녀 볼을 붉게 만들었으며,
자만심이 그녀 발걸음을 가볍게 했다.
하지만 우리는 그런 찬양에도 불구하고
머리 위에선 암흑 말고는 찾을 수 없었다.

우리는 돌처럼 침묵을 지키고 앉았다.
그녀는 한 마디 말도 하지 않았지만,

- 7행의 달은 연극에서 그 출몰이 상징적인 구실을 한다.(Albright 541)
- 15행의 돌은 차갑게 끝난 사랑을 상징한다. 혹은 사랑을 포용하지 못하는 냉담함을 말한다.

That even the best of love must die,
And had been savagely undone
Were it not that Love upon the cry
Of a most ridiculous little bird
Tore from the clouds his marvellous moon.

1912

- 18행의 새의 울음소리는 열띤 사랑의 표현에 쓰인다.(Albright 541; Cullingford 213) / 작은 새는 이줄트 곤Iseult Gonne. 그녀는 모드 곤이 프랑스인 사이에 태어난 첫 아이가 이내 죽자, 둘째 아이를 가지면 첫 아이의 화신이 된다는 조지 러셀George Russell의 말을 듣고 임신한 결과 태어난 아이. 따라서 그녀는 달(모드 곤)을 뒤덮었던 구름을 걷히게 한 것.(Hassett 104)

우리는 알았다, 가장 깊은 사랑도 죽어야 하고
무척 야릇한 작은 새가 울자마자
'사랑'이 그의 으리으리한 달을
구름에서 떼어내지 못한다면,
그 사랑도 무참하게 끝장났으리라는 걸.

1912. 8. 13.

• 19-20행은 예이츠가 젊었을 때 그녀와 함께 보낸 밤의 기억을 말한다. 시커먼 하늘의 구름 사이로 갑자기 달이 나타난 일.(Unterecker 126)

Fallen Majesty

Although crowds gathered once if she but showed her face,
And even old men's eyes grew dim, this hand alone,
Like some last courtier at a gypsy camping-place
Babbling of fallen majesty, records what's gone.

The lineaments, a heart that laughter has made sweet,
These, these remain, but I record what's gone. A crowd
Will gather, and not know it walks the very street
Whereon a thing once walked that seemed a burning cloud.

1912

- 프랑스 노르망디에 있는 모드 곤의 여름철 집에서 쓴 작품.(*NC* 122) / 모드 곤의 과거와 현재의 대비.(Albright 542) / 모드 곤을 비극적인 인물로 그린 작품. 불행한 결혼을 한 여성으로, 한때 영도했던 민중에게 버림받은 여걸로 그려졌다.(Unterecker 126) / 지난날의 단순한 기록.(Hassett 103) / 그녀의 미모와 위엄 있는 거동에 대한 향수의 기록.(Rosenthal 102)
- 1행의 그녀는 모드 곤.
- 2행의 노인들의 눈마저 흐려졌지만은 노인들이 매료되어 오랫동안 지켜보는 바람에 눈이 흐려졌다는 것. 트로이의 노인들이 헬레네의 미모에 감탄한 일화를 끌어왔다.(*NC* 122)

몰락한 여왕

그녀가 얼굴을 보여 주기만 하면 한대는 군중이 운집했고,
심지어 노인들의 눈마저 흐려졌지만,
이 손만은 몰락한 여왕에 대해 중얼대는 집시 야영지의
어느 마지막 신하처럼 과거사를 기록한다.

얼굴 모습, 웃음이 감미롭게 만든 마음,
이것들은 남아 있다. 하지만 난 사라진 걸 기록한다.
군중은 모여들겠지. 하지만 한때 불타는 구름 같은 것이 걸었던
바로 그 길을 그것이 걷고 있다는 사실은 모르리라.

1912

- 3행의 이 손이 하는 역할은 트로이의 헬레네의 경우 호메로스가, 시골처녀 메리 하인스Mary Hynes의 경우 앤서니 래프터리Anthony Raftery가 그랬듯이, 모드 곤에 대한 기록은 예이츠 자신이 맡아 함을 말한다. 이 세 주인공의 공통점은 미모.(*NC* 123)
- 4행의 과거사는 예이츠가 모드 곤의 결혼(1903) 이전의 정치 활동 기간 동안 동행했을 때 목격했던 일들. 당시의 중요한 화두는 아일랜드 각종 단체의 통합 가능성에 대한 논의였다. 그녀는 1903년에서 1905년까지의 결혼기간에 공적 생활에서 물러났다.(*NC* 122-123)
- 5행의 웃음이 감미롭게 만든 마음은 나이가 부드럽게 한 것.(Albright 542)
- 7행의 불타는 구름 같은 것은 'a thing that seemed a burning cloud'의 번역. 여기서 'a thing'은 사람을 말한다. 그렇게 표현한 것은 보통사람이 아니라 거의 신화적인 인물로서 아름다움과 능력을 갖춘 자라는 것.(O'Neill 118) / 불타는 구름은 기독교의 성령과 유사한 것을 암시한다.

That the Night Come

She lived in storm and strife,
Her soul had such desire
For what proud death may bring
That it could not endure
The common good of life,
But lived as 'twere a king
That packed his marriage day
With banneret and pennon,
Trumpet and kettledrum,
And the outrageous cannon,
To bundle time away
That the night come.

1912

- 제목은 'So That the Night may Come'의 줄임.(역자)
- 자신의 소멸을 재촉하는 영혼을 주제로 하고 있다. 예이츠가 1910년대에 끈질기게 다룬 주제이다.(Albright 543)
- 예이츠가 모드 곤의 남성적인 면을 이해함을 보여 주는 작품.(Cullingford 11) / 모드 곤의 자기 파괴적인 영웅심을 그렸다.(Rosenthal 101) / 모드 곤에 대한 상상적인 비문epitaph.(Thurley 73) / 과거시제 사용은 그녀가 이미 죽었음을 시사한다.(Rosenthal 97) / 젊은 시절 그녀와 함께 보낸 어느 날 밤에 시커먼 구름으로 뒤덮인 하늘에 갑자기 달이 나타난 일이 있었던 일과 연관된 작품.(Unterecker 126)

밤이 찾아오도록

그녀는 폭풍우와 투쟁 속에 살았다.
그녀의 영혼은 자랑스러운 죽음에 대한
그런 욕망을 갖고 있어서
인간의 평범한 행복을
참을 수 없었고,
말하자면 왕처럼 살았다,
결혼식 날을
작은 깃발과 창기槍旗,
트럼펫과 케틀드럼과
요란한 축포 소리로 채워
시간을 냉큼 쫓아내고
밤이 찾아오도록.

1912

- 「젊은 날의 추억」A Memory of Youth 19-20행 주 참조.(역자)
- 1행의 그녀는 모드 곤.(*NC* 124)
- 12행의 밤은 그녀가 자초하는 파괴.(Thurley 73)

The Cold Heaven

Suddenly I saw the cold and rook-delighting heaven
That seemed as though ice burned and was but the more ice,
And thereupon imagination and heart were driven
So wild that every casual thought of that and this
Vanished, and left but memories, that should be out of season
With the hot blood of youth, of love crossed long ago;
And I took all the blame out of all sense and reason,
Until I cried and trembled and rocked to and fro,
Riddled with light. Ah! when the ghost begins to quicken,
Confusion of the death-bed over, is it sent

- 모드 곤의 결혼으로 말미암은 작품.(Henn 93) / 실연에 대한 가장 노골적인 감정의 표현.(Bloom 173) / 뮤즈로서의 모드 곤의 기능을 서술한 시. 전통적인 뮤즈 시의 틀을 벗어난 작품이다. 즉, 상대 여인을 원망하는 것이 아니라, 스스로 자책감도 수용하면서 영감을 발견해 내고 있다.(Hassett 95)
- 모드 곤이 이 작품은 무엇을 그리고 있는가 질문하자, 예이츠는 차가운 겨울 하늘의 아름다움을 쓴 것이라고 응답했다고 한다.(Jeffares 174) / 상징적인 풍경을 그리면서 내세에 대한 생각을 곁들인 작품.(Unterecker 127) / 모드 곤에 대한 시적인 환기와 신비주의 사상의 내세관이 결합한 작품. 사후에 인간은 거슬러 살면서 과거의 잘못과 잃어버린 사랑의 회한을 되씹는다는 것.(Tuohy 148)
- 1행의 땅까마귀rook는 상징적인 새의 이미지로 제시된 것. 일반적으로 새는 예술가와 연결되고 내세와 연관된다.(Unterecker 127) / 땅까마귀는 불길한 징조, 불과 얼음과 대비된다.(Henn 94) / 땅까마귀가 좋아하는 차가운 하늘이란 시인 자신의 즐거움과는 거리가 멀다는 말.(O'Neill 119)

차가운 하늘

갑자기 나는 땅까마귀가 좋아하는 차가운 하늘을 보았다.
마치 불타는 얼음, 얼음보다 더한 그것.
그러자 상상력과 심장이 아주 거칠게 몰아쳐
이런저런 허튼 생각 사라지고, 추억들만 남겨 놓았다.
그건 젊음의 뜨거웠던 피, 오래전 틀어진 사랑의
뜨거운 피와 함께 철 지난 것들.
그리하여 나는 상식과 이성에 어긋난
온갖 비난을 받고, 빛의 사격을 받아
급기야 울음을 터뜨리고 이리저리 흔들거렸다.
아! 임종의 혼란이 끝나 혼령이 거동하기 시작할 때,

- 2행은 죽은 늙은이의 얼어붙고 발가벗은 영혼.(Unterecker 128)
- 5행의 틀어진 사랑은 모드 곤과의 사랑.(*NC* 124)
- 7행의 상식과 이성에 어긋난이라는 말은 헨T. R. Henn의 견해를 활용한 번역. 그는 원문 'out of all sense'를 아일랜드의 어법으로 해석해서, 'to an extent far beyond what common sense could justify'와 'beyond the reach of sensation'이 결합한 뜻으로 보았다.(Henn 94; *NC* 124)
- 8행의 사격을 받아는 'riddled with'의 번역. 'riddled'는 수수께끼같이 분간하기 어려운 상황에 맞닥뜨려 있음을 말하기도 하지만, 'riddle with'는 수동형으로 써서 구멍을 많이 내는 것을 뜻한다. 「골 왕의 광기」Madness of King Goll에도 유사한 표현이 있다.(Albright 543) / 'riddled'는 차가운 하늘 빛이 판단하기 어려운 모드 곤의 빛인 듯 어리둥절하게 함을 말한다.(Bloom 174-175)

Out naked on the roads, as the books say, and stricken
By the injustice of the skies for punishment?

1912

- 11-12행은 내세를 영원한 형벌로 보는 대목.(Rosenthal 98)

혼령은 책에서 말하듯 발가벗겨져 길바닥에 내몰리고,
하늘의 부당한 심판 받고 시달리는가?

1912

- 12행의 마지막 의문문은 임종을 맞이한 사람처럼 이것인지 저것인지 분간하지 못함을 말한다.(Unterecker 128)

When Helen Lived

We have cried in our despair
That men desert,
For some trivial affair
Or noisy, insolent sport,
Beauty that we have won
From bitterest hours;
Yet we, had we walked within
Those topless towers
Where Helen walked with her boy,
Had given but as the rest
Of the men and women of Troy,
A word and a jest.

1914

- 제목의 헬레네는 트로이의 헬레네.(Albright 532) / 그녀는 모드 곤의 상징.(*NC* 114)
- 보편적인 인간의 편파성을 온건하게 거론하고 있다.(Rosenthal 113)
- 그때나 지금이나 마찬가지라는 것. 제목은 그런 뜻이 반영된 말로 번역한 것.(역자)
- 8행의 그녀의 사내her boy는 트로이의 왕자 파리스Paris를 얕잡아보는 말.(Ellmann 110)

헬레네가 살았던 그 시절에

우리는 절망에 빠져 울부짖어 왔다,
어떤 사소한 일로
혹은 떠들썩한 무례한 장난으로
가장 비극적인 시간들로부터
우리가 획득한 미인을
사람들이 저버린다고 하면서.
하지만 헬레네가
그녀의 사내와 함께 거닐었던
저 높다란 망루들 속에서
우리가 거닐었다 하더라도,
트로이의 다른 남녀들처럼 우리는
비난과 조롱만을 보내고 말았으리.

1913. 9. 20 - 29.

- 9행의 높다란 망루는 'Topless towers'의 번역. 크리스토퍼 말로Christopher Marlowe의 『파우스트 박사』(1588) 5막 1장 95행에 있는 말을 빌린 것.(Albright 532)
- 11-12행의 언급은 트로이 사람들에게 헬레네가 정절을 지키지 못한 부인으로 생각되었기 때문.(Ellmann 113)
- 12행의 보내고 말았으리는 엘만의 지적에 따른 번역. 원문 'had given'은 'would have given'.(Ellmann 137)

On Woman

May God be praised for woman
That gives up all her mind,
A man may find in no man
A friendship of her kind
That covers all he has brought
As with her flesh and bone,
Nor quarrels with a thought
Because it is not her own.

Though pedantry denies,
It's plain the Bible means
That Solomon grew wise
While talking with his queens,
Yet never could, although

- 누구에게 쓴 시인가에 대해서는 의견이 구구하다. 벤들러Vendler와 새들메이어Saddlemeyer는 부인 조지에게 쓴 것이라고 했다.(Hassett 108) / 부인의 증언을 바탕으로 하면 그녀에게 쓴 시는 아니다.(*NC* 152) / 모드 곤에게 쓴 시. 성적인 능력에 기초한 더욱 진실한 지혜를 이용하여 남성의 추상적인 지성을 보충해 주는 데 이바지하는 아름다운 여인을 생각하고 있다.(Albright 571) / 이줄트 곤을 포함한 여러 여인을 대상으로 한 작품.(Hassett 108)
- 두 가지 상반되는 여성상을 제시하는 작품. 즉, 하나는 남자와 경쟁하려 들지 않는 다정한 여성상이고 또 하나는 지혜를 제공하면서도 사람을 미치게 하는 여인상.(Cullingford 118)
- 잊을 수 없는 과거의 끔찍한 사랑의 기억을 바탕으로, 다시 태어나면 솔로몬과 시바 같은 관계로 회복되기를 희망하고 있다.(Rosenthal 186)

여자에 관하여

마음을 다 바치는 여인으로 인해
하느님은 찬미받으소서.
남자가 남자에게는 발견하지 못하는
여성의 우정을 발견하게 하시고,
남자가 가지고 온 모든 것을
여인의 살과 뼈로 감싸듯 하고,
사상은 여인의 것이 아니니
그걸 가지고 싸움질하지 않게 하소서.

현학적인 사람들이야 부정하겠지만,
솔로몬이 그의 왕비들과
얘기하는 동안 현명해졌다는
성경의 의미는 틀림없는 것.
하지만 사람들이 말하기를

- 1연(1-8행)은 전통적인 여성 역할에 대한 찬양.(Cullingford 118) / 여성의 고분고분한 마음.(Vendler 188)
- 5-6행은 남성의 사고하는 머리보다는 여성의 육신이 우월하다는 말. 살과 뼈는 여성의 육신.(Albright 571)
- 2연의 서두(9-23행)는 성에 대한 찬양.(Vendler 183)
- 10-11행은『잠언』*Proverbs* 4장 5-7절 참조. / 모드 곤이 자신의 기력을 회복시켜 주었다고 말한 「하찮은 찬사에 대한 반론」Against Unworthy Praise(5행)과 비교할 것.(Albright 571)

They say he counted grass,
Count all the praises due
When Sheba was his lass,
When she the iron wrought, or
When from the smithy fire
It shuddered in the water:
Harshness of their desire
That made them stretch and yawn,
Pleasure that comes with sleep,
Shudder that made them one.
What else He give or keep
God grant me—no, not here,
For I am not so bold
To hope a thing so dear
Now I am growing old,
But when, if the tale's true,
The Pestle of the moon
That pounds up all anew
Brings me to birth again—

- 18행의 물속에 부르르 떨었을 때라는 것은 상징적인 성적 표현.(*NC* 152)
- 20-23행은 성적 만족감에 대한 갈망.(Hassett 108)
- 20행의 몸을 뻗고 하품하는 것은 성행위에 대한 암시. 예이츠의 완곡한 표현.(Albright 571)

그가 풀잎 수를 세었다고 하더라도,
시바가 그의 애첩이 되어,
그녀가 쇠붙이를 달구었을 때나,
대장간 용광로에서 나온 그 쇠붙이가
물속에 부르르 떨었을 때,
마땅한 칭찬을 몇 번 했는지는 셀 수 없었지요.
그들이 몸을 뻗고 하품하게 한
그들의 격렬한 욕구와,
수면과 함께 오는 쾌감,
그리고 그들을 한 몸으로 만든 전율 말이죠.
저는 이제 늙어가고 있으니
그렇게나 귀중한 것을 바랄 정도로
뻔뻔스럽지는 않기 때문에,
하느님이 주시거나 보존하고 계시는
그 밖에 무엇이든 허락해 주세요.
아니, 여기서는 말고,
모든 걸 바수어 새롭게 만드는
달의 '절굿공이'가 저를 다시 태어나게 한다는
그런 얘기가 사실이라면—그런 때 말입니다.

- 29행의 아니, 여기서는 말고는 겸손한 늙은 시인이 내세에서만은 시바 같은 육신을 소망한다는 것. 그러나 예이츠 부인에 의하면, 1907-8년 모드 곤이 남편과 별거 중 프랑스의 노르망디에 머물고 있었을 때 예이츠와 실제로 잠자리를 같이했다고 한다. 예이츠는 「그의 추억들」His Memories의 17행에서 암시했을지 모른다.(Albright 571-572)
- 31행의 달의 '절굿공이'는 재생에 대한 신념과 관련된 것. 「달의 제상」The Phases of the Moon 116행의 요리사인 '자연'과 유사한 표현.(Albright 572)

To find what once I had
And know what once I have known,
Until I am driven mad,
Sleep driven from my bed,
By tenderness and care,
Pity, an aching head,
Gnashing of teeth, despair;
And all because of some one
Perverse creature of chance,
And live like Solomon
That Sheba led a dance.

1916

- 텍스트의 33-35행은 4행시에서 한 줄이 빠진 것. 따라서 전체적으로 정연했던 각운이 여기서 흐트러졌다. 이러한 운율상의 결함은 무언가 잘못된 것을 암시한다. 이는 시인의 관심이 부인에게서 모드 곤으로 이동한 증상이다.(Vendler 188)
- 33-39행은 모드 곤에 대한 짝사랑의 결과로 불면증에 시달리는 모습.(Vendler 189)
- 37행의 절망에 빠져 이를 악물면서는 고통이 수반되더라도 모든 열정을 되불러오겠다는 말.(Albright 572)

제가 지난날 한때 소유했던 것을 발견하고,
제가 한때 알았던 것을 알아내려다
마침내 저는 부드러운 애정과 근심으로,
연민과 아픈 머리로,
절망에 빠져 이를 악물면서,
침대에서 잠 못 이루고 밀려나
제가 미치고 말게 될 지경입니다.
이 모든 것은 어느 한
어긋난 기회의 피조물 때문입니다.
그러니 시바를 대동하고 다녔던
솔로몬처럼 살게 하소서.

1914. 5. 25.

- 39행의 제가 미치고 말게 될 지경이라는 것은 시인의 상대가 솔로몬의 시바와는 다르다는 것. 따라서 그는 내세를 기약할 수밖에 없다.(Cullingford 117-118)
- 41행의 기회는 'chance'의 번역. 기회는 선택choice으로 획득되는 것. 「솔로몬과 마녀」Solomon and the Witch 13행 참조.(Albright 572) / 어긋난 기회의 피조물은 모드 곤.(역자)
- 42-43행은 내세에 대한 기원.(Unterecker 139)

The People

'What have I earned for all that work,' I said,
For all that I have done at my own charge?
The daily spite of this unmannerly town,
Where who has served the most is most defamed,
The reputation of his lifetime lost
Between the night and morning. I might have lived,
And you know well how great the longing has been,
Where every day my footfall should have lit
In the green shadow of Ferrara wall;
Or climbed among the images of the past—

- 1916년 2월 발표 당시의 제목은 「불사조」The Phoenix.
- 그녀는 '불사조'(22행)로 상징되었다. 「그의 불사조」His Phoenix 참조.(*NC* 154)
- 9년 전에 있었던 모드 곤과의 대화(36행)를 토대로 한 시.(Vendler 250)
- 예이츠가 모드 곤에게 맥브라이드와 결혼하지 말도록 종용했을 때 그녀가 자기는 '민중의 목소리, 민중의 영혼'이라고 주장했던 일의 메아리 같은 작품.(Hassett 98)
- 예이츠와 모드 곤 사이의 정치적인 토론.(Rosenthal 16)
- 귀족주의 문화를 선호하는 예이츠와 민중을 지지하는 모드 곤 간의 정치적인 논쟁이 사랑의 시로 화한 것.(Cullingford 86)
- 2행은 예이츠 자신의 애비 극장 업무와 초기의 문학운동 및 정치활동에 대한 것.(*NC* 154)
- 3-6행은 1907년에 있었던 싱Synge의 연극 관련 소동, 모드 곤과 맥브라이드의 별거 문제를 둘러싼 민족주의자들의 모드 곤에 대한 공격, 1913년에 있었던 휴 레인의 그림 기증 문제 관련 건이 배경에 깔렸다.(Cullingford 84)
- 3행의 예절을 모르는 이 도시는 더블린.(*NC* 154)

민중

‘그 모든 일을 하고서, 내 책임으로 그 모든 일을 하고서
나는 무엇을 얻었지요?’ 하고 나는 물어봤다.
‘예절을 모르는 이 도시가 나날이 드러내는 심술.
여기는 가장 많이 봉사한 사람이
가장 욕을 얻어먹고,
하룻밤 사이에 평생의 명성을 잃는 곳.
나의 동경이 얼마나 컸는지 당신도 잘 알지만,
나는 매일 페라라 성곽의 초록빛 그늘에
내 발자국 소리가 나야 하는 곳에 살았을지 모르죠.
혹은 밤새도록 과거의 이미지들 사이로—

- 5행의 가장 욕을 얻어먹고는 더블린의 악의적인 공론과 저널리즘, 그리고 조지 무어George Moore의 글에 대한 복합적인 혐오감을 표현한 것.(*NC* 154)
- 6행의 하룻밤 사이에는 ‘Between the night and morning’의 번역.
- 7행의 나의 동경은 더블린의 관객에 대한 환멸과 연극을 제대로 아는 이탈리아에 대한 동경.(*NC* 154)
- 8행의 페라라Ferrara는 이탈리아 북부 포 강 하구 가까운 곳에 있는 옛 도시. 1240년, 귀족인 에스테Easte 가문이 지배했던 곳. 그의 후원으로 문화, 예술이 발달했다. 그 뒤에 에르콜레 대공Duke Ercole(1431-1505) 등의 노력으로 이탈리아 르네상스 중심지의 하나가 되었다. 시인 아리오스토Ariosto(1474-1533)의 탄생지이기도 하다. 성곽은 14-16세기의 것이다. 예이츠는 이 도시를 동경해서, 1907년 그레고리 여사 가족과 함께 이곳을 방문했다. 그는 페라라를 우르비노(12행)와 함께 상스러운 더블린에 대비되는 도시로 생각했다. 예이츠는 이 사실을 1907년 현지에서 모드 곤에게 보낸 편지에서 언급한 바 있다.(Cullingford 83)
- 10행의 밤새도록은 ‘Evening and morning’의 번역.
- 10-11행의 이미지들images은 야외나 실내의 조각상, 혹은 실내의 초상화들을 연상시킨다.(역자)

The unperturbed and courtly images—
Evening and morning, the steep street of Urbino
To where the duchess and her people talked
The stately midnight through until they stood
In their great window looking at the dawn;
I might have had no friend that could not mix
Courtesy and passion into one like those
That saw the wicks grow yellow in the dawn;
I might have used the one substantial right
My trade allows: chosen my company,
And chosen what scenery had pleased me best.'
Thereon my phoenix answered in reproof,
'The drunkards, pilferers of public funds,
All the dishonest crowd I had driven away,
When my luck changed and they dared meet my face,
Crawled from obscurity, and set upon me
Those I had served and some that I had fed;

- 11-18행의 출처는 발다사레 카스틸리오네Baldassare Castiglione(1478-1529)의 『정신론』*The Book of the Courtier*일 것이다. 예이츠는 엘리자베스시대의 번역본과 1902년의 번역본을 가지고 있었다.(*NC* 155)
- 12행의 우르비노Urbino는 우르비노 공국의 수도. 로마에서 약 300킬로미터 북쪽 구릉지역에 있다. 12-17세기에 걸쳐 몬테펠트로Montefeltro 가문에 의해 번영했고, 페라라와 함께 르네상스 예술문화의 중심지이다. 카스틸리오네Castiglione 저서의 배경이 되었다. 예이츠는 1907년에 방문했다.

흐트러지지 않은 예절바른 사람들의 이미지들 사이로—
우르비노의 가파른 길을 거쳐
공작부인과 그녀의 종자從者들이 자정을 넘기면서
품위 있는 대화를 주고받다가 큰 창문에 다가서서
여명을 바라보는 거기까지 올라갔을지도 모르죠.
나는 초 심지들이 그때 노랗게 변해가는 것을 본
그런 분들처럼 예절과 열정을 융합할 줄 모르는
그런 친구는 한 사람도 갖지 않았을지 모르죠.
나는 내 직업이 허용하는 실질적인 권리 하나를
행사했을지 몰라요. 즉 내 동료의 선택과,
나를 가장 기쁘게 했던 광경의 선택 말입니다.'
그러자 나의 불사조가 비난조로 대답했다.
'제가 주정뱅이들과 공공 자금들의 좀도둑들,
온갖 부정직한 무리들을 몰아냈는데,
그때 제 운명이 바뀌었어요. 어디서 나왔는지 모르지만
그들이 감히 나에게 대들고, 내가 돌봐준 사람들과
내가 먹여준 몇몇 사람들을 내세워 나를 맹렬히 공격했어요.

- 13행의 공작부인은 엘리자베타 곤자가Elizabetha Gonzaga(1471-1526). 친구들과 신의 사랑과 여성에 관한 얘기를 새벽까지 했다.(Albright 575)
- 22행의 나의 불사조는 모드 곤.(*NC* 156)
- 25행의 제 운명이 바뀌었어요는 모드 곤이 1905년에 남편 존 맥브라이드와 별거하려 했을 때, 그녀에 대한 더블린의 인기가 싸늘해진 일.(*NC* 156)

Yet never have I, now nor any time,
Complained of the people.'

All I could reply
Was: 'You, that have not lived in thought but deed,
Can have the purity of a natural force,
But I, whose virtues are the definitions
Of the analytic mind, can neither close
The eye of the mind nor keep my tongue from speech.'
And yet, because my heart leaped at her words,
I was abashed, and now they come to mind
After nine years, I sink my head abashed.

1916

- 29-34행은 동일 사건에 대한 반응의 엄청난 차이에 대한 설명.(Vendler 250)
- 33행의 마음의 눈은 현실 도피적인 예이츠의 초연한 지성.(Albright 575)

하지만 나는 지금이나 어느 때나
민중에게 불평해본 일이 없어요.'

내가 대답할 수 있었던 것은,
'사색이 아니라 행동으로 살아온 당신은
자연의 힘의 순수성을 간직할 수 있지만,
분석적인 마음으로 사물을 규정짓는 나는
마음의 눈을 닫을 수도 없고,
혀가 말을 못하게 할 수도 없어요.'라는 것이 전부였다.
하지만, 내 심장이 그녀의 말을 듣고 뛰었기 때문에,
나는 겸연쩍었다. 그리고 이제 아홉 해가 지난 뒤,
그 말들이 떠올라 겸연쩍게 고개가 숙여진다.

1915. 1. 10.

• 36행의 아홉 해가 지난 뒤는 이 대화가 1906년에 이루어진 것을 말한다. 그러나 실제로는 8년이 지난 뒤, 즉 1907년.(Cullingford 83)

His Phoenix

There is a queen in China, or maybe it's in Spain,
And birthdays and holidays such praises can be heard
Of her unblemished lineaments, a whiteness with no stain,
That she might be that sprightly girl trodden by a bird;
And there's a score of duchesses, surpassing womankind,
Or who have found a painter to make them so for pay
And smooth out stain and blemish with the elegance of his mind:
I knew a phoenix in my youth, so let them have their day.

The young men every night applaud their Gaby's laughing eye,
And Ruth St. Denis had more charm although she had poor luck;
From nineteen hundred nine or ten, Pavlova's had the cry,
And there's a player in the States who gathers up her cloak
And flings herself out of the room when Juliet would be bride

---

- 젊었을 때의 모드 곤의 인품을 당시의 어떤 여성보다도 높이 격상시킨 작품.(Rosenthal 179) / 화자가 연인인 모드 곤에 빠져 다른 여자들을 일절 거들떠보지도 않았다는 내용.(Albright 576)
- 제목의 불사조는 영원한 사랑의 상징.
- 4행의 발랄한 그 아가씨는 레다Leda.(*NC* 156)
- 8행의 불사조는 모드 곤.(*NC* 156)

그의 불사조

중국에 한 왕비가 있지, 아니 스페인일지도 몰라.
그런데 생일과 명절에는 흠잡을 데 없는 용모와
티없이 흰 피부에 대한 찬사들을 들을 수 있어
그녀가 어떤 새한테 능욕당한 발랄한 그 아가씨일지도 몰라.
그리고 한 스무 명의 공작부인도 있는데, 보통 여자들을
　능가하거나,
아니면 돈을 주고 화가를 구하여 그렇게 하게 했고
화가의 우아한 마음씨로 기미와 흠집을 부드럽게 만들게 했지.
젊었을 때 나는 한 불사조를 알게 되어, 그들끼리 신나하게 놔뒀지.

젊은이들은 매일 밤 가비의 웃는 눈을 찬양했고,
루스 슨트 데니스는 운이 나빴지만 매력이 더 많았지.
1909년인가 10년부터 파블로바는 갈채를 받았지.
그리고 미합중국에서는 한 연기자가 있는데,
줄리엣이 여인의 열정을 몽땅 가지고 신부가 되려 할 때,

- 9행의 가비는 가비 데즐리Gaby Deslys(1884-1920). 그녀는 마르세유 태생의 프랑스 무희, 뮤직홀의 인기가수.(*NC* 157)
- 10행의 루스 슨트 데니스Ruth St. Denis(1879-1968)는 미국 무용가. 현대 무용 창시자의 한 사람.(*NC* 157)
- 11행의 파블로바Anna Matveyevna Pavlova(1881-1931)는 유명한 러시아 발레리나.(*NC* 157)
- 12행의 한 연기자는 미국의 줄리아 말로Julia Marlowe(1866-1950). 예이츠는 1903-4년의 미국 강연 여행 중에 그녀를 만난 적이 있었다.(*NC* 157). 줄리엣 역을 맡아 했다.(Hone 202)

With all a woman's passion, a child's imperious way,
And there are—but no matter if there are scores beside:
I knew a phoenix in my youth, so let them have their day.

There's Margaret and Marjorie and Dorothy and Nan,
A Daphne and a Mary who live in privacy;
One's had her fill of lovers, another's had but one,
Another boasts, 'I pick and choose and have but two or three.'
If head and limb have beauty and the instep's high and light
They can spread out what sail they please for all I have to say,
Be but the breakers of men's hearts or engines of delight:
I knew a phoenix in my youth, so let them have their day.

There'll be that crowd, that barbarous crowd, through all the
 centuries,
And who can say but some young belle may walk and talk
 men wild
Who is my beauty's equal, though that my heart denies,
But not the exact likeness, the simplicity of a child,
And that proud look as though she had gazed into the
 burning sun,

• 17-18행에 거명되는 여섯 여자는 에즈라 파운드Ezra Pound의 여자 친구. 그중 도로시Dorothy Shakespear(1886-1973)는 올리비아 셰익스피어의 딸. 파운드는 도로시와 1914년 4월에 결혼했다.(*NC* 157)

어린애처럼 오만하게, 망토 들고 방 밖으로 뛰쳐나갔지.
그리고 또 있는데—하지만 그 외에 수십 명이 있다 해도 상관없어.
젊었을 때 나는 한 불사조를 알게 되어, 그들끼리 신나하게 놔뒀지.

마가렛과 마조리, 그리고 도로시와 낸이 있고,
대프니와 메리라는 여자가 있는데, 조용히 살고 있지.
한 사람은 잔뜩 연인들을 거느리고, 또 한 사람은 하나뿐인데,
또 하나는, '저는 골라서 두셋만 가지고 있어요.'라고 자랑한다.
만약 머리와 팔다리가 아름답고 발등이 높고 가벼우면,
내가 뭐라 해도 그들은 내키는 대로 돛을 펼칠 수 있고,
남자 심장의 파괴자나 향락의 엔진이 될 수 있을 뿐이지.
젊었을 때 나는 한 불사조를 알게 되어, 그들끼리 신나하게 놔뒀지.

세월이 흘러도 그런 무리들, 그런 야만적인 무리들이 있으리라.
그런데 나는 부인하지만, 나의 아름다운 여인과 맞먹는 어떤
    젊은 미인이 산책하다가
사내들을 말로 미치게 하지 않으리라고 말할 수 있는 자 어디
    있겠는가.
하지만 똑같지는 않다. 어린애의 순박함, 불타는 태양 속을
뚫어지게 바라보았던 것 같은 그런 당당한 눈빛과,

- 25행의 무리들은 앞서 거론한 여인들(중 도로시를 뺀 다섯 여자).(Unterecker 142)
- 28행의 어린애의 순박함은 「하찮은 찬사에 대한 반론」Against Unworthy Praise의 '절반은 사자, 절반은 어린애'half lion, half child(19행) 참조.(*NC* 157)
- 29행의 당당한 눈빛은 독수리 같은 눈빛.(*NC* 157)

And all the shapely body no tittle gone astray.
I mourn for that most lonely thing; and yet God's will be done:
I knew a phoenix in my youth, so let them have their day.

1916

육신의 어느 미세한 부분도 어긋나지 않는 형태를 갖춘 점에서.
난 가장 고독한 그녀를 애도한다. 하지만 하늘의 뜻이
　　이루어지이다.
젊었을 때 나는 한 불사조를 알게 되어, 그들끼리 신나하게 놔뒀지.

1915. 1.

- 31행의 그녀는 'that ... thing'의 번역. 하늘은 'God'의 번역. / 애도한다mourn라고 한 것은 모드 곤의 육신의 아름다움이 사라져 버린 것을 죽음에 견주어 애석해함을 말한다.(Unterecker 142)

Her Praise

She is foremost of those that I would hear praised.
I have gone about the house, gone up and down
As a man does who has published a new book,
Or a young girl dressed out in her new gown,
And though I have turned the talk by hook or crook
Until her praise should be the uppermost theme,
A woman spoke of some new tale she had read,
A man confusedly in a half dream
As though some other name ran in his head.
She is foremost of those that I would hear praised.
I will talk no more of books or the long war
But walk by the dry thorn until I have found
Some beggar sheltering from the wind, and there
Manage the talk until her name come round.
If there be rags enough he will know her name
And be well pleased remembering it, for in the old days,

- 모드 곤의 고전적인 미를 부각하기 위하여 거기에 맞는 호메로스의 운율을 모방한 작품.(Albright 574) / 모드 곤에 관한 시. 그녀가 결혼한 뒤, 공적인 활동을 중단하자 상류사회에서는 잊힌 인물이 되었으나, 가난한 사람들 사이에서는 그녀가 더블린의 빈자들을 위한 자선 활동을 많이 했기 때문에 여전히 기억되고 있었다. / 모드 곤의 아름다운 정신을 부각하고 있다.(Rosenthal 178)
- 1행의 그녀는 모드 곤.(*NC* 154)

그녀를 찬양함

찬양받는다는 소문을 내가 듣고 싶은 첫 번째 사람은 그녀.
새 책을 출판한 사내가 그렇듯이,
혹은 새 가운을 입고 외출하는 젊은 여자가 그렇듯이,
나는 그녀의 집 주위를 서성대며 올라갔다 내려갔다 한 일이 있다.
그리고 그녀에 대한 칭송이 으뜸가는 주제가 되도록
어떻게 해서라도 얘기를 끌고 갔지만,
한 여인은 자기가 읽었던 어떤 새로운 얘기를 꺼냈고,
한 사내는 자기 머릿속에 딴 사람의 이름이 질주하는 것처럼
꿈을 꾸듯 절반은 뒤범벅이 되었다.
찬양받는다는 소문을 내가 듣고 싶은 첫 번째 사람은 그녀.
나는 책 얘기나 오랜 전쟁 얘기를 그만두고,
마른 산사나무 옆으로 산책하다가
어떤 거지가 바람을 피해 의지하고 있는 모습을 보고,
거기서 그녀 이름이 떠오를 때까지 얘기를 끌어낼까 보다.
만약 누더기를 잔뜩 걸친 사람이 있으면 그녀의 이름을 알 것이고
그걸 기억하면서 아주 기뻐하리라. 왜냐하면 옛날에는

- 5-9행은 예이츠가 스톤 코티지Stone Cottage에서 이 시를 썼을 때의 사정. 7행의 한 여인은 예이츠가 이 시를 쓸 때 같이 있었던 도로시 셰익스피어Dorothy Shakespear, 8행의 한 사내는 에즈라 파운드Ezra Pound. 이들은 예이츠가 모드 곤을 찬양하는 것을 귀담아듣지 않았다.(Albright 574)
- 14행은 자신 주변의 지식인들이나 정치적인 관심이 많은 사람들 중에는 기꺼이 그녀를 칭송할 사람이 없다는 말.(Cullingford 189)

Though she had young men's praise and old men's blame,
Among the poor both old and young gave her praise.

1916

그녀가 젊은이의 칭송을 받았고 늙은이의 빈축을 샀지만,
빈자들 사이에선 늙거나 젊거나 다같이 그녀를 칭송했으니까.

1915. 1. 27.

• 17행의 늙은이의 빈축은 트로이의 늙은이들은 헬레네를 못마땅하게 여겼다는 『일리아드』*Illiad*의 언급에 대한 암시.(Albright 574)

A Deep-Sworn Vow

Others because you did not keep
That deep-sworn vow have been friends of mine;
Yet always when I look death in the face,
When I clamber to the heights of sleep,
Or when I grow excited with wine,
Suddenly I meet your face.

1917

- 모드 곤이 예이츠에게 자기는 육체적인 사랑에 대한 공포감이 있어서 결혼할 수 없다고 말했으나, 예이츠는 이 말을 자기와 성스러운 관계를 맺고 누구와도 결혼하지 않겠다고 약속한 것이라고 간주한 사실을 배경으로 한 시.(Albright 578)

굳은 언약

당신이 굳은 그 언약을 지키지 않아
다른 사람들이 내 친구가 되었소.
하지만 내가 잠의 절정에 이르러,
죽음을 정면으로 바라볼 때면 항상,
혹은 술에 취해 들떠 있을 때 갑자기
당신 얼굴과 마주하오.

1915. 10. 17.

- 1행의 당신은 모드 곤. 굳은 그 언약은 결혼하지 않는다는 말.(*NC* 159)
- 2행의 다른 사람들은 다른 여자들일 것이다. 즉, 다른 연인들.(Albright 578)

Broken Dreams

There is grey in your hair.
Young men no longer suddenly catch their breath
When you are passing;
But maybe some old gaffer mutters a blessing
Because it was your prayer
Recovered him upon the bed of death.
For your sole sake—that all heart's ache have known,
And given to others all heart's ache,
From meagre girlhood's putting on
Burdensome beauty—for your sole sake
Heaven has put away the stroke of her doom,
So great her portion in that peace you make
By merely walking in a room.

Your beauty can but leave among us
Vague memories, nothing but memories.
A young man when the old men are done talking

- 시집『책임』*Responsibilities*에 실린 모드 곤과의 개인적인 관계를 소재로 한 여덟 작품 중의 하나. 실연당한 시인이 늙어서 처음으로 상대에게 심정을 토로한 작품.(Rosenthal 172, 181)
- 실험적인 시. 여인의 두 가지 측면을 그린 시. 즉, 이상적인 아름다움과 늙고 추한, 사나운 측면.(Albright 577) /「그녀를 찬양함」Her Praise과 함께 모드 곤 성격의 부드러운 측면이 그려져 있는 작품.(Freyer 16)

깨진 꿈들

당신 머리가 희끗희끗하군요.
당신이 지나갈 때 이제는 젊은 남자들이
갑자기 숨을 멈추지는 않겠군요.
그렇지만 어느 늙은 영감님은 아마 축복의 기도를 중얼댈 거예요.
임종 자리에서 그를 회복시킨 건
당신의 기도 덕분이었으니까요.
오로지 당신을 위해서—초라했던 소녀시절
부담스러운 아름다움을 간직했을 때부터
가슴의 모든 고통을 알았고, 남에게 주었더랬지—
오로지 당신을 위해서
'하늘'이 운명의 타격을 거두어 버렸지요,
단지 방안에 걸어다니는 것으로
당신이 그 평화에 아주 큰 몫을 하거든요.

당신의 아름다움은 우리 사이에
희미한 기억들, 기억들만 남겨 놓을 수 있을 거예요.
노인들의 이야깃거리가 떨어졌을 때 젊은이가 말하겠지요,

- 1행의 당신 머리는 모드 곤의 머리카락.(*NC* 158)
- 2-6행은 노인과 어려운 사람을 위하여 행한 모드 곤의 봉사활동을 기억함으로써 그녀의 잃어버린 아름다움을 되찾아 주려는 화자의 심정을 말한다.(Cullingford 189)
- 4행의 어느 늙은 영감님은 「그녀를 찬양함」의 15행 '누더기를 잔뜩 걸친 사람' 참조. (Albright 577)

Will say to an old man, 'Tell me of that lady
The poet stubborn with his passion sang us
When age might well have chilled his blood.'

Vague memories, nothing but memories,
But in the grave all, all, shall be renewed.
The certainty that I shall see that lady
Leaning or standing or walking
In the first loveliness of womanhood,
And with the fervour of my youthful eyes,
Has set me muttering like a fool.

You are more beautiful than any one,
And yet your body had a flaw:
Your small hands were not beautiful,
And I am afraid that you will run
And paddle to the wrist
In that mysterious, always brimming lake
Where those that have obeyed the holy law

- 17행의 늙어서 피가 싸늘하게 식어 버렸을지도 모를 때인데도는 이 시를 썼을 때 예이츠의 나이가 쉰 살이었음을 참조.(*NC* 158)
- 18행의 그 시인은 예이츠.(역자)
- 28-29행은 상대방이 육체적으로 완벽하지는 못했음을 말한다.(Rosenthal 181)
- 28행의 한 가지 흠은 이상적인 아름다움이 해체되기 시작하는 국면(달의 16상)을 말한다.(Albright 577)

'늙어서 피가 싸늘하게 식어 버렸을지도 모를 때인데도
집요한 열정을 가진 그 시인이 우리에게 노래했던
그 여인 얘기를 해주시지요.'라고.

희미한 기억들, 기억들에 지나지 않지만,
무덤 속에서는 모두, 모두가 새롭게 태어날 거예요.
나는 그 여인이 여성의 첫 아름다움을 갖추고
기대어 있거나 서있거나 걸어가는 모습을
나의 열정적인 젊은 눈으로
틀림없이 보게 되리라는 확신이
나로 하여금 바보처럼 중얼거리게 해온 것이지요.

당신은 누구보다 아름다워요.
하지만 당신의 육신은 흠이 하나 있었지요.
당신의 작은 손은 예쁘지 않았어요.
그리하여 내가 염려하는 것은
항시 물이 넘치는 저 신비스러운 호수로 달려가
손목까지 물에 담가 노를 저을까 하는 것이죠.
거기는 거룩한 법칙에 순종해온 자들이

- 31-33행의 물은 아킬레우스가 몸을 담근 강물처럼 인간을 완전하게 할 수 있는 능력을 갖추고 있는 신성한 것. 따라서 그 호숫물의 법칙에 순종하면 인간이 완전하게 된다. 아킬레우스의 발목이 취약했던 것은 그가 물에 몸을 담갔을 때 발목이 제외되었기 때문이다. 따라서 그는 약점을 가진 불완전한 존재가 되었다.(O'Neill 128)
- 31행의 저 신비스러운 호수는 쿨 파크Coole Park의 호수를 연상케 한다.(역자)
- 32행의 서술은 백조를 가리키는 듯하다.(역자)

Paddle and are perfect. Leave unchanged
The hands that I have kissed,
For old sake's sake.

The last stroke of midnight dies.
All day in the one chair
From dream to dream and rhyme to rhyme I have ranged
In rambling talk with an image of air:
Vague memories, nothing but memories.

1917

- 35-36행은 그녀가 완벽하게 되기보다는 불완전한 부분이 있으면 하고 바라는 것. (O'Neill 128)
- 39행의 허공의 이미지는 과거의 회상.「과거 삶의 한 이미지」An Image from a Past Life의 7행('섬뜩한 회상의 한 이미지') 참조.(Albright 578)

노를 저어 완벽해지는 곳이거든요.
내가 입맞춘 그 손을 그대로 두세요,
옛것 그 자체를 위해서 말이에요.

자정을 알리는 마지막 종소리가 잦아듭니다.
한 의자에 온종일 붙박힌 채
나는 허공의 이미지와 이런저런 얘기를 나누면서
꿈에서 꿈으로, 운율에서 운율로 헤매었어요.
희미한 추억들, 추억들만 있을 뿐.

1915. 10. 24.

- 40행의 운율에서 운율로 헤매었다는 것은 자유시에 가까운 이 시의 운율을 말한다. 이는 늙은이가 이런저런 생각을 중얼거리는 것을 나타내느라 형태가 잘 잡히지 않고 각운이 제대로 맞지 않게 된 것을 두고 하는 말.(Albright 577) / 불구칙적이지만 충분하고도 완벽하게 각운 형식을 갖춘 (운율상의) 자유시이다.(Vendler 547)

A Thought from Propertius

She might, so noble from head
To great shapely knees
The long flowing line,
Have walked to the altar
Through the holy images
At Pallas Athene's side,
Or been fit spoil for a centaur
Drunk with the unmixed wine.

1917

- 제목의 프로페르티우스Propertius는 기원전 1세기의 로마 시인 섹스투스 프로페르티우스Sextus Propertius(c. 50-16 B.C.). 이 작품은『애가』*Elegy* 2권 2장에서 빌린 이미지로 되어 있다.
- 호메로스 시대에는 여자의 육체가 영웅의 전리품이었다는 사실과 결부시켜 여자의 육체를 교환가치로 평가하는 전통에 비추어 모드 곤의 남자와의 관계를 해석해 보는 작품.(Cullingford 87; *NC* 158)
- 모드 곤을 여신으로 만들어 아테나 여신의 동료처럼 묘사하였다.(Rosenthal 180)
- 1-6행은 모드 곤이 동정과 순결의 고전적인 이미지로 아테나 여신을 따라 아테나 여신의 신전에 들어가는 상황.(Cullingford 88)
- 3행의 그녀는 모드 곤.(*NC* 158)

프로페르티우스에게서 빌린 생각

머리로부터 엄청나게 잘생긴,
무릎에 이르기까지의 길고 미끈한 선이
저렇게나 고상한 그녀가.
팔라스 아테나 옆에 서있는
거룩한 조각상 사이를 통해서
제단으로 걸어갔을지도 모르리라,
혹은 전내기 포도주에 취한 한 괴물에게
적절한 먹이가 되었을지도 모르지.

1915. 11. 이전

- 4행의 팔라스 아테나Pallas Athene는 고대 그리스의 수도 아테네의 수호신 아테나Athena. 지식, 기예, 무예의 여신이자 영원한 처녀. 그녀의 대표적인 신전은 아크로폴리스Acropolis 언덕의 파르테논Parthenon 신전이다. *PR*에는 'Athena'로 고쳐 놓았다.(*PR* 153)
- 7-8행은 올림피아 신전의 박공벽에 새겨진 피리토우스Pirithcus의 결혼식 장면을 암시하는 대목. 술 취한 괴물 켄타우로스Centauros가 신부를 납치해 가는 장면인데, 신부는 겁탈 대상이 되고 있다. 이는 모드 곤의 전기적인 사실과 결부시켜 볼 때 두 번이나 맛본 쓰라린 예이츠의 경험을 암시한다. 하나는 프랑스인(Lucien Millevoye)과의 일과 또 하나는 맥브라이드 소령Major MacBride과의 결혼.(Cullingford 88)
- 7행의 한 괴물은 상반신은 사람이고 하반신은 말인 켄타우로스. 모드 곤의 남편 존 맥브라이드를 가리킬 것이다.(역자)

Presences

This night has been so strange that it seemed
As if the hair stood up on my head.
From going-down of the sun I have dreamed
That women laughing, or timid or wild,
In rustle of lace or silken stuff,
Climbed up my creaking stair. They had read
All I had rhymed of that monstrous thing
Returned and yet unrequited love.
They stood in the door and stood between
My great wood lectern and the fire
Till I could hear their hearts beating:
One is a harlot, and one a child
That never looked upon man with desire,
And one, it may be, a queen.

1917

- 늙었다는 이유로 이졸트 곤에게 청혼했다가 거절당했을 때 쓴 것.(Henn 61)
- 4행은 12-14행에서 말하는 창녀, 어린애, 여왕의 특성을 말한다.(역자) / 창녀와 어린애, 그리고 여왕은 모두 모드 곤의 측면일지 모른다.(Albright 579) / 창녀와 어린애 등은 뮤즈의 속성으로서, 「그런 이미지들」Those Images 11-12행에 나온다.(Hassett 112)
- 7-8행의 해괴한 보답과 짝사랑 얘기에 대해 내가 쓴 시는 모드 곤과의 사랑을 말한다.(Vendler 127; Cullingford 94)

유령들

오늘밤은 하도 음산하여
머리가 곤두서는 듯했다.
해가 질 때부터 나는
웃어대거나, 머뭇거리거나, 거침없는 여자들이
레이스나 실크 옷 소리 부산하게 내면서,
삐걱거리는 내 계단을 올라오는 꿈을 꾸었다.
그들은 해괴한 보답과 짝사랑 얘기에 대해
내가 쓴 시를 모두 읽었던 사람들.
그들은 문간에도 서고
커다란 목재 강연단과 난로 사이에도 섰다.
마침내 나는 그들의 심장 박동 소리를 들을 수 있었다.
하나는 창녀, 하나는 욕망을 가지고
남자를 바라본 일이 없는 어린애,
그리고 하나는, 아마, 여왕일걸.

1915. 11.

- 12-14행에 제시된 세 여성은 예이츠와 결혼할 목적으로 임신했다고 거짓말한 여인 메이블 디킨슨Mabel Dickinson(*NC* 159)과 이줄트 곤, 그리고 모드 곤을 말한다.(Unterecker 143) 이들은 각각 성적인 여성, 순진한 여성, 신성한 여성을 말한다.(Rosenthal 183)
- 12행의 창녀는 호운Hone이 거론한(Hone 301) 메이블 디킨슨일 것이다.(*NC* 159) / 창녀는 특정인을 가리키는 것이 아니라 어머니이면서 동시에 창녀라는 뮤즈에 대한 전통적인 믿음과 상통하는 말.(Hassett 110)
- 13행의 어린애는 아마 이줄트 곤일 것이다.(Albright 579)
- 14행의 여왕은 모드 곤에 대한 재평가.(Jeffares 184)

The Wild Swans at Coole

The trees are in their autumn beauty,
The woodland paths are dry,
Under the October twilight the water
Mirrors a still sky;
Upon the brimming water among the stones
Are nine-and-fifty swans.

The nineteenth autumn has come upon me
Since I first made my count;
I saw, before I had well finished,
All suddenly mount
And scatter wheeling in great broken rings
Upon their clamorous wings.

I have looked upon those brilliant creatures,
And now my heart is sore.

- 51세 때 쓴 시. 모드 곤과의 절망적인 관계를 어느 정도 수용하는 시기의 작품.(Jeffares 222)
- 제목의 쿨 호는 그레고리 여사의 영지 안에 있는 호수.
- 백조를 불멸의 존재처럼 묘사한 시.(Unterecker 131) / 백조는 변함없는 마음, 굳은 지조constancy를 상징한다.(Jeffares 222) / 백조는 예이츠의 낭만 시나 애가에 인간의 영혼을 상징하는 등 중요한 구실을 하는 새.(Albright 550)
- 5행의 돌덩이들의 원문은 'stones'. 현장에 가 보면 호숫가에 큼직큼직한 돌이 많다.(역자)

쿨 호의 야생 백조들

나무들은 가을의 아름다운 치장을 하고,
숲 속 길들은 말라 있다.
시월 황혼녘 컴컴한 하늘 아래
물은 고요한 하늘을 비춘다.
돌덩이들 사이에 넘칠 듯한 물 위에는
쉰아홉 마리 백조가 떠있다.

내가 맨 처음 세어본 이래로
열아홉 번째 가을이 나에게 닥쳐왔다.
내가 미처 다 세기 전, 갑자기 날아올라
요란한 날개로 빙빙 돌아 흩어지면서
커다란 점선의 원들을 그리는 것을
나는 보았다.

저 휘황찬란한 것들을 바라보고 있으니,
내 가슴이 시려 온다.

- 6행의 쉰아홉이라는 홀수는 백조에게도 짝을 다 맞추지 못한 미완성의 부분이 있음을 암시한다.(O'Neill 120)
- 7행의 맨 처음은 예이츠가 쿨 파크에 처음 갔던 해가 1897년, 그의 나이 32세 때였다. 이때부터 그레고리 여사와 함께 민담 수집과 연구를 시작했고 모드 곤과 거리를 두려고 애썼다. 이 작품을 쓴 해가 1916년이니까 19년이 된다.(*NC* 130)
- 14행의 가슴이 시려 온다는 것은 모드 곤에 대한 심정.

All's changed since I, hearing at twilight,
The first time on this shore,
The bell-beat of their wings above my head,
Trod with a lighter tread.

Unwearied still, lover by lover,
They paddle in the cold
Companionable streams or climb the air;
Their hearts have not grown old;
Passion or conquest, wander where they will,
Attend upon them still.

But now they drift on the still water,
Mysterious, beautiful;
Among what rushes will they build,
By what lake's edge or pool
Delight men's eyes when I awake some day
To find they have flown away?

1917

• 18행의 보다 가벼운 걸음은 1897년 당시 예이츠의 상황을 말한다. 그때와 비교해서 지금은 발걸음이 무거워졌다는 말.

모든 게 변했다. 내가 맨 처음 황혼녘 이 호숫가에서
내 머리 위에 종 치는 소리 같은
날개 소리를 들으며
보다 가벼운 걸음으로 활보하던 이래로.

여전히 지치지 않고, 연인끼리 나란히,
그들은 차갑고도 정다운 물결 속에
노닐거나 하늘로 날아오른다.
그들의 마음은 늙지 않았다.
그들이 어디를 헤매고 다니든, 열정이나 정복이
여전히 그들을 뒤따라 다닌다.

그러나 지금 그들은 잔잔한 물 위에 떠있다.
신비스럽게, 아름답게.
내가 어느 날 깨어나 그들이 날아가버린 걸 발견할 때
그들은 어느 호숫가나 물웅덩이,
어떤 골풀 사이에다 둥지를 지어
사람 눈을 즐겁게 할 것인가?

1916. 10.

- 22행의 늙지 않았다는 것은 지금 예이츠의 나이 51세이고, 이졸트Iseult에게서 늙었다는 말을 들은 사실과 결부시켜 볼 수 있는 대목. / 늙는다는 것은 열정의 소진을 말한다.(Albright 551)

Quarrel in Old Age

Where had her sweetness gone?
What fanatics invent
In this blind bitter town,
Fantasy or incident
Not worth thinking of,
Put her in a rage.
I had forgiven enough
That had forgiven old age.

All lives that has lived;
So much is certain;
Old sages were not deceived:
Somewhere beyond the curtain
Of distorting days
Lives that lonely thing
That shone before these eyes

- 제목의 언쟁은 여성 수감자들의 대우를 두고 메리 맥스위니Mary MacSwiney가 이끈 단식투쟁에 대한 모드 곤과의 이견으로 말미암은 싸움.(Jeffares 271) / 그 일은 과거의 일이지 현재의 일은 아니다.(Unterecker 223)
- 1행의 그녀는 모드 곤.(*NC* 305)
- 2행의 캄캄한 씁쓸한 도시는 더블린.(*NC* 305)

노년의 언쟁

그녀의 아름다움은 어디 갔는가?
이렇게 캄캄한 씁쓸한 도시에서
광신자들이 만들어 내는 것,
환상이거나 일고의 가치도 없는
사소한 일이
그녀를 화나게 했다.
나는 늙은 나이를 용서했던 만큼
충분히 용서했었다.

살아온 모든 것은 죽지 않는다.
그만큼은 확실하다.
늙은 현인들은 속지 않았다.
꼬이기만 했던 시절의
커튼 저 너머 어딘가에
고독했던 그것이 살아 있다.
이 두 눈 앞에서 방패 쥐고 번쩍이며,

- 4-5행의 일고의 가치도 없는 사소한 일은 여자 죄수들이 단식투쟁하는 문제를 두고 모드 곤과 예이츠가 다툰 일.(Albright 728)
- 14행의 고독했던 그것은 모드 곤.(*NC* 305) / 그녀의 아름다움.(Cullingford 251)
- 15-16행은 젊은 시절의 아름다웠던 그녀를 다시 보고 싶은 생각.(Jeffares 271)
- 15행의 방패 쥐고는 'targeted'의 번역. 이 말은 '작은 둥근 방패targe가 공급된, 갖추어진'의 뜻.(Albright 728)

Targeted, trod like Spring.

1932

'봄날'처럼 활보하던 그것.

1931. 11.

- 16행의 '봄날'처럼은 모드 곤과 처음 만났을 때의 기억. 그녀는 고전적인 봄의 화신으로 느껴졌다.(*NC* 305)

A Bronze Head

Here at right of the entrance this bronze head,
Human, superhuman, a bird's round eye,
Everything else withered and mummy-dead.
What great tomb-haunter sweeps the distant sky
(Something may linger there though all else die;)
And finds there nothing to make its terror less
Hysterica passio of its own emptiness?

No dark tomb-haunter once; her form all full
As though with magnanimity of light,
Yet a most gentle woman; who can tell
Which of her forms has shown her substance right?

- 모드 곤에 대한 마지막 작품.(역자)
- 주인공은「유령들」Presences에서 '여왕'(14행)으로 대접했기 때문에 거기에 걸맞은 'rhyme royal'로 쓴 작품.(Vendler 350)
- 제목의 청동 두상頭像은 로렌스 캠벨Lawrence Campbell이 제작한 석고상에 청동을 입힌 모드 곤의 흉상. 더블린 국립현대미술관에 전시되어 있다.(*NC* 419) / 그 두상에 대한 끔찍한 느낌의 기록.(Rosenthal 349).
- 모드 곤의 네 가지 면모를 보여 주는 시. 영광에 넘치는 모습, 실제 여인, 묘지 방문객tomb-haunter, 초인의 모습.(Bloom 452-453)
- 1행의 입구는 미술관의 입구.(*NC* 419)
- 4행의 거기는 'there'의 번역. 올브라이트는 'there'를 'in her eyes'라고 지적하였다.(Albright 832)

청동 두상

여기 입구 오른쪽에 있는 이 청동 두상,
인간의 눈, 초인의 눈, 새의 둥근 눈,
딴 것은 모두 시들어 미라처럼 죽어 있다.
(다른 건 다 죽었지만 거기에 무언가 서성대는 게 있을 텐데)
먼 하늘을 훑쓸어 본 어떤 위대한 방문객이
어떻게 거기에서 아무것도 찾아내지 못할 수 있을까,
그 눈에 담긴 무서움 아래 잔잔히 흐르는 공허에 대한 울분을?

과거 한때는 검은 옷차림의 묘지방문객이 아니었다.
그녀의 육신은 풍성한 빛 같은 것으로 충만했었다.
그러면서도 무척 부드러운 여자였다. 그녀의 어느 모습이
그녀의 실체를 올바르게 보여 주었다고 누가 말할 수 있으랴?

- 7행의 그 눈에 담긴 무서움은 'its terror'의 번역. 즉 흉상의 무시무시한 눈빛. 대명사 'it'은 2행에서 말하는 눈.(역자) / 잔잔히 흐르는 공허는 'its own emptiness'의 번역. / 울분은 'hysterica passio'의 번역. 이는 'hysterical passion'의 뜻. 셰익스피어의 『리어 왕』 2막 4장 55행의 리어 왕 대사 중, 화가 북받쳐오른다고 피력한 말.(Albright 753)
- 8행의 검은 옷차림의 묘지방문객은 모드 곤. 그녀는 1920년대와 30년대에 검은 긴 옷을 입고 머리에는 검은 베일을 쓰는 습관이 있었고, 공화주의자들의 장례식에 참석하거나 정치적인 기념행사로 묘지 참배 시에 항상 검은 옷을 입고 검은 베일을 썼다.(*NC* 419) / 감옥살이하는 공화주의자들을 위한 활동과 민족주의 순교자들의 무덤을 찾아보는 공화주의자의 헌신을 암시한다.(Cullingford 283)
- 10행의 무척 부드러운 여자는 바깥으로 드러난 성격은 거칠고 사납게 보이나 내면은 부드럽고, 소극적이고, 아름다운 환상으로 가득 차 있는 여자라는 것.(Albright 832) / 그녀의 어느 모습은 젊고 발랄한 여인, 아니면 검은 옷차림의 묘지 방문객 중 어느 쪽이냐 하는 것.(Albright 832)

Or maybe substance can be composite,
Profound McTaggart thought so, and in a breath
A mouthful held the extreme of life and death.

But even at the starting-post, all sleek and new,
I saw the wildness in her and I thought
A vision of terror that it must live through
Had shattered her soul. Propinquity had brought
Imagination to that pitch where it casts out
All that is not itself: I had grown wild
And wandered murmuring everywhere, 'My child, my child!

Or else I thought her supernatural;
As though a sterner eye looked through her eye
On this foul world in its decline and fall;
On gangling stocks grown great, great stocks run dry,
Ancestral pearls all pitched into a sty,
Heroic reverie mocked by clown and knave,
And wondered what was left for massacre to save.

1939

- 13행의 맥타가트John M. E. McTaggart(1866-1925)는 옥스퍼드 대학의 철학자. 신헤겔학파. 주요 저서는『존재의 본질』*The Nature of Existence*(1921).
- 14행의 원문의 동사 'held'는 앞 문장의 조동사 'can'(12행)을 끌어와 'can hold'로 봐야 한다는 주장이 있다.(Albright 832) *PR*에는 hold로 고쳐 놓았다.(*PR* 340) 하지만 14행은 과거에 있었던 일을 말한다고 볼 수 있을 것이다.(역자)

그런 게 아니라면 본질이란 복합적일 수도 있는 법,
심오한 맥타가트는 그런 생각을 했는데,
그러니 단숨에 삶과 죽음의 양극을 한입 가득 물었던 것.

그렇지만 출발점에서도 나는 그녀 속에
아주 말쑥하고 참신했지만 야성적인 것을 보았다.
그리고 그것이 줄곧 살아내야 했던 무서운 생각이
그녀의 영혼을 결딴내고 말았다는 생각을 했다.
가까이 지내다 보니 야성적이지 않은 것은 모두 버린다는
상상을 하기에 이르렀다. 나도 점점 거칠게 되어
'얘야, 얘야' 하고 중얼대며 온 데로 헤매고 다녔다.

혹은 또 나는 그녀를 초자연적인 존재라고 생각했다.
마치 더욱 엄격한 눈이 그녀의 눈을 통해
기울어지고 몰락하는 추악한 이 세상을 지켜보고,
허약하게 웃자란 혈통들, 메말라 버린 좋은 혈통들,
대대로 전승된 진주들이 모두 돼지우리에 던져진 꼴을,
영웅적인 환희가 무식쟁이와 깡패에 의해 조롱당한 걸 보고,
대학살이 구출할 무엇이 남았는가 하고 궁리하는 사람.

1937 - 8

- 20행의 나도 점점 거칠게 되어는 가깝게 지내다 보니 오염되었다는 말.(Albright 833)
- 25-26행은 예이츠가 아는 젊은 여성들의 잘못된 혼사를 달한다.(Bloom 454)
- 28행의 대학살은 폭력에 관한 것. IRA 지지자였던 모드 곤은 제1차 세계대전 때 프랑스의 병원에서 부상자들을 간호하며 무차별한 살육에 대한 취향은 줄었으나, 많은 아일랜드인처럼 히틀러에 호감을 느꼈는데, 유전학적인 이유가 아닌 민족주의적 이유였다.(Cullingford 284)

3

올리비아 셰익스피어 시편

He Gives His Beloved Certain Rhymes

Fasten your hair with a golden pin,
And bind up every wandering tress;
I bade my heart build these poor rhymes:
It worked at them, day out, day in,
Building a sorrowful loveliness
Out of the battles of old times.

You need but lift a pearl-pale hand,
And bind up your long hair and sigh;
And all men's hearts must burn and beat;
And candle-like foam on the dim sand,
And stars climbing the dew-dropping sky,
Live but to light your passing feet.

[before August 1895] 1896

- 혼Hone은 이 작품을 다이애나 버넌Diana Vernon(실명 Mrs Olivia Shakespear, 1863-1938)에게 바친 것이라고 하지만, 3-6행을 보면 모드 곤일 가능성이 크다.(*NC* 58)
- 옛 궁정시인들의 시 양식으로 자신을 낮춘 사랑의 시. 등장하는 여신은 모드 곤을 닮은 것도 아니고 올리비아 셰익스피어를 닮은 것도 아니다.(Cullingford 35)

연인에게 시를 써서 바치다

황금 핀으로 당신 머리를 붙들어 매시고
흩날리는 긴 머리채들을 낱낱이 묶어 올려요.
나는 내 심장에다 졸렬한 이런 시를 짓도록 명했지요.
심장은 날마다 그 작업을 했어요.
옛 시절의 전투들을 소재로 하여
아름다운 슬픈 얘기를 지어내면서.

당신은 진줏빛 파리한 손을 들어,
긴 머리채를 묶고 한숨만 쉬면 돼요.
그러면 남성들의 모든 가슴은 불타고 또 뛸 거예요.
그리고 희미한 모래 위 촛불 같은 거품과,
이슬 내리는 하늘을 기어오르는 별들은
오직 지나가는 당신 발 비추려 살아 있을 뿐이죠.

1895

- 1행의 여인이 머리를 붙들어 매는 일과 3행의 시인이 시를 짓는 일은 유사한 행위.
(Albright 463)
- 7행의 파리한은 '흰 여신'White Goddess과 관련된 표현. 따라서 올리비아 셰익스피어에게 바친 작품이라고 볼 수 있다.(Hassett 16-17)

A Poet to His Beloved

I bring you with reverent hands
The books of my numberless dreams,
White woman that passion has worn
As the tide wears the dove-grey sands,
And with heart more old than the horn
That is brimmed from the pale fire of time:
White woman with numberless dreams,
I bring you my passionate rhyme.

- 발표 당시의 제목은 'O'Sullivan the Red to Mary Lavell II'. 'O'Sullivan the Red'는 핸러핸Hanrahan. 그는 무한한 상상력과 열정을 가진 인물. 화자는 핸러핸처럼 열정적인 시를 써 바침으로써 상대방의 식은 열정을 되살리고자 했다.(Albright 462)
- 종교의식처럼 여신에게 제물을 바치는 양식의 시.(Cullingford 36)
- 제목의 그의 연인은 모드 곤.(Thurley 32) / '흰 여신'White Goddess에게 바치는 시. 따라서 연인은 올리비아 셰익스피어.(Hassett 17)
- 꿈과 열정을 서로 바꾸어가면서 잘 짜맞춘 시.(Unterecker 94)

시인이 그의 연인에게

나는 당신에게 경건한 두 손으로
나의 무수한 꿈을 담은 책들을 바칩니다.
조수가 비둘기 빛 회색 모래들을 닳게 하듯
정열이 다해 버린 흰 여인,
시간의 파란 불길에서 넘쳐나는 풍요의 뿔보다
더 오래된 심장을 가진 흰 여인.
무수한 꿈을 가진 흰 여인이여,
나는 당신에게 나의 열정적인 시를 바칩니다.

1895

- 4행의 흰 여인은 크로스만Crossman에 의하면, 시인의 신부가 아니고, 그노시스파의 소피아나 지혜.(Cullingford 36)
- 5행의 시간의 파란 불길에서 넘쳐나는 풍요의 뿔은 소위 '코르누코피아'cornucopia라고 하는 '풍요의 뿔'Horn of Plenty에서 유추한 번역.(역자) 아버지인 크로노스Cronos에게서 빠져나온 젖먹이 제우스Zeus가 크레타 섬에 갇혔을 때, 그 섬의 공주들이 산양의 젖을 먹여 키웠다. 장성한 제우스가 그 보답으로 산양의 뿔을 하나 뽑아 주면서, 원하는 것은 무엇이든지 거기서 나온다고 했다.
- 6행의 더 오래된 것이란 제우스의 뿔보다 더 역사가 깊고 풍요로움 또한 더하다는 과장법.(역자)
- 7행의 무수한 꿈은 아일랜드 애국자의 꿈.(Thurley 32)

He Bids His Beloved Be at Peace

I hear the Shadowy Horses, their long manes a-shake,
Their hoofs heavy with tumult, their eyes glimmering white;
The North unfolds above them clinging, creeping night,
The East her hidden joy before the morning break,
The West weeps in pale dew and sighs passing away,
The South is pouring down roses of crimson fire:
O vanity of Sleep, Hope, Dream, endless Desire,
The Horses of Disaster plunge in the heavy clay:
Beloved, let your eyes half close, and your heart beat
Over my heart, and your hair fall over my breast,
Drowning love's lonely hour in deep twilight of rest,
And hiding their tossing manes and their tumultuous feet.

1896

- 1행의 유령 말들은 아일랜드인들이 겨울이 시작되는 11월과 연관시키는 말 모양의 신들. 밤과 죽음과 추위의 재앙의 신들이다. 지금은 나쁜 유령들로 간주한다. 예이츠는 죽음의 나라를 다스렸던 매내넌Manannan의 말들과 관계가 있으리라고 생각했다.(*NC* 56-57) / 11월은 겨울이 시작되는 시기로서 빛과 어둠의 군사 간의 싸움이 벌어진다. 어둠의 군사들은 아일랜드에 처음부터 살았던 흉악한 모습의 종족. 겨울은 죽음과 절망과 추위와 암흑의 군사가 승리하는 계절이다.(Albright 461)
- 3행의 북방은 밤과 수면과 연관된다. 밤, 죽음, 추위의 신들(the Fomoroh).(*NC* 57)
- 4행의 동방은 희망을 품고 해가 뜨는 곳.(*NC* 57)
- 5행의 서방은 해가 지고, 모든 것이 꿈같이 사라지는 곳.(*NC* 57) / 5행의 죽음을 애도한다는 말은 'sighs passing away'의 번역. 이때 'sigh'는 타동사로 'mourn'의 뜻.(역자)

연인에게 평화로운 마음가짐을 당부하다

나는 '유령 말들'이 내는 소리를 듣고 있어요.
긴 갈기 흔드는 소리, 부산한 묵직한 발굽 소리, 흰빛이
　　번득이는 눈.
'북방'은 그들 위에 달라붙어 기어오는 밤을 펼쳐 놓아요.
'동방'은 아침이 열리기 전, 숨겨 놓은 기쁨.
'서방'은 창백한 이슬 속에서 울고 죽음을 애도하지요.
'남방'은 진홍빛 불길의 장미꽃들을 쏟아붓고 있어요.
오, '수면'과 '희망'과 '꿈'과 끝없는 '욕망'의 헛됨이여,
'재앙의 말들'이 끈덕지게 달라붙는 진흙 속에 뛰어듭니다.
연인이여, 당신 눈 반쯤 감고, 당신 심장 내 것 위에 뛰게 하고,
당신 머리 내 가슴 위로 흘러내리게 해요.
휴식의 깊은 어둠 속에다 사랑의 고독한 시간을 푹 가라앉히고,
흔들어 대는 그들의 갈기 소리와 부산한 발굽 소리를 덮어
　　버리면서.

1895. 9. 24.

- 6행의 남방은 태양이 열정과 욕망을 가지고 가장 높은 곳에 도달하는 곳.(*NC* 57)
- 7행의 수면, 희망, 꿈, 욕망은 각각 북방, 동방, 서방, 남방을 가리킨다.(*NC* 57)
- 8행의 '재앙의 말들'은 1-2행에서 언급한 상황, 즉 겨울철.(역자)
- 9행의 연인은 다이애나 버넌.(*NC* 57) 실명은 올리비아 셰익스피어. 그녀의 딸은 후에 에즈라 파운드Ezra Pound의 부인이 되었다.
- 10행의 머리는 보호해 주는 역할. 「그 여자의 마음」The Heart of the Woman 참조.(Albright 461) / 역시 다이애나 버넌에게 쓴 「수난의 고통」The Travail of Passion의 6행에도 비슷하게 표현되어 있다.(*NC* 57)

The Lover Speaks to the Hearers of His Songs in Coming Days

O women, kneeling by your altar-rails long hence,
When songs I wove for my beloved hide the prayer,
And smoke from this dead heart drifts through the violet air
And covers away the smoke of myrrh and frankincense;
Bend down and pray for all that sin I wove in song,
Till the Attorney for Lost Souls cry her sweet cry,
And call to my beloved and me: 'No longer fly
Amid the hovering, piteous, penitential throng.'

1896

• 예이츠 자신의 문제를 가장 명백하게 진술한 작품. 올리비아 셰익스피어와의 1년 남짓한 짧은 사랑의 끝무렵을 토대로 한 시. 이후에 그녀와 평생 우정관계를 유지하였다. (Unterecker 91-92)

연인이 미래의 독자들에게 당부하다

오, 당신네들 제단 난간에 오래 무릎 꿇고 있는 여인들이여,
내가 연인을 위해 엮어 만든 노래들이 기도문을 가려 버리고
이 죽은 마음이 내는 연기가 보랏빛 공기 속에 떠다니다가
몰약과 유향의 연기를 뒤덮어 버릴 때,
내가 노래 속에 저지른 그 모든 죄를 위해, 허리 굽혀 기도해 주세요.
'길 잃은 영혼들'을 위한 '변호인'이 그녀의 감미로운 소리로,
내 연인과 나에게, '떠다니는 가엾은 참회하는 무리 속에
이젠 날아다니지 마라.' 큰 소리로 말씀하실 때까지.

1895. 11.

- 1행에서 오래 무릎 꿇고 있는 여인들은 시인의 시 구절의 기억 때문에 기도문을 잊어버린 여자들.(Albright 471-472)
- 6행의 변호인은 성모 마리아.(*NC* 69) / 성모는 중재자.(Albright 472)

The Travail of Passion

When the flaming lute-thronged angelic door is wide;
When an immortal passion breathes in mortal clay;
Our hearts endure the scourge, the plaited thorns, the way
Crowded with bitter faces, the wounds in palm and side,
The vinegar-heavy sponge, the flowers by Kedron stream;
We will bend down and loosen our hair over you,
That it may drop faint perfume, and be heavy with dew,
Lilies of death-pale hope, roses of passionate dream.

- 올리비아 셰익스피어에게 쓴 시.(*NC* 69) / 시인과 올리비아 셰익스피어를 그리스도와 마리아 막달레나Mary Magdalene 같은 관계로 설정한 작품.(Hassett 22)
- 'The Travail of Passion'이라는 제목은 '열정이 수난당하는 고통'이라는 뜻. 'passion'은 '열정' 외에 '수난'의 뜻이 있고, 'travail'의 뜻은 산고, 즉 아이 낳을 때의 고통을 의미한다. 따라서 제목의 참뜻은 예수가 수난당함으로써 새로운 생명을 잉태한다는 뜻을 함축하고 있을 것이다.(역자) / 'passion'은 세 가지 뜻. 즉, 열정erotic desire, 고통acute suffering, 십자가 위에서의 예수의 죽음.(Cullingford 51)
- 시인은 아름다움, 즉 지혜를 경험하지만 그 대가는 죽음(수난)이 된다.(Hassett 22)
- 초자연의 남자가 자연의 여자의 보살핌을 받는 관계를 설정하고 있는 시. 즉, 지상적인 것과 초월적인 것을 인간적인 사랑에다 화합reconcile하려 하고 있다.(Gorski 57, 59)
- 1행의 활짝 열려 있는 번쩍이는 문은 천국의 문이면서 동시에 신비주의로 들어가는 통로gateway of occult initiation.(Cullingford 51)
- 2행은 예수가 수난당함으로써 육신의 존재가 소멸하고 불멸의 존재로 부활함을 말한다.(역자)
- 3-5행은 수난당한 예수가 십자가에 달린 상황.(역자)
- 3행의 채찍과 엮은 가시들은 예수가 당한 수모, 즉 매질당한 것과 머리에 가시관을 쓰고 유대인의 왕이라고 조롱당한 것을 말한다.(역자)

수난의 고통

류트 든 천사들로 빽빽하게 번쩍이는 문이 활짝 열렸을 때,
불멸의 열정이 죽은 인간의 육신에다 숨을 불어넣을 때,
우리 마음은 참아내나니, 채찍을, 엮은 가시들을,
비통한 얼굴들로 가득 찬 길, 손바닥과 옆구리 상처들,
식초 적신 묵직한 해면, 케드론 시냇가의 꽃들을.
허리를 굽히고 그대 위에 우리의 머리를 풀어 드리우리,
우리 머리가 은은한 향기 떨어뜨리고 이슬에 푹 젖도록.
주검처럼 파리한 희망의 백합, 열정적인 꿈의 장미들이여.

1896. 1. 발표

- 4행의 손바닥과 옆구리 상처들은 십자가에 달렸을 때의 예수의 몸에 남은 다섯 상처, 소위 '오상'五傷이라는 것.(역자)
- 5행의 식초는 성서에서는 복음서마다 표현이 다르다. 골고다에 도착하여 병사들이 '쓸개를 탄 포도주'(마태오), 혹은 몰약을 탄 포도주(마르코), 혹은 신 포도주(루가)를 예수에게 권하는 것으로 되어 있다.『요한복음』에는 십자가에 달린 예수가 숨을 거두기 직전, '목마르다.'라고 했을 때, '마침 거기에는 신 포도주가 가득 담긴 그릇이 있었는데 사람들이 그 포도주를 해면에 담뿍 적셔서 히솝 풀대에 꿰어 가지고 예수의 입에 대어 드렸다.'(19:29)로 적혀 있다. / 케드론은 예루살렘 동부의 협곡. 예루살렘과 올리브 산 사이에 흐르는 강물.(*NC* 69) 케드론 강물은 사해로 유입된다. 예루살렘 교외에 있는 예수 처형 장소인 골고다Golgotha 또는 갈보리Calvary 산과 가까워 예수의 처형을 연상시킨다. 예루살렘 근방의 강물.(Albright 471)
- 6행은 막달레나 마리아의 거동.(Albright 471) / 머리는 여성성의 상징.(Cullingford 52) / 머리는 감각과 영혼의 융합으로 유도한다.(Gorski 103)
- 7행의 향기는 막달레나 마리아가 다른 두 사람과 함께 안식일 다음날 예수의 무덤에 가서 몸에 발라 드리려고 향료를 준비한 사실(마르코 16:1)을 연상시킬 수 있다.(역자)
- 8행의 백합은 여성들의 유일한 희망인 남근의 부활, 장미들은 여성들의 열정을 상징한다.(Cullingford 52)

He Remembers Forgotten Beauty

When my arms wrap you round I press
My heart upon the loveliness
That has long faded from the world;
The jewelled crowns that kings have hurled
In shadowy pools, when armies fled;
The love-tales wrought with silken thread
By dreaming ladies upon cloth
That has made fat the murderous moth;
The roses that of old time were
Woven by ladies in their hair,
The dew-cold lilies ladies bore
Through many a sacred corridor
Where such grey clouds of incense rose
That only God's eyes did not close:

- 제목은 두 차례 수정되었다가 세 번째로 확정된 것. 당초에 'O'Sullivan Rua to Mary Lavell'로 잡았다가, 'Michael Robartes remembers Forgotten Beauty'로 특정인을 내세웠으나, 종국에는 불특정인의 'He'로 대체하였다.(Albright 462) / 그러나 '그'He는 예이츠 자신으로 간주된다.(역자)
- 원문은 콜론 하나로 연결된 한 문장으로 이루어진 24행의 시.(Unterecker 94).
- 제목의 잊어버린 미는 올리비아 셰익스피어.(Hassett 18) / 과거의 영광과 위대함이 회복될 수 없을 정도로 자취를 감추었음을 말하는 작품.(Thurley 30)
- 전반부인 1-14행은 사라진 아름다움의 구체적인 예 네 가지.(역자)
- 1행의 당신은 올리비아 셰익스피어.(Hassett 18). / 당신은 옛 시절의 귀부인들.(Unterecker 92)

잊어버린 미를 기억하다

내 팔이 당신을 포옹하고 있을 때
나는 세상에서 사라진 지 오래된
아름다움에다 내 심장을 꾹 누른다.
군사들이 도망쳤을 때, 컴컴한 웅덩이에
군왕들이 집어던진 보석 왕관들,
꿈을 먹고 살았던 귀부인들이
몹쓸 나방이 살찌게 만든 비단에다
명주실로 수놓은 사랑 이야기들,
옛 귀부인들의 머리에다
예쁘게 장식한 장미꽃들,
귀부인들이 성스러운 여러 복도들을 거닐며
들고 다녔던 이슬처럼 차가운 백합화들,
거기에는 잿빛 향의 연기가 올라가
신의 눈만이 감지 않고, 보고 있었다.

- 2-3행의 사라진 지 오래된 아름다움은 달을 가리킨다. 이는 미와 지혜의 상징으로서의 올리비아 셰익스피어에 대한 찬사. 따라서 올리비아는 '흰 여신'White Goddess의 중재자인 여사제 역을 하고 있다.(Hassett 18)
- 3행의 아름다움은 'loveliness'의 번역. 예이츠는 한 행의 음절 수를 맞추기 위하여, 2음절인 'beauty' 대신에 3음절인 이 말을 동원한 듯하다.(역자)
- 7행의 몹쓸 나방은 'murderous moth'의 번역.
- 14행의 신은 'God'의 번역. 기독교적인 개념이 아니기 때문이다.(역자) / 14행은 과거의 아름다움을 다 잊고 있지만 신 혼자만 잊지 않고 주시하고 있음을 말한다. 즉 신은 죽지 않고 살아 있음을 말한다.(역자)

For that pale breast and lingering hand
Come from a more dream-heavy land,
A more dream-heavy hour than this;
And when you sigh from kiss to kiss
I hear white Beauty sighing, too,
For hours when all must fade like dew,
But flame on flame, and deep on deep,
Throne over throne where in half sleep,
Their swords upon their iron knees,
Brood her high lonely mysteries.

- 18행의 당신의 한숨 소리를 통해서 백색 '미인'(달)의 한숨 소리(21행)를 듣는 것은 올리비아 셰익스피어를 아름다운 여인임과 동시에 잊어버린 미의 상징으로 보는 것을 말한다.(Hassett 19)

왜냐하면 그 창백한 가슴과 머뭇거리는 손이
지금보다 더 꿈이 많았던 땅에서,
꿈이 더 많았던 시간으로부터 온 것이고,
나는 당신이 키스를 거듭하며 한숨지을 때,
나는 무쇠 무릎에 칼을 놓고 반쯤 잠이 든
좌천사座天使들 위로 고고한 신비가
감싸고 있는 백색 '미인'의 한숨 소리가
불꽃 열기를 더하고, 깊이를 더하는 것을
몇 시간이고 줄곧 듣고 있으니까,
모두가 이슬처럼 사라지고 말 그 시간 내내.

1896. 7. 발표

- 20행의 좌천사는 'throne'의 번역. 천사의 아홉 위계 중 셋째.(Albright 462) 즉, 세라핌seraphim, 케루빔cherubim 다음의 위계라서 하나가 아닌 여러 천사를 지칭하기 때문에 복수로 많이 쓰인다.
- 21행의 백색 '미인'은 그의 연인. 고대 아름다움의 저장고 같은 것.(Albright 462) / 백색 '미인'은 '흰 여신'White Goddess, 달.

The Lover Mourns for the Loss of Love

Pale brows, still hands and dim hair,
I had a beautiful friend
And dreamed that the old despair
Would end in love in the end:
She looked in my heart one day
And saw your image was there;
She has gone weeping away.

- 올리비아 셰익스피어와 헤어지는 얘기.(Hassett 23) / 자신의 문제를 가장 명백하게 진술한 작품.(Unterecker 91) / 자신의 환상 때문에 사랑이 좋은 결과를 맺지 못했음을 시인하는 내용의 작품.(Cullingford 63)
- 발표 당시 'Aodoh to Dectora. Three Songs' 중의 하나.

연인이 사랑을 잃고 슬퍼하다

창백한 이마, 얌전한 손과 거뭇한 머리.
나는 아름다운 친구를 얻어
과거의 절망이 최후에는
사랑으로 종결되리라는 생각을 했다.
어느 날엔가 그녀가 내 마음을 들여다보고
당신의 영상이 거기 있는 것을 보고는
울먹이며 떠나고 말았다.

1898. 5. 발표

- 1행은 연인의 모습을 그린 것.(Ellmann 124) / 얌전한 손과 거뭇한 머리는 'still hands and dim hair'의 번역. 예이츠는 이 여자를 'her beauty, dark and still'이라고 표현한 적도 있다.(Tuohy 80)
- 2행의 아름다운 친구는 올리비아 셰익스피어.(*NC* 65)
- 3-4행은 행복을 동경하지만 가능성은 희박한 것을 말한다.(O'Neill 107)
- 3행의 과거의 절망은 모드 곤과의 절망적인 관계.(역자)
- 4행의 사랑으로 종결되리라는 올리비아와의 사랑이 이루어지리라는 기대감.
- 6행의 당신의 영상은 모드 곤의 영상.(*NC* 55; Unterecker 92) / 거기는 5행의 내 마음.(역자)

The Collar-Bone of a Hare

Would I could cast a sail on the water
Where many a king has gone
And many a king's daughter,
And alight at the comely trees and the lawn,
The playing upon pipes and the dancing,
And learn that the best thing is
To change my loves while dancing
And pay but a kiss for a kiss.

I would find by the edge of that water
The collar-bone of a hare
Worn thin by the lapping of water,
And pierce it through with a gimlet, and stare
At the old bitter world where they marry in churches,
And laugh over the untroubled water

- 제목의 토끼의 쇄골은 한 농부의 이야기에서 빌려온 이미지. 그 이야기에는 정강이뼈로 나온다. 한 농부가 풀밭에서 토끼 정강이뼈를 발견, 거기 나 있는 구멍을 통하여 땅밑에 금이 수북이 쌓여 있는 것을 보고, 집으로 가서 삽을 가지고 왔지만 그 지점을 찾아낼 수 없었다는 내용.(Ellmann 254)
- 모드 곤과의 오랜 기간의 사랑의 좌절에서 쓰게 된 작품.(Freyer 12[illegible])
- 소원성취를 주제로 한 작품.(Unterecker 135)
- 이상세계와 현실세계의 대조.(Ellmann 253)

토끼의 쇄골

많은 왕들과 많은 공주들이 갔던
바다 위 그곳에
내가 돛을 달고 갈 수 있으면,
그리고 예쁜 나무들과 잔디밭,
피리 불고 춤추는 그곳에 상륙하여,
춤추다가 연인을 바꾸고
키스는 키스로만 보답하는 것이
상책이라는 걸 배울 수 있으면 좋겠다.

나는 바닷가에서
바닷물에 씻기어 얄팍하게 삭은
토끼의 쇄골을 발견하고,
나사송곳으로 구멍을 뚫어,
교회에서 식 올리는 씁쓸한 구세계를 들여다보고,
토끼의 얄팍한 흰 뼈를 통해

- 1-8행은 바다 건너 오쉰Oisin의 첫 번째 섬에 대한 등경.(Unterecker 135)
- 12-13행은 토끼 뼈에 구멍을 내어 마술적인 망원경을 만든다는 것.(Unterecker 135)
- 13행의 교회에서 식 올리는 씁쓸한 구세계는 그레고리 여사가 예이츠에게 결혼을 권유하고, 셰익스피어 여사Mrs. Shakespear 역시 그러면 좋겠다고 생각한 상황을 배경으로 한 말. 51세의 시인에게 결혼이란 족쇄일 수 있을 것이다.(*NC* 140) / 그레고리 여사의 권유에 대한 반박.(Albright 558)

At all who marry in churches,
Through the white thin bone of a hare.

1917

잠잠한 바다를 건너다보면서
교회에서 식 올리는 사람들을 모두 비웃고 싶다.

1916. 7. 5.

- 16행의 교회에서 식 올리는 사람들은 중산층을 가리킨다.(Unterecker 153)

4

이줄트 곤 시편

The Mountain Tomb

Pour wine and dance if manhood still have pride,
Bring roses if the rose be yet in bloom;
The cataract smokes upon the mountain side,
Our Father Rosicross is in his tomb.

Pull down the blinds, bring fiddle and clarionet
That there be no foot silent in the room,
Nor mouth from kissing, nor from wine unwet;
Our Father Rosicross is in his tomb.

In vain, in vain; the cataract still cries;
The everlasting taper lights the gloom;
All wisdom shut into his onyx eyes,
Our Father Rosicross sleeps in his tomb.

1912

- 1912년 8월 모드 곤의 프랑스 노르망디 해변의 집에서 쓴 시.
- 예이츠 자신의 시대를 묘사하기 위해 로저크로스 신부Father Rosicross 무덤의 상징성을 활용한 작품.(*NC* 121)
- 4행의 로저크로스 신부는 1484년에 설립된 '로저크로스 수도회' 창설자. 그의 무덤은 수도회 건물 아래에 있다. 예이츠가 한때 회원이었던 신비학회인 '황금여명회'the Order of the Golden Dawn에서 로저크로스 관련 자료가 활용되었다.(*NC* 120) / 로저크로스 신부는 일종의 적그리스도. 무덤 속에서 썩지 않고 존재하면서, 새로운 시대를 열기 위하여 다시 깨어나야 하는 사람. 새 시대에는 술과 춤과 키스가 죄악이 아니라 덕목이 된다.(Albright 540)

산 속의 무덤

남성다움이 여전히 자랑스러우면 포도주를 따르고 춤을 추어라.
장미꽃이 아직 피어 있으면 가져오너라.
폭포수가 산허리에서 안개를 피우고,
우리 로저크로스 신부님은 무덤 안에 계신다.

차양을 내리고, 바이올린과 클라리넷을 가져오너라.
그리하여 발장단을 치지 않는 사람 방 안에 없게 해라.
키스 않는 입 없게 하고, 포도주로 입술 적시지 않는 사람 없게 해라.
우리 로저크로스 신부님은 무덤 안에 계신다.

헛되도다, 헛되도다. 폭포수는 여전히 울부짖고,
꺼지지 않는 양초는 어둠을 밝힌다.
모든 지혜는 그의 마노 빛 눈 속에 감추고
우리 로저크로스 신부님은 무덤 안에 주무신다.

1912. 8.

- 4행의 무덤 안에 계신다는 것은 로저크로스 신브를 상상으로 본 것.(Albright 540)
- 9행의 헛되도다, 헛되도다는 지혜를 드러내지 못하는 육신을 모시는 것은 허사라는 것. 이는 로저크로스 신부가 입을 다물고 있지만 한탄 소리를 내고 있다는 사실을 우리가 잊어버리고 있다는 말.(*NC* 121) / 폭포수는 로저크로스 신부의 한탄 소리.(역자)
- 10행의 꺼지지 않는 양초는 그의 무덤 속에 있다는 마술적인 등불.(*NC* 120)

I

To a Child Dancing in the Wind

Dance there upon the shore;
What need have you to care
For wind or water's roar?
And tumble out your hair
That the salt drops have wet;
Being young you have not known
The fool's triumph, nor yet
Love lost as soon as won,
Nor the best labourer dead

- 제목의 춤추는 아이는 이졸트 곤Iseult Gonne(1894-1954)이 18세 되던 때의 모습.(Hassett 105) / 1912년 8월 3일에 썼다. 그해 여름 예이츠가 노르망디의 모드 곤의 집에서 쓴 세 작품 중 마지막 것이다.(Hassett 104)
- 1-3행은 이졸트 곤이 노르망디의 해변에서 자작의 가사와 곡으로 노래했던 일. 이졸트는 아무도 없다고 생각하고 맨발로 바닷물이 들락날락거리는 모래 위에 서서 고개를 들고 문명의 출현과 퇴조를 내용으로 하는 노래를 부르면서 각 절 끝에는 '오 주여, 무언가 남아 있게 하소서.'라는 후렴으로 끝맺었다.(Albright 540)

I

바람 속에 춤추는 아이에게

거기 해변에서 춤을 추어라
네가 바람이나 파도의 노호에
신경 쓸 필요가 뭐 있겠느냐?
그리고 짠 물방울들이 적셔버린
머리를 확 풀어헤쳐라.
넌 어렸으니 바보의 우쭐거림도 몰랐고,
사랑은 쟁취와 함께
상실한다는 것도 아직 몰랐지.
또한 가장 훌륭했던 일꾼이 작고하여

- 2행의 너는 이줄트 곤. 모드 곤과 프랑스의 저널리스트이며 불랑제 장군Georges Ernest Jean Marie Boulanger(1837-1891) 지지자로서 혁명사상가인 루시앙 밀레보예Lucien Millevoye 사이에 태어난 사생아. 태어나자마자 곧 두 사람이 헤어지는 바람에 모드 곤의 양녀처럼 자라나다가 어머니가 맥브라이드와 결혼함에 따라 양부 밑에서 컸지만, 길지 않은 기간이나마(1903-) 많은 고통을 받았다. 그러한 상황에서 예이츠와는 자연히 부녀 같은 관계가 이루어져 정을 주고받았으며, 한동안 예이츠의 비서 역을 맡아 원고 정리 같은 일을 했다.(Conner 73)
- 6행의 바보의 우쭐거림은 레인Lane의 그림 건에 대한 머피William Martin Murphy의 활약. (*NC* 121) 여기에 대해서는「시민들이 그림을 원한다는 사실이 입증되면 더블린 시립 미술관에 또다시 헌금할 것을 약속한 어느 부유한 분에게」To a Wealthy Man ...의 주 참조.
- 7-8행의 사랑은 쟁취와 함께 상실한다는 것은 모드 곤이 맥브라이드와 결혼했다가 2년(1903-1905) 만에 이혼한 것을 말한다. 1907-1908년 사이에 있었던 예이츠와 그녀 사이의 관계를 말하는 것일 수도 있다.(*NC* 121)
- 9행은 1909년의 극작가 싱Synge의 죽음을 암시한다.(Unterecker 126)

And all the sheaves to bind.
What need have you to dread
The monstrous crying of wind?

1912

온갖 걸 추수해야 한다는 것도 몰랐지.
괴물 같은 바람의 아우성을
네가 두려워할 필요가 뭐 있겠느냐?

1912. 12.

- 11-12행은, 어린애는 거지와 마찬가지로 온갖 혼란한 세상과 무관한 자유로운 존재라서 바람 소리가 인간의 고통 소리로 들리지 않음을 말한다.(Albright 540)

II

Two Years Later

Has no one said those daring
Kind eyes should be more learn'd?
Or warned you how despairing
The moths are when they are burned?
I could have warned you; but you are young,
So we speak a different tongue.

O you will take whatever's offered
And dream that all the world's a friend,
Suffer as your mother suffered,
Be as broken in the end.
But I am old and you are young,
And I speak a barbarous tongue.

1914

- 제목 두 해가 지난 뒤는 1910년부터 두 해가 지난 1912년을 말한다. 1910년은 열다섯 살이 된 이줄트가 예이츠를 보고 결혼하자고 철없이 굴었던 해. / 하셋은 이 작품이 창작된 시기를 1913년 12월이라고 주장했다. 그 근거는 이줄트가 1913년 6월에서 8월 사이에 런던에 머물고 있었을 때의 일과 결부시킨 것. 그때 예이츠는 그녀를 인도 시인 타고르Rabindranath Tagore에게 인사시켜 준 일이 있다.(Hassett 106)
- 예이츠가 이줄트 곤을 결혼 대상으로 여기기 시작했을 때의 작품.(Hassett 106)

II

두 해가 지난 뒤

저 대담하고 다정한 눈을 좀 더 알면 좋겠다고
말한 사람 지금껏 아무도 없었니?
혹은 나방이들이 불에 탈 때,
얼마나 절망적인가를 너에게 귀띔해준 자 없었니?
나는 너에게 그럴 수도 있었지. 하지만 너는 어려.
그러니 우린 서로 다른 말을 주고받는 거야.

오, 너는 주어진 건 뭐든 받아들이고,
세상은 모두가 친구라는 꿈을 꾸고,
네 엄마가 겪었듯이 고통을 겪고,
결국엔 똑같이 파탄이 날 거야.
하지만 나는 늙고 너는 어리니까,
그래서 좀 직설적인 말을 하는 거지.

1912. 12. 3. 혹은 1913

- 세상 물정을 모르는 이줄트 곤의 천진난만함과 세상사에 찌그러진 자신과의 대조. (Albright 541)
- 5행의 너는 이줄트 곤.(*NC* 121)
- 9행의 네 엄마는 모드 곤.(*NC* 121)
- 12행의 좀 직설적인 말은 'barbarous tongue'의 번역. 완곡한 상징적인 언어가 아니라 좀 노골적인 언어, 생경한 말이라는 뜻.(역자)

To a Young Girl

My dear, my dear, I know
More than another
What makes your heart beat so;
Not even your own mother
Can know it as I know,
Who broke my heart for her
When the wild thought,
That she denies
And has forgot,
Set all her blood astir
And glittered in her eyes.

1918

- 어머니에 대한 언급이 들어 있는 이졸트 곤 관련 시.(Unterecker 136)
- 「젊은 날의 추억」A Memory of Youth에서 어머니 모드 곤에게 느낀 것과 똑같은 들뜬 감정을 보여준다.(Hassett 108)
- 1행의 애야, 애야는 이졸트 곤.

어린 소녀에게

얘야, 얘야, 무엇이 너의 심장을
그렇게 뛰게 하는가를
딴 사람보다 나는 더 잘 알아요.
너의 어머니조차도
나만큼은 알 수 없어요.
네 어머니는 내 심장을 터지게 했던 사람.
네 어머니가 부인하고
잊어버렸겠지만,
야성적인 생각이
네 어머니의 피를 끓게 했고
눈에 번쩍번쩍 불빛을 냈을 그때 말이야.

1915. 5.

- 4행의 너의 어머니는 모드 곤. 예이츠는 1916년까지 자기가 이줄트에게 연정을 품은 사실을 진지하게 생각하지 않았다.(*NC* 144) / 그녀가 스무 살 되던 1915년에 가벼운 마음으로 예이츠에게 결혼하자고 두 번째로 말했지만, 예이츠는 처음 그런 말이 나왔을 때(1910년)에는 그녀의 천궁도 점성占星에 화성火星이 너무 많았기 때문에 웃고 넘겼으나, (*NC* 257) 철없이 굴었던 이 일이 이내 예이츠의 마음속에서 진지한 열정으로 발전해 나갔다.(Albright 563)
- 8행의 잊어버렸겠지만은 상대방인 모드 곤은 잊어버렸겠지만 예이츠는 기억한다는 것. 두 세대에 걸친 열정의 지속성에 대하여 예이츠는 긍정적으로 생각한다는 말.(Albright 563)

Memory

One had a lovely face,
And two or three had charm,
But charm and face were in vain
Because the mountain grass
Cannot but keep the form
Where the mountain hare has lain.

[1915 - 1916] 1916

- 1행의 예쁜 얼굴은 올리비아 셰익스피어.(*NC* 154)
- 4행의 산중의 풀은 지속적인 기억의 징표. 풀 위에 흔적이 남기 때문이다.(Albright 574)

추억

한 사람은 예쁜 얼굴을 가졌고,
둘이나 셋은 매력이 있었다.
하지만 매력과 용모는 헛되었다.
왜냐하면 산중의 풀은
산토끼가 누웠던 자리에
그 형태를 간직할 수밖에 없으니까.

1916. 2. 발표

- 5행의 산토끼는 모드 곤, 혹은 이줄트 곤.(Albright 574)
- 6행의 그 형태는 산토끼가 웅크리고 있는 자리나 굴.(*NC* 154)

Men Improve with the Years

I am worn out with dreams;
A weather-worn, marble triton
Among the streams;
And all day long I look
Upon this lady's beauty
As though I had found in a book
A pictured beauty,
Pleased to have filled the eyes
Or the discerning ears,
Delighted to be but wise,
For men improve with the years;
And yet, and yet,

- 이줄트 곤의 젊음과 아름다움이 예이츠에게 끼친 영향을 쓴 시.(*NC* 139)
- 지혜가 너무 늦게 찾아온 것을 노래한 작품. 젊었을 때는 지혜 없이 열정에 사로잡혔고, 지혜가 찾아온 지금은 너무 늙어 사랑의 열정을 감당할 수 없음을 노래한 시.(Jeffares 207)
- 3행의 트리톤triton은 여기서는 화자 자신을 가리킨다.(Hassett 115) / 트리톤은 대문자로 쓰일 경우, 그리스로마신화에서 상반신은 인간, 하반신은 물고기인 반신반인半神半人의 바다 신. 트리톤은 조가비로 만든 트럼펫을 가지고 있다.(*NC* 139) / 따라서 소문자는 그런 조가비, 소라를 의미한다. 그러나 여기서는 대리석으로 만들어진 것이므로, 신의 구실도 제대로 하지 못하는 무능한 신인 사내임을 말할 것이다. 또한 트리톤은 인어mermaid와는 상대적인 존재이기 때문에, 이줄트를 인어라고 상정할 때, 소문자가 적격이라고 볼 수 있을 것이다. / 트리톤은 돌의 이미지. 애국심이 돌로 화한 것(「1916년 부활절」Easter 1916)과 사랑이 돌이 된 것과는 유사한 점이 있다.(Cullingford 127-128)

인간은 나이와 더불어 나아진다

나는 이런저런 꿈을 꾸다 지쳤다.
비바람에 시달리는,
시냇물 속의 대리석 트리톤.
온종일 나는
이 여인의 아름다움을 바라본다.
마치 어떤 책에서
미인의 그림을 발견한 것처럼,
두 눈이나 식별력 있는 귀를 채워
기뻐하고, 오로지
현명하게 된다고 즐거워하면서.
왜냐하면 인간은 나이와 더불어 나아지니까.
하지만, 하지만,

- 5행의 이 여인은 이줄트 곤.(Unterecker 135) / 훨씬 젊은 님프.(Hassett 115) 예이츠가 1916년 어머니 모드 곤에게 최종적으로 청혼했다가 거절당하고, 1917년에 이줄트에게 구혼한 일이 있으나(당시 21세) 거절당했다. 너무 늙었다는 것이 주된 이유였다.
- 12-15행은 지혜가 너무 늦게 찾아온 것이 비극임을 말하는 대목.(Jeffares 207)

Is this my dream, or the truth?
O would that we had met
When I had my burning youth!
But I grow old among dreams,
A weather-worn, marble triton
Among the streams.

1917

이게 내 꿈인가 생시인가?
오 내가 불타는 젊음을 가졌을 때
우리가 만났더라면 오죽 좋았을까!
그렇지만 나는 꿈꾸는 사이 늙어 간다.
나는 흐르는 시냇물 속
비바람에 시달린, 대리석 트리톤.

1916. 7. 19.

- 14-15행은 예이츠가 청혼했을 때 '아 당신이 젊은이라면'Ah if you were only a young boy이 이줄트의 대답이었다는 사실을 참조할 것.(Hassett 115)

The Living Beauty

I bade, because the wick and oil are spent
And frozen are the channels of the blood,
My discontented heart to draw content
From beauty that is cast out of a mould
In bronze, or that in dazzling marble appears,
Appears, but when we have gone is gone again,
Being more indifferent to our solitude
Than 'twere an apparition. O heart, we are old;
The living beauty is for younger men:
We cannot pay its tribute of wild tears.

1918

- 하셋Hassett은 창작연대를 1917년 여름이라고 했다.(Hassett 128)
- 제목의 살아 있는 그 미인은 이졸트 곤을 가리킨다.(*NC* 142)
- 1917년 여름, 예이츠가 노르망디에 있는 모드 곤의 집에 머물면서 이졸트에게 재차 구혼했다가 거절당하고, 그해 9월 런던에서 다시 만났을 때 또 거절당한 것을 배경으로 한 작품.(*NC* 142)
- 다음에 나오는 「노래」A Song와 함께 꿈에서 깨어나 늙었음을 실감하는 내용. (Unterecker 136)

살아 있는 그 미인

나는 심지와 기름이 결딴나고 혈관이 얼어붙어,
불만에 찬 내 심장에게 명령했다,
거푸집에서 청동으로 주조된 아름다움이나
눈부신 대리석으로 등장하되
유령처럼 우리의 고독에 관심이 적어
우리가 가버리면 다시 사라지는
그런 아름다움으로부터 만족감을 이끌어 내라고.
오 심장이여, 우리는 늙었어.
살아 있는 미인은 젊은이들 것이니,
우린 격한 눈물로 찬사를 바칠 수 없구나.

1917

- 1행의 심지와 기름이 결딴나고는 늙었음을 말한다.(*NC* 142)
- 3-7행은 살아 있는 아름다움(이줄트 곤)이 조각된 예술품의 무관심보다 더하다는 말.(Albright 557) / 이는 이줄트 곤의 거절을 의미한다. 그러나 그녀는 예이츠와 조지 하이드리스Georgie Hyde-Lees(1895-1968)의 결혼을 달갑게 여기지 않았다. 하지만 나중에 이줄트는 이기적인 자기 생각이 부끄러워 울었다고 한다.(Albright 560)
- 5행의 유령처럼은 ''twere an apparition'의 번역. 'if it were an apparition'의 뜻. (Ellmann 136)
- 9행은 바로 앞의 시 「인간은 나이와 더불어 나아진다」Mer. Improve with the Years의 14-15행 주 참조.
- 10행은 닿을 수 없는 아름답고 차가운 뮤즈를 더는 추구하지 않겠다는 말이다. (Hassett 128)

A Song

I thought no more was needed
Youth to prolong
Than dumb-bell and foil
To keep the body young.
O who could have foretold
That the heart grows old?

Though I have many words,
What woman's satisfied,
I am no longer faint
Because at her side?
O who could have foretold
That the heart grows old?

I have not lost desire
But the heart that I had;
I thought 'twould burn my body
Laid on the death-bed,

- Hassett은 창작연대를 1917년 9월이라고 주장했다.(Hassett 129)
- 늙음을 의식한 노래.(Unterecker 136) / 노령의 정태情態 상실 관련 시.(Albright 561) / 뮤즈 시인으로서의 예이츠 생애의 위기를 반영한 시.(Hassett 129)

노래 한 곡

나는 생각했다, 젊음을 연장시켜
육신을 젊게 하려면
아령과 펜싱 칼보다
더 필요한 건 없다고.
오 마음이 늙는다고
누가 예상할 수 있었겠소?

내게는 말이야 많지만,
여자 옆에서 내가
더는 기절하지 않는다고 해서
어느 여인이 만족할까?
오 마음이 늙는다고
누가 예상할 수 있었겠소?

나는 욕망을 잃은 것이 아니라
과거의 마음을 잃어버렸다.
나는 임종하는 내 육신을
욕망이 태우리라 생각했다.

- 3행의 아령은 예이츠가 산도우Sandow식 아령운동을 한 것을 말한다.(*NC* 142) / 펜싱 칼은 1912-1913년 겨울에 에즈라 파운드가 예이츠에게 펜싱을 가르쳐 준 것을 말한다(*NC* 142)

For who could have foretold

That the heart grows old?

1918

왜냐하면 마음이 늙는다고
누가 예상할 수 있었겠소?

1915?, 1918. 10. 발표

Owen Aherne and His Dancers

I

A strange thing surely that my Heart, when love had come
　unsought
Upon the Norman upland or in that poplar shade,
Should find no burden but itself and yet should be worn out.
It could not bear that burden and therefore it went mad.

The south wind brought it longing, and the east wind despair,
The west wind made it pitiful, and the north wind afraid.
It feared to give its love a hurt with all the tempest there;
It feared the hurt that she could give and therefore it went mad.

- 제목의 오언 어헌Owen Aherne은 가공의 인물.(*NC* 257) / 여기서는 예이츠 자신. '무희들'dancers은 희열감, 욕망의 원리.(Henn 47) / 오언 어헌은 예이츠의 산문 'The Tables of the Law'에 등장하는 인물. 그는 엄격한 가톨릭 신도였으나 최후의 심판과 지옥행에 대한 생각이 머리에서 떠나지 않는 '파계한 성직자'.(Albright 676)
- 제목은「마이클 로바티즈와 무희」Michael Robartes and the Dancer의 자매편임을 암시한다. 이 작품 역시 이줄트 곤에 관한 작품이다.(Albright 676)
- 조지 하이드리스와 결혼할 당시에도 그의 상상력이 여전히 이줄트에 지배되어 쓴 작품. 이줄트에 대한 집념과 그의 부인에 대한 불안을 담았다.(Cullingford 105)
- 예이츠 부인에 의하면 1917년 10월 24일과 27일 사이에 쓴 작품.(Unterecker 193)

오언 어헌과 그의 무희들

I

정말 이상한 일이었다. 노르만의 고원에서 혹은
그 포플러 그늘에서 뜻밖의 사랑이 불쑥 찾아왔을 때
자신의 무게밖에 짐이 없는데도 내 '심장'이 녹초가 되다니.
내 '심장'은 그 무게를 감당 못해 미쳐 버린 것.

남풍은 내 '심장'에게 그리움을, 동풍은 절망을 갖다주었고,
서풍은 내 '심장'을 가엾게 했고, 북풍은 겁먹게 했다.
내 '심장'은 그곳 온갖 태풍으로 연인에게 상처 줄까 두려웠다.
내 '심장'은 그녀가 줄 수 있는 상처가 두려워 미쳐 버린 것.

- I부는 결혼 후 나흘 뒤에 썼다.(Jeffares 191)
- 1-2행은 1910년 예이츠가 프랑스 노르망디에 거주하고 있던 모드 곤을 방문했을 때의 일을 서술하고 있다. 당시 열다섯 살의 이줄트 곤이 예이츠에게 결혼하자고 했으나 예이츠는 그녀의 천궁도에 화성이 너무 많아 그냥 웃어넘겼다. 그 뒤 5년이 지난 1915년, 스무 살이 된 이줄트가 예이츠에게 다시 결혼 제의를 했지만 예이츠는 또 그냥 넘기고 말았다. 그러다가 정작 1917년, 예이츠가 천궁도를 무시하고 그녀에게 구혼했을 때 당시 모드 곤은 반대하지 않았지만 이줄트가 탐탁하게 여기지 않을 거라고 했는데, 결국 이줄트는 예이츠의 간곡한 청혼을 거절하고 말았다. 그러자 예이츠는 용단을 내리고 즉각 조지 하이드리스와의 결혼을 결행했다.
- 5-6행의 사방의 바람은 예이츠의 기분과 관련된 것.(Albright 676)
- 7행의 연인은 이줄트 곤.(역자)

I can exchange opinion with any neighbouring mind,
I have as healthy flesh and blood as any rhymer's had,
But O! my Heart could bear no more when the upland caught
the wind;
I ran, I ran, from my love's side because my Heart went mad.

나는 이웃의 마음과 의견을 나눌 수도 있고,
어느 시인과 마찬가지로 건강한 육신과 피를 갖고 있다.
하지만 오! 높은 그 지역 바람 탔을 때 내 '심장' 버틸 수 없었다.
나는 연인에게서 도망치고, 도망쳤다, 내 '심장' 미쳐 버려서.

1917. 10. 24.

• 9행은 그레고리 여사 같은 주위 사람은 그녀와의 결혼에 반대하지 않았음을 암시한다. (*NC* 277-278)

II

The Heart behind its rib laughed out. 'You have called me mad,'
    it said,
'Because I made you turn away and run from that young child;
How could she mate with fifty years that was so wildly bred?
Let the cage bird and the cage bird mate and the wild bird mate
    in the wild.'

'You but imagine lies all day, O murderer,' I replied.
'And all those lies have but one end, poor wretches to betray;
I did not find in any cage the woman at my side.
O but her heart would break to learn my thoughts are far away.'

'Speak all your mind,' my Heart sang out, 'speak all your mind;
    who cares,

- II부는 부인의 마음을 다치게 할까 봐 두려워하는 내용.(Hassett 132)
- 2행의 그 애는 이줄트 곤. 1917년에 예이츠는 계속해서 그녀에게 결혼을 졸랐다. 그해 9월 어머니 모드 곤과 그녀가 영국으로 건너갈 때 같이 따라갔던 예이츠는 단판을 구했으나, 이줄트는 거절했고, 예이츠는 그해 10월 20일 조지 하이드리스와 결혼했다.(*NC* 258; Jeffares 190)

II

늑골 안의 '심장'이 웃어대며 말했다. '날 미쳤다고 그랬지,
너를 그 애로부터 돌아서게 했고 도망치게 했으니까.
멋대로 그렇게 자란 애가 쉰 살 먹은 사내와 짝이 될 수 있겠는가?
새장 새는 새장 새와 짝짓게 하고 야생 새는 벌판에서 짝짓게
    해야지.'

'오, 살인자여, 넌 종일 거짓말 생각만 하고 있네.' 하고 난 답했다.
'그 모든 거짓말 한 가지 목적만 갖고 있네', 가엾은 것들을 배신할
    생각.
나는 내 곁의 여인을 어느 새장에서도 발견하지 못했네.
오 하지만 내 마음 멀리 가 있는 걸 알면 그녀 가슴 터져 버릴걸.'

내 '심장'은 노래했다. '네 마음 털어놓게, 네 마음 모두를.

- 6행의 가엾은 것들을 배신할 생각은 'poor wretches to betray'의 번역. 이는 예이츠가 그레고리 여사에게 자기는 세 사람을 배신했는데, 자기 자신과 이줄트 곤, 그리고 자신의 부인 조지라고 편지한 것(Unterecker 193)을 참조한 것.
- 7행의 내 곁의 여인은 예이츠 부인 조지 하이드리스.(*NC* 258)
- 8행은 부인에 대한 불안한 심정. 실제로 그의 부인은 예이츠의 속마음을 읽고 신혼 기간에 도망쳐 버릴까 하는 생각을 했다고 한다.(Cullingford 105)
- 9행의 네 마음 털어놓게는『비전』*A Vision*을 쓰기 시작하게 한 자동기술의 영향에 대한 언급.(*NC* 258) / 결혼 직후 예이츠가 심각한 고뇌에 빠진 것을 감지한 부인은 자동기술을 시도했고, 그 덕분에 그는 이줄트에 대한 생각에서 벗어났다.(Jeffares 191)

Now that your tongue cannot persuade the child till she
　　mistake
Her childish gratitude for love and match your fifty years?
O let her choose a young man now and all for his wild sake.'

1924

앳된 고마움을 사랑으로 착각해 쉰 살 당신의 짝이 되어줄 때까지는
그 애를 설득할 수 없을 테니, 누가 어쩌겠나?
오 이제 그 애가 젊은이와 그의 야성을 위해 모든 걸 선택하게 해주게.'

1917. 10. 27.

To a Young Beauty

Dear fellow-artist, why so free
With every sort of company,
With every Jack and Jill?
Choose your companions from the best;
Who draws a bucket with the rest
Soon topples down the hill.

You may, that mirror for a school,
Be passionate, not bountiful
As common beauties may,
Who were not born to keep in trim
With old Ezekiel's cherubim
But those of Beauvarlet.

I know what wages beauty gives,

- 제목의 젊은 미인은 이졸트 곤.(*NC* 142) / 그녀가 더블린에 왔을 때의 교유관계를 보고 걱정한 나머지 그녀에게 충고하는 시.(Jeffares 212) / 「아담의 저주」Adam's Curse에서처럼 여자가 미를 가꾸는 것은 시인이 시를 쓰는 노고와 같다는 논리를 펴는 작품.(Cullingford 210)
- 1행의 친애하는 동료 예술가는 이졸트 곤을 가리킨다. 그녀를 이렇게 호칭하는 것은 자기와 대등한 위치에 올려놓고 애처롭게 생각한다는 것.(Cullingford 210)
- 3행의 젊은 남녀every Jack and Jill는 런던과 더블린에서 이졸트 곤이 사귀고 있던 보헤미안적인 친구들. 예이츠는 이를 심히 못마땅히 여겼다.(*NC* 142)

어느 젊은 미인에게

친애하는 동료 예술가여,
왜 온갖 모임에 관계하고,
젊은 남녀와 그렇게 마구 어울리는가?
가장 훌륭한 사람 중에서 친구를 선택하게.
그 밖의 사람들과 함께 물통 끌어당기는 자는
곧 언덕 아래로 굴러떨어진다네.

한 무리의 거울인 그대가
열정적인 것도 좋지만,
보통 미인들이 그렇듯이 헤퍼서는 안 되지.
그들은 옛날 에스겔의 케루빔들과 어울리게
깔끔하게 태어나지 않았고,
보바레의 천사들과 비슷하게 태어났다네.

나는 아름다움이 어떤 보상을 주는지,

- 10행의 에스겔의 케루빔들은『구약 성서』의『에스겔서』Ezekiel 10장에 등장하는 두 번째 위계의 천사들.(*NC* 143) 얼굴이 넷이라서 눈이 여러 개이다. 에스겔은『구약성서』의 예언자 중 가장 환상적인 상상력의 소유자.(Albright 561) 케루빔은 흔히 날개 달린 토실토실한 어린 천사로 그려진다.
- 12행의 보바레Jacques Firmin Beauvarlet(1731-1797)는 평범한 18세기 프랑스 화가. 상상력이 부족한 화가.(Albright 561)

How hard a life her servant lives,
Yet praise the winters gone:
There is not a fool can call me friend,
And I may dine at journey's end
With Landor and with Donne.

1918

• 16행은 똑똑한 사람만이 나를 친구라고 부른다는 말.(역자)

아름다움의 하인이 얼마나 고된 생활을 하는지 알고 있다네.
하지만 나는 사라진 겨울들을 찬양하지.
나를 친구라고 부를 수 있는 녀석은 한 사람도 없다네.
그러니 나는 여행이 끝날 무렵
랜도와 던과 함께 식사할 거라네.

1918

• 18행의 랜도Walter Savage Landor(1775-1864)는 영국 시인, 낭만적인 정서를 고전적인 품격의 시로 쓴 사람. 예이츠는 1914년에서 1916년까지 그의 시를 애독, 그를 '존재의 통합'Unity of Being에 근접한 시인으로 보고 셸리와 단테, 그리고 자신과 함께 그를 제17상에 배치했다. 따라서 함께 식사할 수 있을 것이다.(*NC* 143) / 던은 17세기 영국 형이상파의 대표 시인 존 던John Donne(1572-1631). 예이츠는 기증받은 허버트 그리어슨H. J. C. Grierson(1866-1960) 편주의『존 던 시 선집』을 통해 그에게 접근, 경도되었다.

Stream and Sun at Glendalough

Through intricate motions ran
Stream and gliding sun
And all my heart seemed gay:
Some stupid thing that I had done
Made my attention stray.

Repentance keeps my heart impure;
But what am I that dare
Fancy that I can
Better conduct myself or have more
Sense than a common man?

What motion of the sun or stream
Or eyelid shot the gleam

- 예이츠가 1932년에 글렌다로크 근처에 살던 이줄트 곤의 초대를 받아 갔을 때 쓴 시. 당시 이줄트는 남편(Francis Stuart)과 함께 양계장을 경영하고 있었다.(Unterecker 224)
- 회한을 떨쳐 버리고 시간성을 초월한 자아와의 융합에 도달한 내용.(Albright 729)
- 자기 자신을 새롭게 만들고 있음을 말하는 시.(Hassett 165)

글렌다로크의 냇물과 태양

냇물과 활공滑空하는 태양이
뒤얽혀 달려가고,
내 마음은 온통 즐거운 것 같았는데,
내가 저지른 바보 같은 짓거리가
내 마음의 초점을 빗나가게 했다.

후회가 줄곧 내 마음을 탁하게 한다.
하지만 내가 무엇이기에
더 잘 처신할 수 있다든가
혹은 보통 사람보다는
더 생각이 깊다고 감히 상상하는가?

태양이나 냇물이나 혹은 눈꺼풀의
어떤 움직임이 섬광을 발사하여

- 제목의 글렌다로크Glendalough는 케리Kerry와 골웨이Galway에도 동명의 계곡이 있지만, 여기서는 위클로Wicklow 주에 있는 계곡을 말한다. 두 맑은 호수 사이에 있는 아름다운 계곡. 6세기경 수도원이 창설되고 학문의 중심지로서 유명했으나 9, 10세기에 바이킹에 의해 황폐해지고, 1398년에는 영국인에 의해 파괴되었다. 16세기에 수도원이 완전히 폐쇄되고, 지금은 폐허가 돼 버려, 돌십자가와 약 33미터 높이의 원탑만이 남아 있다. 예이츠는 부인과 함께 1917년 10월에 이곳을 방문했다.(Conner 70) / 이 계곡은「원탑 아래」Under the Round Table 8행에도 나온다.(Albright 729)
- 4행의 바보 같은 짓거리는 이줄트 곤에게 청혼했던 일.(Unterecker 224)

That pierced my body through?
What made me live like these that seem
Self-born, born anew?

1932

내 육신을 관통시켰는가?
무엇이 내가 스스로 태어난 듯, 새롭게 태어난 듯한
이네들처럼 살아 있게 만든 것인가?

1932. 6. 23.

• 14-15행의 스스로 태어난 듯, 새롭게 태어난 듯한 ㅇ 네들 은 영원한 존재를 말한다.(Unterecker 224) / 예이츠가 즐겨 쓰는 초자연에 대한 묘사.(Albright 729)

5

부인 조지 시편

Under the Round Tower

'Although I'd lie lapped up in linen
A deal I'd sweat and little earn
If I should live as live the neighbours,'
Cried the beggar, Billy Byrne;
'Stretch bones till the daylight come
On great-grandfather's battered tomb.'

Upon a grey old battered tombstone
In Glendalough beside the stream,
Where the O'Byrnes and Byrnes are buried,
He stretched his bones and fell in a dream

- 제목의 원탑Round Tower은 아일랜드 특유의 원주형圓柱形의 높은 탑. 높이 18~45미터, 둘레 14-17미터 정도의 돌탑으로 9-12세기에 수도원 용지에 축조되었다. 애초에는 종탑이었으리라 추측되며, 바이킹 침략 때는 피신용으로 이용되었다. 약 70개가 남아 있다고 한다.(Suzuki 718) / 이 작품에 등장하는 원탑은 글렌다로크의 묘지에 있는 것. 바이킹의 침략을 물리치기 위해 세웠다. 예이츠 자신의 저택인 네모진 밸릴리 탑도 염두에 두었다.(Albright 558)
- 작품의 배경은 1917년 10월, 신혼여행 일정의 하나로 글렌다로크를 방문했던 일.(Conner 70) / 결혼 직후에 쓴 작품. 우주의 결혼과 영혼의 완성을 주제로 하였다.(Harris 98) / 결혼한 지 6개월쯤 부인의 자동기술에 의한 첫 작품 중 하나이다. 자신의 결혼에 대한 은밀한 축하의식의 산물. 탑은 풍요롭게 흐르는 생명의 상징.(Albright 558)
- 4행의 빌리 번Billy Byrne은 동명의 역사적 인물이 있다. 그는 신사 신분gentleman의 가톨릭 신자로, 1798년 울프 톤Wolfe Tone이 주동한 반란 때 위클로Wicklow의 영웅으로서 교수형에 처해진 사람이다. 이 지역의 전설적인 인물.(*NC* 140) / 그러나 여기에 등장하는 빌리 번은 '상습범인 늙은 죄수'old jail bird(26행).(Gorski 169)

원탑 아래에서

‘비록 내가 옷가지에 싸여 누워 있지만
남들처럼 살자면
죽어라고 땀을 흘려도 버는 것은 거의 없어,’
하고 거지 빌리 번이 큰 소리로 말했다.
‘햇빛이 날 때까지 망가진 증조부 무덤 위에
내 뼈다귀나 뻗어 보자.’

시냇물 옆 글렌다로크에 있는,
오번과 번 집안 사람들이 묻힌
오래된 망가진 잿빛 묘석 위에,
그는 그의 뼈를 뻗고 누워

- 7행의 글렌다로크 Glendalough는 위클로 주에 있는 맑은 두 호수 사이에 끼어 있는 골짜기. 6세기에 수도원 창설로 학문 중심지로 부상했으나, 9-10세기 바이킹에 의해, 그리고 1398년 영국인의 손에 파괴되고, 16세기에는 폐쇄되었다. 지금은 폐허가 되어 돌십자가가 남아 있고, 바이킹 침략 때 피신용으로 이용된 약 33미터 높이의 원탑이 묘지 옆에 남아 있다. 이곳의 묘지에는 8행에 나오는 번Byrne과 오번O'Byrne 성의 묘석이 많다. 예이츠는 1918년 부인과 함께 이곳을 방문했다.(Conner 70; Suzuki 86-87)
- 8행의 번 집안 은 11세기 초의 렌스터Leinster 지역의 왕인 브란Bran의 자손. 12세기 영국의 침략으로 쫓겨나 13세기에 위클로 산골에 정주하였다. 영국 지배에 최후까지 저항한 씨족이다. ‘오번’O'Byrne의 ‘O’’는 ‘Mac’과 마찬가지로 자식이라는 뜻.(*NC* 140; Conner 20; Suzuki 28)

Of sun and moon that a good hour
Bellowed and pranced in the round tower;

Of golden king and silver lady,
Bellowing up and bellowing round,
Till toes mastered a sweet measure,
Mouth mastered a sweet sound,
Prancing round and prancing up
Until they pranced upon the top.

That golden king and that wild lady
Sang till stars began to fade,
Hands gripped in hands, toes close together,
Hair spread on the wind they made;
That lady and that golden king
Could like a brace of blackbirds sing.

- 11-24행은 빌리 번의 꿈 내용. 그 내용은 원탑 안에서의 해와 달의 성적 결합.(역자)
- 12행의 끙끙대고 법석댄다는 말은 'bellow'와 'prance'의 번역. 전자는 소, 후자는 말과 관련되는 말. 따라서 저속한 표현. 거지 화자인 빌리 번이 원탑 안에서 벌어지는 일의 의미, 즉 천체들의 상징적인 의식儀式의 의미를 제대로 파악하지 못하기 때문이다.(Vendler 119)
- 13행의 금빛 왕과 은빛 왕비는 11행의 해와 달과 조응한다. 이들의 상호 밀착된 우주 춤의 형태는 일상적인 세계로부터 신비주의의 지혜로운 환희로 상승하는 예이츠 부부를 보여준다.(Albright 558) / 여기서 금과 은은 완벽한 성적 결합의 연금술적인 상징. 왕과 왕비는 해와 달의 고귀한 신분의 결합을 말한다.(Vendler 119)

족히 한 시간이나 해와 달이 원탑 안에서
끙끙대고 법석대는 꿈을 꾸었다.

금빛 왕과 은빛 왕비가
끙끙대며 올라갔다가 법석대며 빙빙 돌다가
발가락은 아름다운 가락에 정통하고
입은 아름다운 소리에 정통하여,
빙빙 돌다 올라가다 하다가
마침내 그들은 정상에 올라 법석댔다.

그 금빛 왕과 야생적인 부인은
별들이 희미해지기 시작할 때까지 노래했다.
손을 꼭 잡고, 발가락은 바짝 붙이고,
그들이 일으킨 바람에 머리를 휘날리게 하고서.
그 부인과 그 금빛 왕은
한 쌍의 까만 지빠귀같이 노래할 수 있었다.

- 15-16행과 20-21행은 춤추고 노래하는 것. 노래하고 춤추는 것은 성행위의 열정과 희열의 상징적인 표현.(Vendler 119)
- 18행의 정상에 올라간 것은 해와 달의 춤이 절정에 이른 것.(Vendler 119)
- 19행의 야생적인 부인은「솔로몬과 마녀」Solomon and the Witch에서 달을 '야생적'이라고 한 것과 관련이 있다. 아일랜드에서는 '야생적'wild이라는 말 속에 때로는 성적인 의미를 함축하기도 한다.(*NC* 141)
- 24행은 인간이 새로 변하는 주제.(Albright 559) / 까만 지빠귀blackbird는 우리나라에는 없는 지빠귀 종류. 작지도 크지도 않은 검은 깃털의 새이다. 아름다운 구석은 없으나 우는 소리만은 고운 편이다.(역자)

'It's certain that my luck is broken,'
That rambling jailbird Billy said;
'Before nightfall I'll pick a pocket
And snug it in a feather bed.
I cannot find the peace of home
On great-grandfather's battered tomb.'

1918

'내 운이 다한 것은 틀림없어.'
그 떠돌이 늙은 죄수 빌리가 말했다.
'밤이 되기 전에 소매치기해서
깃털 침대 안에 감추어 두어야지.
증조부의 망가진 무덤 위에는
가정의 평화를 발견할 수 없어.'

1918. 3.

- 25행에 빌리 번이 내 운이 다한 것이라고 본 것은 그가 비전을 불운의 징조로 보았음을 말한다. 초자연 세계의 화려한 세계는 자연계의 궁핍과 관련되는 법. 따라서 한쪽이 상승하면, 다른 한쪽은 하강하기 마련이다. 빌리 번의 야심은 지상에 매여 있어서 한계가 있다.(Albright 559) / 이는 빌리 번이 자신의 꿈의 초자연적인 의미를 파악하지 못하고 있음을 말한다. 따라서 그는 조상 무덤 위에서 꾼 꿈이 은과 금이라는 부를 조상이 내려주는 '영적 선물'gifts of spirit이라는 것을 인식하지 못하고, 기껏해야 소매치기나 해서 현금 몇 푼을 챙기고 푹신한 침대를 장만하겠다는 생각밖에 하지 못한다.(Gorski 171)

Solomon to Sheba

Sang Solomon to Sheba,
And kissed her dusky face,
'All day long from mid-day
We have talked in the one place,
All day long from shadowless noon
We have gone round and round
In the narrow theme of love
Like an old horse in a pound.'

To Solomon sang Sheba,
Planted on his knees,
'If you had broached a matter
That might the learned please,
You had before the sun had thrown

- 1918년 3월에 창작되었다.(Hassett 136)
- 제목의 솔로몬Solomon(c. 973-933 B.C.)은 고대 이스라엘의 왕. 고대 이스라엘을 통일한 명군. 이국인인 시바Sheba 여왕과 결혼하여 이방인의 신앙을 받아들이고 솔로몬의 영화(마태오복음 6:29)를 누렸다. 이상적인 성왕, 지혜와 문학의 조상으로 숭앙받고 있다. 『구약성서』의 『아가』*Song of Solomon*의 저자.(Conner 175; Suzuki 204) / 시바는 기원전 10세기의 전설적인 여왕. 솔로몬의 위업과 지혜의 소문을 듣고 아라비아 남서부의 작은 왕국에서 찾아왔다(『열왕기』상 10: 1-13). 두 사람 사이에서 태어난 아들이 에티오피아인의 조상이 되었다고 전한다.(Conner 171; Suzuki 199) / 여기서 솔로몬과 시바는 예이츠와 그의 부인의 상징으로 설정되었다.(*NC* 141; Conner 175)

솔로몬이 시바에게

'하루 종일 대낮부터 우리는
한 곳에서 대화를 나누었고,
그늘 없는 정오부터
좁은 울타리 속에
하루 종일 갇힌 늙은 말처럼
좁은 사랑의 주제에만 맴돌았소.'
솔로몬이 시바에게 이렇게 노래하고는
그녀의 거뭇한 얼굴에 입맞춤했다.

시바가 그의 무릎에 붙박인 채
솔로몬에게 이렇게 노래했다.
'당신이 학자를 기쁘게 할지 모를
그런 문제를 꺼냈다고 한다면,
당신은 태양이 우리 그림자를

- 결혼 후 부인과 함께 원탑Round Tower이 있는 글린다로크를 방문했을 때 썼다. 예이츠는 신혼 초기에 부인 조지의 자동기술에 매혹되었다.(*NC* 141; Conner 171) / 「원탑 아래에서」Under the Round Tower와 마찬가지로 자신의 은밀한 축혼가. 사랑과 지혜의 대비가 아니라 양자의 통합을 주제로 한 작품.(Albright 559) / 예이츠와 그의 브인을 상징적으로 서술한 시. 결혼은 사랑과 지혜를 체험하는 수단임을 말하고 있다.(Jeffares 207)
- 솔로몬적인 예이츠의 행복한 이미지를 드러낸 작품. 성적인 만족과 영매의 전언이 암시되고 있다. 다음 작품「솔로몬과 마녀」Solomon and the Witch에는 이 주제가 강렬하게 드러난다.(Hassett 136)
- 6행의 사랑의 주제는 사랑이란 일종의 수련discipline이어야 한다는 생각.(*NC* 141)

Our shadows on the ground
Discovered that my thoughts, not it,
Are but a narrow pound.'

Sang Solomon to Sheba,
And kissed her Arab eyes,
'There's not a man or woman
Born under the skies
Dare match in learning with us two,
And all day long we have found
There's not a thing but love can make
The world a narrow pound.'

- 15-16행은 그녀가 아는 것은 한정된 것이라는 시바의 겸손한 말.(Albright 560)
- 21-22행은 사랑이 세계질서의 원리임을 말하는 대목.(Unterecker 136) / 사랑의 폭은 아주 넓어서 다른 지식의 폭을 좁게 만든다는 것.(Albright 560)

땅 위에 던지기 전에 발견했을 거예요,
내 생각은 그렇지 못하고
좁은 울타리에 불과하다는 걸.'

'우리 두 사람과 학문으로
감히 상대할 남자나 여자는
하늘 아래 태어난 일이 없는데,
우리는 하루 종일 찾았소,
사랑 외에는 아무것도 이 세상을
좁은 울타리로 만들 수 있는 건 없다는 것을.'
시바에게 솔로몬이 이렇게 말하고는
그녀의 아랍 눈에다 입맞춤했다.

1918

• 23행의 말하고는 'sang'의 번역. *PR*에는 앞의 두 경우에는 그대로 두고 여기서만 'sang'을 'said'로 고쳐 놓았다.(*PR* 138)

Solomon and the Witch

And thus declared that Arab lady:
'Last night, where under the wild moon
On grassy mattress I had laid me,
Within my arms great Solomon,
I suddenly cried out in a strange tongue
Not his, not mine.'
                              Who understood
Whatever has been said, sighed, sung,
Howled, miau-d, barked, brayed, belled, yelled, cried, crowed,
Thereon replied: 'A cockerel
Crew from a blossoming apple bough
Three hundred years before the Fall,

- 1918년 3월에 쓴 작품.(Hassett 136) / 결혼 후 부인이 자동기술을 시도한 지 얼마 안 되는 시기에 쓴 작품.(Ellmann 160) / 결혼과 관련된 두 작품 중의 하나. 황홀감과 아울러 마음 한구석에 남아 있는 미련의 표현.(Rosenthal 208) / 가장 유명한 결혼 관련 작품.(Cullingford 117)
- 남성이 주도하는 고전적인 것이 아니라 여성(시바)이 주도하는 성스러운 성적 희극.(Cullingford 120) / 솔로몬과의 성적 결합 중의 시바의 영매 역할을 부각시킨 작품.(Hassett 136) / 예이츠 부인의 영매적인 능력을 설명하고 있다.(Albright 605)
- 연인의 완벽한 결합으로 시간을 물리칠 수 있으리라는 것을 주제로 하고 있다.(*NC* 185) / 시바가 말하는 골자는 성적인 결합이 인간의 타락Fall 이전에 존재했던 일체감unity을 회복시킬 수 있다는 것.(Hassett 137)
- 1행의 그 아랍 여인은 제목의 마녀, 즉 시바. 이는 예이츠 부인의 상징.(*NC* 186)
- 4행의 솔로몬은 예이츠 자신.(*NC* 185)

솔로몬과 마녀

그리하여 그 아랍 여인은 이렇게 선언했다.
'어젯밤 야성적인 달빛 아래
내가 누운 풀밭에서
솔로몬을 두 팔로 껴안고
갑자기 그의 것도, 내 것도 아닌 이상한 말로
내가 소리 질러댔어요.'
그녀가 무슨 말을 하든,
한숨짓든, 노래하든, 늑대, 고양이, 개, 나귀,
수사슴 같은 짐승 소리를 내든, 고함치든, 울부짖든,
환성을 지르든, 솔로몬은 다 알아듣고 대답했다.
'총각 수탉은 '인간의 타락' 삼백 년 전에,
꽃피는 사과나뭇가지에서 울고서는

- 6행의 내가 소리 질러댔어요는 신부 쪽에서 질러댄 것. 전통적으로는 신랑 쪽의 성적인 승리감이 비명으로 나타나는 법인데, 여기서는 그 반대현상이 벌어졌음을 말한다.(Cullingford 118)
- 9행의 솔로몬은 'Who'에 대한 번역. 원문의 'Who'는 고어적인 표현이다. 즉 선행사 없이 사용된 'He who'의 뜻. 이때 'He'는 솔로몬을 가리킨다. 따라서 'Who'는 솔로몬이다. (*NC* 185) / 여기서 솔로몬은 모르는 게 없는 사람universal interpreter.(Albright 605-606)
- 10행의 총각 수탉은 'cockerel'의 번역. 수탉은 초자연적인 새.(*NC* 185) / '인간의 타락'은 아담과 이브가 사탄의 유혹에 넘어가 선악과를 따먹은 일.(*NC* 185)
- 11행 이후 수탉의 울음소리에 대한 솔로몬의 해석은 순수한 성적 황홀감에서 생기는 새로운 고지annunciation라는 것. / 그런 황홀감은 상상적인 수탉의 첫 번째 고지에서 예고했던 타락을 철회하고, 낙원을 되찾는 것을 의미한다.(Rosenthal 203) / 수탉의 우는 소리는 성적 오르가슴의 비명, 초월을 수용하는 영혼의 충격, 세상의 종말을 의미한다.(Albright 606)

And never crew again till now,
And would not now but that he thought,
Chance being at one with Choice at last,
All that the brigand apple brought
And this foul world were dead at last.
He that crowed out eternity
Thought to have crowed it in again.
For though love has a spider's eye
To find out some appropriate pain—
Aye, though all passion's in the glance—
For every nerve, and tests a lover
With cruelties of Choice and Chance;
And when at last that murder's over
Maybe the bride-bed brings despair,
For each an imagined image brings
And finds a real image there;

- 13행의 '기회'는 선택에 의한 취득, 객관성을 말하고, '선택'은 원하는 것, 의지, 주관성을 말한다. 이 둘은 절대자인 신에게만 결합이 가능하다.(Ellmann 161; Albright 606-607). / '기회'와 '선택'은 운명fate과 욕망desire에 해당한다.(Cullingford 119)
- 14행의 약탈한 사과는 이브가 딴 사과. 즉, 에덴동산의 선악과.(Albright 606) 『창세기』*Genesis* 3장 6절 참조.(*NC* 186)
- 17-32행은 신방에서 기대되는 것과는 다른 영원한 세계eternity를 발견하려는 피차의 노력이라는 생각을 하고 있음을 말한다.(Hassett 137)
- 17행의 영원은 연인의 완벽한 결합이 일어날 때 세상이 끝장나거나 시간이 정지되는 상황을 가리킨다.(*NC* 186)

지금까지 두 번 다시 울지 않았어요.
'기회'와 '선택'이 드디어 일치되어,
약탈한 사과가 갖고 온 모든 것과
이 더러운 세상이 마침내 죽고 말았다는
생각을 하지 못하면, 지금 울지 않을 거예요.
영원을 밖으로 크게 외쳐댔던 수탉이
속으로 그것을 다시 외쳐댈 생각을 했던 거죠.
사랑은 모든 신경에 무언가 적절한 고통을 찾아내려고
거미 눈을 가지고 있고—
그럼, 모든 열정은 눈빛의 섬광 속에 있지만—
그리고 사랑은 '선택'과 '기회'의
잔인함으로 연인을 시험해 보고 있으니까요.
그러다가 마침내 그런 살육이 끝날 때는
서로가 상상된 이미지를 가지고 와서는
거기에 진짜 이미지를 발견하니까,
신혼의 잠자리가 절망을 가져올지도 몰라요.

- 20행의 거미 눈은 배우자를 잘 찾아내는 거미의 큰 눈의 성태를 말한다. 거미의 눈은 사랑과 결혼의 파멸 이미지(*NC* 186)이며, 29행의 한 가닥 빛과 상반되는 이미지.(Rosenthal 204)
- 24행의 살육은 성의 첫경험.(Unterecker 160) / 성행위가 이중 살인행위로 상상이 됨을 말한다.(Albright 607)
- 25행의 상상된 이미지는 부인 조지가 상상하고 있는 이름난 시인이나 현자, 또는 연인의 모습.(Cullingford 119)
- 26행의 진짜 이미지는 과거 연인들과의 성적인 실패에서 벗어나지 못하고 여전히 미련이 있는 예이츠의 이미지.(Cullingford 119)
- 27행의 절망은 옛사랑의 기억에 둘러싸인 연인들이 첫날밤 신방에 가지고 오는 고통.(Unterecker 160)

Yet the world ends when these two things,
Though several, are a single light,
When oil and wick are burned in one;
Therefore a blessed moon last night
Gave Sheba to her Solomon.'

'Yet the world stays.'
'If that be so,
Your cockerel found us in the wrong
Although he thought it worth a crow.
Maybe an image is too strong
Or maybe is not strong enough.'

'The night has fallen; not a sound
In the forbidden sacred grove
Unless a petal hit the ground,
Nor any human sight within it
But the crushed grass where we have lain;
And the moon is wilder every minute.

- 30행의 이 세상은 끝이 나지요는『비전』에 의하면 이 세상은 상반된 객관성(기회)과 주관성(선택)에 의존하고 있는데, 이 양자가 하나로 통합되면 세상은 끝난다는 말.(Albright 607) / 이 세상이 끝나는 상황은 성행위의 완벽한 상황. 즉, 피차가 바랐던 상상된 이미지에 의한 행위로 도달하는 세계라는 것.(Cullingford 119)
- 33행에서 세상은 아직도 그대로라는 시바의 말은 잠자리를 같이하고 영매의 전언을 받았음에도 영원의 세계는 성취되지 못했다는 증거.(Hassett 137)

하지만 이 두 가지가, 몇 가지가 되기도 하지만,
한 가닥 빛이 되고, 기름과 심지가
하나 되어 탈 때, 이 세상은 끝이 나지요.
그래서 간밤의 축복받은 달이
시바를 솔로몬에게 보낸 것이지요.'

'하지만 세상은 아직도 그대로인데요.'
'그렇다면,
우리가 잘못되어 있다는 걸 발견한 거지요,
한바탕 울 만하다고 당신 수탉이 생각했지만.
아마 이미지가 지나치게 강하거나
그다지 강하지 않은 건가 보죠.'

'밤이 깊었어요.
꽃잎 하나 떨어지지 않는다면
통제된 성스러운 숲 속에선 한 가닥 소리도 없고,
그 속엔 사람 모습이라곤 없어요.
우리가 누웠던 곳에 짓눌린 풀 외에는.
그리고 달은 시시각각 기세를 더해 가고 있어요.

- 36행의 이미지는 '상상된 이미지'(26행).(역자)
- 43-44행은 그들이 세상을 결딴낼 만한 결합을 이룰 수 있으리라고 생각되는 보름날 밤.(Unterecker 159) / 욕구는 충족되면 진정되는 것이 아니라, 끊임없이 재생된다는 것.(Cullingford 120)
- 43행의 달은 여성의 정력과 기세.(Cullingford 120)

O! Solomon! let us try again.'

1921

오! 솔로몬! 우리 다시 시도해 보죠.'

1918

- 44행의 다시 시도해 보자는 것은 영원의 세계eternity가 성취되지 않았기 때문이다. (Hassett 137)

An Image from a Past Life

He. Never until this night have I been stirred.
The elaborate star-light throws a reflection
On the dark stream,
Till all the eddies gleam;
And thereupon there comes that scream
From terrified, invisible beast or bird:
Image of poignant recollection.

She. An image of my heart that is smitten through
Out of all likelihood, or reason,
And when at last,
Youth's bitterness being past,
I had thought that all my days were cast

- 제목은 화자가 가지고 있는 옛 연인의 이미지.(Jeffares 207) / 꿈에 어둑한 밤길에서 전생의 애인을 찾아가는 타고르 시의 주제를 활용하여 쓴 작품.(Ellmann 257) / 남편의 과거 애인이 신부에게 주는 공포감을 소재로 한 시. 그러나 과거의 사랑이 '더욱 깊은 만족스러운 사랑'으로 발전시켜 '축복된 비전'the Beatific Vision에 이르게 한다는 취지의 예이츠의 말(Unterecker 160)을 참조.
- 「새벽녘에 이르러」Towards Break of Day와 함께 신혼생활의 불행을 소재로 한 작품. 심리적인 장벽을 그렸다.(Rosenthal 203) / 「솔로몬과 마녀」Solomon and the Witch와는 달리, 상상의 여인과 현실의 여인으로 분화되었다.(Albright 607)
- 「토성 아래에서」Under Saturn와 함께 뮤즈에 대한 예이츠의 새로운 정의를 내세운 작품. 부인 조지에게 자기의 뮤즈는 과거 연인들의 색채를 여전히 띠고 있지만 염려하지 말라고 애써 달래고 있다.(Hassett 144)

과거 삶의 한 이미지

남자. 오늘 밤까지는 난 잠을 설친 일이 없었어요.
검은 물결 위에
정교한 별빛이 반사하더니,
소용돌이치는 물결 모두가 반짝이네요.
그리고 그 위에서 겁에 질린, 눈에 보이지 않는
짐승인지 새인지 그로부터 비명소리가 나오네요.
섬뜩한 회상의 이미지네요.

여자. 있을 법하지 않은, 어처구니없는,
박살이 난 내 마음의 이미지네요.
마침내 젊음의 쓰라림이 지나가고,
제 일생의 나날이 모두
아주 멋진 곳에 터전을 잡았다고 여겨졌던 때인데,

- 대화하는 남자와 여자는 원문의 'He'와 'She'의 번역. 각각 예이츠와 그의 부인을 지칭한다.(*NC* 187)
- 1-7행은 자다 말고 부부가 창밖을 내다보는 장면.(Rosenthal 205)
- 6행의 비명소리는 통찰이나 계시, 또는 회상의 순간. 바깥에서 들려오는 비명에 부부가 잠에서 깨어나 내다보았다.(Rosenthal 205) / 「솔로몬과 마녀」 10행의 '총각 수탉'의 울음소리와 대조적이다.(Albright 608)
- 7행의 섬뜩한 … 이미지는 모드 곤의 이미지인 듯하다.(Rosenthal 205)

Amid most lovely places; smitten as though
It had not learned its lesson.

He. Why have you laid your hands upon my eyes?
What can have suddenly alarmed you
Whereon 'twere best
My eyes should never rest?
What is there but the slowly fading west,
The river imaging the flashing skies,
All that to this moment charmed you?

She. A sweetheart from another life floats there
As though she had been forced to linger
From vague distress
Or arrogant loveliness,
Merely to loosen out a tress
Among the starry eddies of her hair
Upon the paleness of a finger.

He. But why should you grow suddenly afraid

- 13행의 그런 교훈은 'its lesson'의 번역. 교훈은 예이츠가 과거에 다른 여자들을 사랑했다는 사실, 즉 행복은 순수한 것으로 이루어지는 것이 아니라는 사실.(*NC* 187)
- 15-18행은 부인이 유령을 보고 있다는 사실을 말한다.(Rosenthal 205)
- 22행의 전생은 'another life'의 번역. 부인이 이미지를 유령으로 보고 있기 때문이다. 내용은 '과거'의 뜻.(역자) / 전생의 한 애인은 모드 곤이나 올리비아 셰익스피어.(*NC* 187)

내 마음이 그런 교훈에 익숙하지 못했던 것처럼
산산이 부서졌네요.

남자. 당신은 왜 당신 손으로 내 눈을 가려 주나요?
갑작스레 당신을 놀라게 한 것은 무엇인가요?
거기에다 내 눈이 절대 머물지 못하도록 하는 게
상책인 양 말입니다.
서서히 사라지는 서쪽하늘 외에 무엇이 있단 말입니까,
번쩍이는 하늘을 비추는 강물 외에,
이 순간까지 당신을 매료시킨 모든 것 외에?

여자. 전생의 한 애인이 거기에 떠돌아다녀요,
마치 그녀가 종잡을 수 없는 비탄으로 해서,
혹은 오만스러운 미모 때문에,
별빛이 소용돌이치는 머리 사이에서
단지 긴 머릿단 하나를
파리한 손가락 위에 끌어내기 위해서
서성대지 않으면 안 되었던 것처럼.

남자. 그렇지만 왜 당신은 갑자기 공포에 질려

- 22-28행(4연)은 화자 부인의 눈에 비친 이미지. 모드 곤과 올리비아 셰익스피어에게 예이츠가 쓴 초기 사랑 시의 낭만적인 언어로 되어 있다.(Jeffares 208)
- 29-35행(5연)은 예이츠가 영매medium역을 하는 부인에게 자기가 과거의 연인 중에 어느 영상을 끌어오더라도 두려워하지 말라는 것.(Hassett 144)

And start—I at your shoulder—
Imagining
That any night could bring
An image up, or anything
Even to eyes that beauty had driven mad,
But images to make me fonder?

She. Now she has thrown her arms above her head;
Whether she threw them up to flout me,
Or but to find,
Now that no fingers bind,
That her hair streams upon the wind,
I do not know, that know I am afraid
Of the hovering thing night brought me.

[Summer - September 1919] 1920

꿈틀하고 놀라지요?—내가 어깨를 붙이고 있는데도—
당신은 내가 어느 날 밤이든 한 이미지를 떠올리거나
혹은 아름다움이 미치게 만들었던 두 눈에
무엇이건 떠올릴 수 있으리라
상상하면서 말이오,
나를 더 좋게 만들어 줄 이미지들인데도?

여자. 이제 그녀는 머리 위로 팔을 쳐들었어요.
그녀가 나를 우롱하려고 쳐들었는지,
아니면, 손가락들이 깍지 끼어지지 않아,
머리가 바람 타고 흐르는지를
단순히 발견하려 쳐드는지 저는 몰라요.
제가 아는 것은 밤이 내게 갖다준
떠다니는 것을 두려워한다는 사실이에요.

1919

Towards Break of Day

Was it the double of my dream
The woman that by me lay
Dreamed, or did we halve a dream
Under the first cold gleam of day?

I thought: 'There is a waterfall
Upon Ben Bulben side
That all my childhood counted dear;
Were I to travel far and wide
I could not find a thing so dear.'
My memories had magnified
So many times childish delight.

I would have touched it like a child

- 1925년 판『비전』*A Vision* 2권 21항의 '상호보완적인 꿈들'Complementary Dreams에서 설명한 내용(173-174)을 바탕으로 한 시.(Albright 614)
- 「과거 삶의 한 이미지」An Image from a Past Life의 자매편. 신혼부부의 신방에 관련된 작품 중 하나.(Rosenthal 206, 208)
- 이 시는 1919년 1월, 위클로Wicklow 주의 한 호텔에 머물 때 예이츠 부부가 실제로 꾼 두 꿈의 기록.(Unterecker 163)
- 예이츠 자신이 기록해 놓았듯이, 딴 세상의 이상적인 연인, 즉 모드 곤에 대한 집요한 애착이, 올리비아 셰익스피어와의 경우에 그랬듯, 조지와의 행복한 결혼생활을 파괴할지도 모른다는 염려를 담아 쓴 작품.(Cullingford 105)

새벽녘에 이르러

내 옆에 누웠던 여인의 꿈은
내 꿈의 영상映像이었던가,
아니면 꼭두새벽의 차갑고 어슴푸레한 첫 빛 아래
두 사람이 절반씩 나누어 꾼 것이었던가?

나는 생각했다. '불벤 산 기슭에
내 어린 시절 내내
소중하게 여겼던 폭포가 있지.
내가 사방으로 멀리 여행한다 하더라도
그렇게나 소중한 것은 발견할 수 없으리라.'
내 추억들이 어린 시절의 즐거움을
여러 차례 확대했던 것이다.

나는 어린애처럼 그걸 만졌으리라.

- 1-4행은 1925년 판『비전』(174)에 인용된 구절. 두 꿈이 반복되는가 아니면 상호 보완적인가 하는 문제.(Albright 615)
- 2행의 영상double은 두 사람이 같은 주제를 가지고 명상하면 상호 간의 물리적인 거리와는 상관없이 마음의 눈에 상호보완적인 이미지들이 떠오르는 것을 말한다.(*A Vision* 1925, 173)
- 7행의 폭포는 슬라이고 동남쪽의 글렌캐르Glen-Car 호수로 들어가는 폭포 중의 하나일 것이다.(*NC* 198)
- 10-11행은 폭포의 상징적인 의미. 예이츠는 프로이트를 읽고 물을 여성의 상징으로 보게 되었다.(Unterecker 163)

But knew my finger could but have touched
Cold stone and water. I grew wild,
Even accusing Heaven because
It had set down among its laws:
Nothing that we love over-much
Is ponderable to our touch.

I dreamed towards break of day,
The cold blown spray in my nostril.
But she that beside me lay
Had watched in bitterer sleep
The marvellous stag of Arthur,
That lofty white stag, leap
From mountain steep to steep.

[December 1918 - January 1919] 1920

- 12-18행은 화자가 어렸을 때부터 기억하고 있는 폭포수의 꿈. 그 꿈은 성적인 실망감의 상징.(Rosenthal 206)
- 13행의 차가운 돌과 물은 화자가 기대할 수 있는 전부.(Rosenthal 206, 208)
- 15행의 '하늘'은 'Heaven'의 번역.

하지만 내 손가락은 차가운 돌과 물만
만질 수 있었으리라는 걸 알았다.
나는 '하늘'마저 원망하면서 미칠 지경이었다.
왜냐하면 하늘이 그의 법칙 안에 두었으니까.
우리가 지나치게 사랑하는 것은
아무것도 접촉할 수 없다는 법칙 말이다.

차가운 물안개가 콧구멍에 들어오는,
새벽녘에 나는 꿈을 꾸었다.
하지만 내 옆에 누워 있던 그녀는
나보다 더한 쓴 잠을 자면서
아서 왕의 경이로운 사슴 수컷이,
그 숭고한 흰 사슴 수컷이 뛰어가는 걸 보았다,
가파른 산기슭에서 기슭으로.

1919. 1.

- 19행의 물안개는 폭포를 암시한다.(역자)
- 23-25행은 부인이 꾼 꿈. 이는 남편보다 더 도달하기 어려운 상황이라는 것.(Rosenthal 208)
- 23행의 경이로운 사슴 수컷은 흰 암사냥개 한 마리와 서른 마리의 수사냥개의 추격을 받아 아서 왕과 귀니비어의 결혼 잔치에 나타난 흰 수사슴.(*NC* 198) / 아서 왕의 수사슴은 남성을 연상시킨다.(Unterecker 163)

Under Saturn

Do not because this day I have grown saturnine
Imagine that lost love, inseparable from my thought
Because I have no other youth, can make me pine;
For how should I forget the wisdom that you brought,
The comfort that you made? Although my wits have gone
On a fantastic ride, my horse's flanks are spurred
By childish memories of an old cross Pollexfen,
And of a Middleton, whose name you never heard,
And of a red-haired Yeats whose looks, although he died
Before my time, seem like a vivid memory.
You heard that labouring man who had served my people. He
said

- 제목의 토성 아래에서는 토성의 영향을 받아 말이 적고 우울한 심정이 됨을 말한다. 길하지 못한 별의 영향에 의한 것이라는 뜻.(Whitaker 169) / 과거의 연정을 털어버림으르써 부인의 질투를 진정시키고, 슬라이고의 조상들 기억을 더듬어 보면서 아일랜드에 대한 관심으로 방향을 바꿔 보려는 의도가 엿보이는 작품.(Unterecker 160-161) / 부인의 우울한 심정에 대한 사과. 예이츠는 모드 곤에 대한 생각 탓이라고 할까 봐 염려했다.(Albright 608) / '잃어버린 사랑', '전생의 연인'에 의한 지속적인 위협 때문에 쓴 작품 중의 하나.(Cullingford 105)
- 1행의 침울해졌다는 'saturnine'의 번역. 이 말은 제목의 토성과 관련되는 말. 즉, 토성의 영향으로 말이 없고 우울해진 것을 말한다.(*NC* 189)
- 3행의 잃어버린 사랑은 젊음을 불살랐던 모드 곤에 대한 사랑. 그의 부인에게는 유령 같은 존재의 경쟁자 중 하나.(Unterecker 160)

토성 아래에서

내 오늘 침울해졌다 해서, 이런 상상은 하지 마세요,
이제 다시 젊어지지 못해 생각에서 떨쳐 버릴 수 없는
잃어버린 사랑이 나를 애태우게 할 수 있다는 그런 상상을.
내 어찌 당신이 갖다준 지혜와
당신이 마련해 준 편안함을 잊을 수 있겠어요?
비록 내 생각이 환상적인 말을 타고 가버린다 하더라도,
내 말의 옆구리엔 어린 시절 기억들의 박차가 달려 있어요.
연로하고 까다로웠던 폴렉스펜이라는 분, 미들턴이라는 분,
이분들 이름은 당신 들은 적 없어요. 그리고 붉은 머리 예이츠,
나 태어나기 전 작고했지만 용모는 생생하게 기억되는 것 같네요.
이 고장 사람들에게 봉사한 그 양반 얘기, 당신 들었지요.

- 4행의 당신은 예이츠 부인. 지혜는『비전』을 쓰는 데 이바지한 부인의 몫을 말한다.(*NC* 189)
- 5행의 편안함은 1919년 10월에 옥스퍼드의 브로드 가에 마련한 셋집.
- 6-7행의 말은 천마(Pegasus).(Albright 609)
- 8-14행은 슬라이고의 조상들에 대한 추억.(역자)
- 8행의 까다로웠던 폴렉스펜William Pollexfen(1811-1892)은 외할아버지.(*NC* 190) / 미들턴은 예이츠의 외할머니 집안 사람(어머니의 외가 집안사람) 중의 한 명으로, 윌리엄 미들턴William Middleton(1820-1882)을 가리키거나(Albright 609), 어머니의 사촌동생, 즉 예이츠의 외오촌인 헨리 미들턴Henry Middleton(1862-1932)을 가리키는 듯하다.(역자)
- 9행의 붉은 머리 예이츠는 목사였던 친할아버지. 'William Butler'라는 예이츠의 이름은 이분의 이름을 딴 것이다.
- 11행의 그 양반은 알 수 없다. 일반 시민인 듯하다.

Upon the open road, near to the Sligo quay—
No, no, not said, but cried it out—'You have come again,
And surely after twenty years it was time to come.'
I am thinking of a child's vow sworn in vain
Never to leave that valley his fathers called their home.

1920

• 14행의 이십 년은 예이츠가 슬라이고와 오랫동안 떨어져 있었음을 말한다.(Harris 93)

슬라이고 선착장 가까이 큰길에서 그분이 하신 말씀—
아니, 아니, 말이라기보다는 고함소리였지요—
'자네 또 왔구먼, 꼭 이십 년이 지났으니 올 때가 된 거지.'
조상들이 고향이라고 부르는 저 계곡을 결코 떠나지 않겠다는
지키지 못한 어린 시절의 서약을 나는 생각하고 있어요.

1919. 11.

- 16행의 지키지 못한 어린 시절의 서약에 대한 회상은 1행의 우울했던 심경과 관련 있음을 말한다.(Rosenthal 208)

6

러독과 웰즐리 시편

A Crazed Girl

That crazed girl improvising her music,
Her poetry, dancing upon the shore,
Her soul in division from itself
Climbing, falling she knew not where,
Hiding amid the cargo of a steamship,
Her knee-cap broken, that girl I declare
A beautiful lofty thing, or a thing
Heroically lost, heroically found.

No matter what disaster occurred
She stood in desperate music wound,

- 14행시(소네트). 정통적인 시형은 아니다.(Ellmann 191)
- 제목인 넋이 나간 여자는 마고 콜리스Margot Collis(본명 Margot Ruddock, 1907-1951). 예이츠가 지중해의 스페인령 마요르카Majorca 섬에 머물고 있을 때 찾아온 작가 지망생인 그녀가 스페인의 바르셀로나Barcelona에 가서 창문에서 뛰어내린 자살소동으로, 예이츠가 현지에 찾아갔을 때 거기서 쓴 작품. 예이츠는 나중에 그녀의 수필과 시를 묶은『레몬나무』*The Lemon Tree*(1937)에 짤막한 서문을 써주고 이 작품도 함께 실어 주었다. 당시의 제목은 'At Barcelona'.(Unterecker 267; Albright 784) / 다음 작품「아름다운 무희」Sweet Dancer의 주 참조.
- 러독과의 우정은 1935년에 만나게 된 도로시 웰즐리Dorothy Wellesley와의 우정관계가 깊어지면서 끝났다.(Cullingford 268)

넋이 나간 여자

넋이 나간 그 소녀, 즉흥적으로 노래하다가,
시를 짓고, 해변에서 춤을 추고,
영혼이 갈라져 나와
어딘지도 모르고 기어올라갔다 내려갔다 하고,
증기선의 짐 속에 숨기도 한다.
종지뼈가 부러진 정신 나간 그 소녀를
나는 아름답고 숭고한 것, 혹은
영웅처럼 실종됐다가 영웅처럼 발견된 거라고 선언한다.

어떤 재앙이 일어났든 상관없이
그녀는 절망적인 음악에 칭칭 묶이고, 묶여,

- 2행의 해변에서 춤을 추고는 그녀가 바다에 뛰어들어 죽으려다가 바다에 충만한 생명력이 있는 것을 보고 죽지 않은 것이 다행한 일이었다는 생각이 들어, 춤을 추었다고 쓴 것을 가리킨다.(Unterecker 268) / 춤추는 마고는 노르망디 해변에서의 이줄트 곤의 춤추는 모습을 떠올리게 한다.(Hassett 178)「바람 속에 춤추는 아이에게」To a Child Dancing in the Wind 참조. / 예이츠는 춤을 창조력의 상징으로 보고(Hassett 6), 춤은 삶 속의 죽음, 죽음 속의 삶, 동적인 것과 정적인 것, 행위와 명상, 육신과 영혼이 깃들어 있다고 보았다(Kermode의 *Romantic Image*, p. 48).(Hassett 178) / 춤은 존재의 통합Unity of Being 이미지.(Raine 355)
- 6행의 종지뼈가 부러진이라는 말은 바르셀로나에서의 자살소동 때 있었던 일.(Unterecker 267)
- 7행의 아름답고 숭고한 것은「아름답고 숭고한 분들」Beautiful Lofty Things의 시 제목과 관련된 말.(Albright 784)
- 7-8행에서 말하는 예이츠의 선언은, 그녀의 넋이 나간 순간에 있었던 가식 없는 시적인 체험을 보았음을 말한다.(Unterecker 268)

Wound, wound, and she made in her triumph
Where the bales and the baskets lay
No common intelligible sound
But sang, 'O sea-starved, hungry sea.'

1937

- 2연(9-14행)은 종지뼈 부상으로 병원에 수용되었으나, 몰래 빠져나와 소동을 벌인 일화. 예이츠가 그녀를 발견했을 때, 몸을 떨고 있었으나 그녀의 정신은 말짱했다고 한다.(Unterecker 268)

짐짝과 바구니들이 놓여 있는 데서
보통 알아들을 수 없는 소리를
의기양양하게 질러댔다. 아니 노래했다,
'오 바다에 굶주린, 시장한 바다.'라고 하면서.

1936. 5.

- 12행의 보통 알아들을 수 없는 소리는 그녀의 시에 대한 예이츠의 평.(Albright 785)
- 14행의 인용된 구절은 마고의 작품에서 인용한 것.(Albright 785)

Sweet Dancer

The girl goes dancing there
On the leaf-sown, new-mown, smooth
Grass plot of the garden;
Escaped from bitter youth,
Escaped out of her crowd,
Or out of her black cloud.
Ah, dancer, ah, sweet dancer!

If strange men come from the house
To lead her away do not say
That she is happy being crazy;
Lead them gently astray;
Let her finish her dance,

• 제목의 무희는 마고 러독Margot Ruddock. 예이츠 말년에 한때 가까이했던 여자. 신경쇠약증이 있었던 부인. 1934년에 만나 시를 쓰고 예이츠의 연극에 출연하고 싶어해서 그 기회를 주었다. 그해 11월에 예이츠는「마고」Margot라는 제목의 시 한 편을 써서 보냈다. 그 시는 1970년에 처음으로 활자화되었는데, 내용은 젊은 여인이 어떻게 늙은 몸을 영광스럽게 할 수 있는가에 대한 경이감을 말한 것이다.(Albright 776) / 무희라는 말은 그녀가 1936년 지중해의 스페인령 마요르카에 머물고 있던 예이츠를 방문하여 그에게 자기 작품을 읽어 주고는, 밖으로 나와 돌아다니던 중 비가 억수같이 쏟아질 때, 자기가 죽으면 그 대신 시는 살아남으리라 생각하고 물속에 뛰어들었다가, 자기는 삶을 사랑했다는 생각이 들어 물에서 나와 춤을 추기 시작했다는 일화에 근거하고 있다.(Albright 777) 앞의「넋이 나간 여자」의 주 참조.

아름다운 무희

아가씨가 저기 춤추러 간다,
나뭇잎 수놓은, 갓 깎은 정원의
부드러운 풀밭에,
씁쓸한 젊음에서 탈출하여,
또래 무리에서 벗어나,
혹은 검은 구름에서 벗어나.
아, 무희여, 아, 아름다운 무희여!

낯선 사내들이 그 집에서 나와
그녀를 데리고 나가려 하면,
그녀가 미쳐서 행복하다 하진 말고,
그네들을 점잖게 돌려보내세요.
그녀가 춤을 다 추게 놔둬요.

- 1행의 아가씨는 마고 러독. 결혼 후의 이름은 마고 콜리스Margot Collis Lovell. 예이츠가 마고 러독Margor Ruddock이라는 이름으로 낸 그녀의 얇은 시와 산문집(*The Lemon Tree*)에 서문을 써 주었다.(*NC* 366)
- 4, 5행의 씁쓸한 젊음과 또래 무리는 현실 세계.(Unterecker 262)
- 6행의 검은 구름은 세속적인 근심 걱정.(Unterecker 262)
- 7행의 후렴은 사랑의 시로 간주될 수 있는 근거. ' 감탄사 아는 성적인 감정의 약호문자.(Cullingford 267)
- 8행의 낯선 사내들은 그녀를 미쳤다고 감금하려는 사람들.(Cullingford 267)

Let her finish her dance.
Ah, dancer, ah, sweet dancer!

1938

그녀가 춤을 다 추게 놔둬요.

아, 무희여, 아, 아름다운 무희여!

1937. 1.

The Three Bushes

(An incident from the 'Historia mei Temporis'
of the Abbé Michel de Bourdeille)

Said lady once to lover,
'None can rely upon
A love that lacks its proper food;
And if your love were gone
How could you sing those songs of love?
I should be blamed, young man.'
O my dear, O my dear.

'Have no lit candles in your room,'
That lovely lady said,
'That I at midnight by the clock
May creep into your bed,
For if I saw myself creep in

- 제목은「장미 나무」The Rose Tree의 예를 따라 'bush'를 'tree'로 번역하였다.
- 도로시 웰즐리Dorothy Wellesley의 짤막한 발라드를 바탕으로 하여 쓴 작품. 육신과 정신의 통합이라는 완전한 성애를 추구한 시.(Albright 777) / 이 시는 웰즐리의 작품을 손질한 것이라고도 하나 예이츠는 예이츠대로 같은 주제로 다른 시를 썼는데, 그녀의 작품을 검토한 것은 사실이라고 한다.(Cullingford 274) / 문학작품 집필 협력은 일종의 성행위에 해당한다. 웰즐리는 반대 의견을 가지고 있었지만, 예이츠는 상대방과 자신을 뜯어고쳐 하나의 존재로 만들었다고 진술하였다.(Cullingford 274)

세 그루 장미 나무

(미셸 드 부르데유 신부의
　『오늘날 이야기』에 있는 한 일화)

한번은 아씨가 연인에게 말했다.
'적절한 먹이가 부족한 여자에게
의지할 수 있는 사람 아무도 없지요.
만약 당신 애인이 사라진다면 당신은
그런 사랑노래들을 어떻게 부를 수 있겠어요?
제가 비난받아야겠지요, 젊은 당신.'
　　　　오 맙소사, 오 맙소사.

'당신 방에 촛불을 켜놓지 마세요,'
하고 예쁜 아씨가 말했다.
'제가 자정에 시계를 보고
당신 옆에 살그머니 기어들게 말이에요.
제가 기어드는 모습을 제가 보면

- 사랑이 육체적인가, 정신적인가, 둘 다인가 하는 문제를 다룬 시.(Henn 330) / 육신과 영혼의 상징적인 대화.(Ellmann 205)
- 3-4행은 모드 곤의 생각과는 반대되는 생각.(Cullingford 275)
- 7행의 후렴은 게일 민요Gaelic ballad를 활용한 것.(Unterecker 264) / 원문은 'O my dear, O my dear'. 이는 애석한 감정을 표현하는 말로서 욕망과 한탄을 암시하는데, 처음에는 아씨에게 하는 말이지만, 끝에 가면 시녀에게 하는 말이 된다.(Cullingford 278) 번역은 이런 해석에 따른 것이다.

I think I should drop dead.'
O my dear, O my dear.

'I love a man in secret,
Dear chambermaid,' said she,
'I know that I must drop down dead
If he stop loving me,
Yet what could I but drop down dead
If I lost my chastity?'
O my dear, O my dear.

'So you must lie beside him
And let him think me there.
And maybe we are all the same
Where no candles are,
And maybe we are all the same
That strip the body bare.'
O my dear, O my dear.

But no dogs barked and midnights chimed,
And through the chime she'd say,
'That was a lucky thought of mine,

기절해 죽을 거라 생각되니까요.'
오 맙소사, 오 맙소사.

'정다운 시녀야, 난 아무도 모르게
한 남자를 사랑해.' 하고 그녀가 말했다.
'만약 그이가 날 사랑하길 멈추면
나는 쓰러져 죽고 말 거야,
하지만 내가 순결을 잃는다면
픽 쓰러져 죽는 길밖에 더 있을까?'
오 맙소사, 오 맙소사.

'그러니 네가 그이 옆에 가서 누워야겠어.
그리하여 내가 거기 있다고 생각하게.
촛불이 없는 데서는
우리 둘이 똑같을 거야.
옷을 벗어 버리면
우리 둘은 똑같을 거야.'
오 맙소사, 오 맙소사.

그런데 개도 짖지 않고, 시계가 자정을 알렸다.
시계가 울리는 동안 그녀는 말하곤 했다.
'그건 운 좋게 생각해낸 거야.

- 19-20행의 순결을 잃는다면 … 죽는다는 것은 성행위는 영혼의 처녀성을 영원히 상실하는 비극이라는 것.(Albright 778)

My lover looked so gay';
But heaved a sigh if the chambermaid
Looked half asleep all day.
O my dear, O my dear.

'No, not another song,' said he,
'Because my lady came
A year ago for the first time
At midnight to my room,
And I must lie between the sheets
When the clock begins to chime.'
O my dear, O my dear.

'A laughing, crying, sacred song,
A leching song,' they said.
Did ever men hear such a song?
No, but that day they did.
Did ever man ride such a race?
No, not until he rode.
O my dear, O my dear.

But when his horse had put its hoof

- 34행의 한숨은 성행위를 하지 않으려는 아씨의 질투심.(Cullingford 276)

내 연인은 아주 기뻐 보였거든.'
그렇지만 시녀가 온종일
반쯤 졸고 있을까봐 한숨이 나왔다.
오 맙소사, 오 맙소사.

'아니, 딴 노래는 하지 마세요.' 그이가 말했다.
'나의 아씨께서 일 년 만에
처음으로 한밤중에
내 방에 오셨으니까요.
그리고 시계가 울리기 시작할 때
이불 속에 들지 않으면 안 되니까요.'
오 맙소사, 오 맙소사.

그들은 노래 불렀다, '웃고, 울고,
성스러운 노래, 음탕한 노래'를.
사람들이 그런 노래 들은 적 있었던가?
없었지. 그렇지만 사람들은 들었다, 그날.
인간이 그런 승마경주한 적 있었던가?
없었지. 그가 말을 타기까진 없었지.
오 맙소사, 오 맙소사.

그렇지만 그가 탄 말의 발굽이

- 43-44행의 웃고, 울고, 성스러운 노래, 음탕한 노래는 성聖과 속俗의 결합.(Cullingford 275)
- 48행의 말을 타기는 성관계의 속어.(역자)

Into a rabbit-hole
He dropped upon his head and died.
His lady saw it all
And dropped and died thereon, for she
Loved him with her soul.
O my dear, O my dear.

The chambermaid lived long, and took
Their graves into her charge,
And there two bushes planted
That when they had grown large
Seemed sprung from but a single root
So did their roses merge.
O my dear, O my dear.

When she was old and dying,
The priest came where she was;
She made a full confession.
Long looked he in her face,
And O he was a good man

- 51행의 토끼 굴은 'rabbit-hole'을 직역한 것. 토끼는 성애 관련 은어. 따라서 토끼 굴에 빠진 것은 성행위.(역자)

토끼 굴에 빠졌을 때
그는 머리를 처박고 죽었다.
그의 아씨는 그 모든 걸 보았고
그 위에 엎어져 죽었다.
그녀는 영혼 바쳐 사랑했으니까.
　　　　　　오 맙소사, 오 맙소사.

시녀는 오래오래 살면서
그들의 무덤을 손수 보살폈다.
그리고 거기에다 두 그루 장미를 심었다.
그들이 크게 자라났을 때
한 뿌리에서 솟아난 것처럼 보였고
그들의 장미꽃들이 한데 엉겼다.
　　　　　　오 맙소사, 오 맙소사.

시녀가 늙어서 죽어갈 때
사제가 그녀 거처에 찾아왔다.
그녀는 모든 걸 고해했다.
그는 그녀 얼굴 한참 바라보았다.
그런데 오, 그는 훌륭한 사람이라

- 59-62행의 두 그루 장미 나무가 성장하여 한데 엉킨 것과 73-76행의 세 그루의 장미 나무가 한데 뒤엉킨 것은 발라드에 흔한, 사후의 완전한 융합의 상징.(Henn 314; Cullingford 277)
- 64-69행은 사제 신부가 육신의 주장과 영혼의 주장을 동일시하는 종부성사. (Cullingford 276-277)

And understood her case.
O my dear, O my dear.

He bade them take and bury her
Beside her lady's man,
And set a rose-tree on her grave,
And now none living can,
When they have plucked a rose there,
Know where its roots began.
O my dear, O my dear.

1937

그녀의 사정을 이해했다.
오 맙소사, 오 맙소사.

그는 사람들을 시켜 운구하여
아씨 남자 옆에다 그녀를 묻게 하고,
무덤 위에 장미 한 그루 심어 주었다.
그런데 지금은 살아 있는 자 누구도
거기서 장미 한 송이를 꺾었을 때
그 뿌리가 어디서 시작되었는지 알 수 없다.
오 맙소사, 오 맙소사.

1936. 7.

• 75-76행의 세 무덤의 장미 나무 뿌리가 뒤엉켜 구별할 수 없는 것은 사랑과 육신과 영혼 문제의 풀리지 않는 성격을 상징한다.(Albright 778)

To Dorothy Wellesley

Stretch towards the moonless midnight of the trees,
As though that hand could reach to where they stand,
And they but famous old upholsteries
Delightful to the touch; tighten that hand
As though to draw them closer yet.
                                        Rammed full
Of that most sensuous silence of the night
(For since the horizon's bought strange dogs are still)
Climb to your chamber full of books and wait,
No books upon the knee and no one there
But a Great Dane that cannot bay the moon

- 제목의 도로시 웰즐리Dorothy Wellesley(1889-1956)는 여성 시인. 예이츠가 만년에 4년 동안 사귄 친구. 예이츠는 1937년과 38년 사이에 영국 서식스Sussex에 있는 그녀 부부의 넓은 정원의 우아한 저택에 초대받은 일이 있었다. 거기서 젊은 시절 그레고리 여사의 쿨 파크와 유사한 귀족적인 문화의 분위기를 느꼈다.
- 가장 진보적인 페미니스트의 사상에 적극 응답한 작품.(Cullingford 271)
- 도로시 웰즐리에 대한 예이츠의 사랑 시. 기념비적인 작품.(Bloom 440)
- 웰즐리가 퓨어리들Furies에다 영감을 발견한 시인이라는 것을 보여 주는 시. 예이츠는 이 작품에서 자신과 웰즐리가 공유하는 영감의 원천이 뮤즈에 대한 사랑이기보다는 퓨어리들로 형상화된 분노의 정감angry emotions이라는 것을 보여 주었다. 따라서 이 시는 예이츠 자신과 그녀를 하나의 존재로 만든 작품.(Hassett 190-191)
- 1-5행은 웰즐리의 경제력, 즉 그녀가 자연계를 실내 가구처럼 끌어들이는 능력의 소유자임을 말하고 있다.(Cullingford 271)

도로시 웰즐리에게

달 없는 한밤 나무들 쪽으로 손을 뻗치세요,
그들이 서있는 곳에 손이 닿게 할 것처럼.
그러면 나무들은 만져 주면 기뻐할
오직 이름난 옛 실내 장식품들. 바짝 끌어당길 듯이
당신 손을 꼭 쥐어요.
가장 감각적인 밤의 그 정적을 가득 채워
책이 가득 들어찬 당신 방으로 올라가,
무릎에 책 얹지 말고 기다려 보세요,
(지평선을 사들여 낯선 개들 잠잠하니)
달 향해 짖지 못해,
이제 누워 잠든 그레이트 데인 외에는

- 1행의 달 없는 한밤은 달의 제1상을 말한다. 예이츠가 사랑의 시간을 설정한 때. 창조와 파괴의 주기가 다시 시작하는 국면.(Bloom 440)
- 2행의 손이 닿게 할 것처럼은「새벽녘에 이르러」Towards Break of Day 17-18행의 '우리가 지나치게 사랑하는 것은 아무것도 접촉할 수 없다'는 구절 참조.(Albright 785)
- 6행의 책이 가득 들어찬 당신 방은 여성의 독립된 공간 확보와 가사로부터의 자유로움을 상징한다.(Cullingford 271)
- 7행의 기다려 보세요는 시를 쓰기 전에 밤의 정적을 잔뜩 채우며 기다려 달라는 당부.(Bloom 440)
- 8행의 지평선을 사들여라는 말은 저택 주변의 땅을 사들여 보기 싫은 것을 없앤 것. 개들 잠잠하다는 것은 그 땅 위에 있던 집들을 철거했기 때문에 개 짖는 소리도 없어졌다는 사실을 말한다.(*NC* 382)
- 10행의 그레이트 데인Great Dane은 몸집이 크고 힘이 센 독일계의 개. 이름은 '브루투스'Brutus.(*NC* 382) / 오래 길렀던 개. 1937년에 죽었다.(Hassett 204)

And now lies sunk in sleep.
                                        What climbs the stair?
Nothing that common women ponder on
If you are worth my hope! Neither Content
Nor satisfied Conscience, but that great family
Some ancient famous authors misrepresent,
The Proud Furies each with her torch on high.

1938

- 11행의 계단은 예이츠의 밸릴리 탑의 계단과 관련된다.(Bloom 441)
- 14행의 '만족감'은 전통적인 결혼생활이 제공하는 만족감. 흐뭇한 '양심'은 인습적인 도덕에 순종하는 마음.(Cullingford 272)
- 15행의 저 위대한 가족은 16행의 퓨어리들the Furies. 잘못 말한 것은 이들을 복수의 여신이라고만 지칭한 것.(*NC* 383)

아무도 없게 하고서.
무엇이 계단으로 올라오죠?
보통 여자들이 생각하는 그런 것은 아니지요,
당신이 내 희망에 부응한다고 하면!
그건 '만족감'도 아니고 흐뭇한 '양심'도 아닌,
옛날 유명한 몇 작가들이 잘못 말한 저 위대한 가족,
각기 횃불 쳐들고 올라오는 '어엿한 퓨어리들'이지요.

1936. 8.

• 16행의 퓨어리들은 알려진 '복수의 세 여신'을 말하는데, 이들은 죄인을 징벌하는 것이 주된 역할이기 때문에 잔인한 면이 부각된다. 그러나 이들은 토지를 비옥하게 하고 결혼을 축복해 주기도 한다. 따라서 저주와 공포와 함께 즐거움과 축복도 가지고 오는 여신들이다.(Cullingford 272) / 그러나 예이츠는 여기서 이들을 뮤즈 역을 하는 시신詩神으로 등장시킨다. 그는 자신의 초기 시가 충격적이지 못한 흠이 있어, 만년에는 대담한 성적인 관심을 표명하여 충격적인 것을 가미시켰다.(Ellmann 181) / 횃불 쳐들고 올라오는 '어엿한 퓨어리들'은 칠흑 같은 밤의 정적과 충돌하는 장치. 예이츠는 충돌이 없으면 감상과 사상만 있을 뿐, 열정이 없다고 했다.(Unterecker 268) / 참다운 여성 시인은 퓨어리들 중의 하나라는 뜻. 예이츠 자신처럼 밸릴리 탑에 올라오는 상황을 설정한 것.(Bloom 441)

Hound Voice

Because we love bare hills and stunted trees
And were the last to choose the settled ground,
Its boredom of the desk or of the spade, because
So many years companioned by a hound,
Our voices carry; and though slumber-bound,
Some few half wake and half renew their choice,
Give tongue, proclaim their hidden name — 'Hound Voice.'

The women that I picked spoke sweet and low
And yet gave tongue. 'Hound Voices' were they all.
We picked each other from afar and knew
What hour of terror comes to test the soul,
And in that terror's name obeyed the call,
And understood, what none have understood,
Those images that waken in the blood.

- 전승가. 사냥꾼의 이러한 찬가는『오쉰의 방랑기』*The Wanderings of Oisin* 제I부와「여우 사냥꾼의 노래」The Ballad of the Foxhunter,「낚시꾼」The Fisherman 등의 초기 시와 상통한다. 또한 후기 시의「검은 탑」The Black Tower과는 현세를 거부하는 고립된 무리와 일치한다.(Albright 834)
- 공포와 폭력에 대한 인식과 관련 있는 별난 여자들을 그린 이 작품은「도로시 웰즐리에게」To Dorothy Wellesley와 연결된다.(Cullingford 273)
- 도로시 웰즐리에 대한 깊은 명상의 결과로 창작된 작품.(Hassett 204)

사냥개 목소리

우리가 민둥산과 발육부진의 나무들을 사랑하고,
정착할 땅이나, 권태로운 책상이나 삽을
선택할 사람들이 못 되었기 때문에, 또한
우리 목소리가 오랜 세월 사냥개와 더불어
나기 때문에, 그리하여 잠이 쏟아지더라도,
몇 사람은 반쯤 깨어 반쯤 목을 가다듬고 소리 질러
감춰진 이름을 선포한다, '사냥개 목소리'라고.

내가 선택한 여인들은 아름다운 저음으로 말을 했지만,
짖어댄 것이었다. 그들 모두 '사냥개 목소리들'이었다.
우리는 피차 멀리 떨어진 지역에서 골랐고 그리고 알았다,
영혼을 시험하러 어떤 공포의 시간이 오는가를.
그리고 우리는 응했다, 폭력이라는 이름의 부름에,
그리고 이해했다, 여태 아무도 이해하지 못했던,
핏속에 깨어 있는 이미지들을.

- 4행의 사냥개와 더불어는 도로시 웰즐리와 관련 있는 말. 그녀는 개를 데리고 다녔으며 민둥산을 좋아하고, 낮은 지대를 피했다.(Unterecker 284) / 웰즐리는 예이츠가 사냥개를 찬양하는 것은 이례적인 일이라고 했다.(Albright 834)
- 7행의 감춰진 이름은 끼어드는 개의 목소리.(Albright 834)
- 8행의 내가 선택한 여인들은 모드 곤, 올리비아 셰익스피어, 예이츠 부인, 도로시 웰즐리. 이 네 사람은 모두 초자연에 다소 기울어진 사람들이다.(Unterecker 284)

Some day we shall get up before the dawn
And find our ancient hounds before the door,
And wide awake know that the hunt is on;
Stumbling upon the blood-dark track once more,
Then stumbling to the kill beside the shore;
Then cleaning out and bandaging of wounds,
And chants of victory amid the encircling hounds.

1938

- 3연(15-21행)은 예이츠와 그의 여인들(현대의 환상가들) 및 전설적인 영웅들(고대의 사냥꾼들)이 겹치는 장면.(Unterecker 285)
- 18-21행은 이 작품이 제2차 세계대전 직전에 썼다는 사실과 연관시키면 불길하게 들린다.(Cullingford 274)

언젠가 우리는 여명이 되기 전 일어나
우리의 옛 사냥개들을 문간에서 발견하고,
잠이 확 깨어, 사냥이 진행 중이라는 걸 알게 되리라.
또다시 검은 핏자국 따라 비틀거리면서,
그러고는 해변에 잡은 짐승 쪽으로 비틀비틀 걸어가,
그러고는 상처를 씻고 붕대를 감으면서,
둘러선 사냥개들 가운데서의 승리의 찬가들.

1938. 여름?

- 원문 텍스트 19행에서 *PR*에는 'Then'을 'That'으로 고쳐 놓았다.(*PR* 341)
- 21행의 사냥개들 가운데서의 승리의 찬가들은『오쉰의 방랑기』*The Wanderings of Oisin* 제3부의 마지막 대목을 참조. 오쉰은 기독교 천하가 된 옛 땅을 회복하는 전쟁의 승리를 상상하지만, 실패하더라도 그의 사냥개들과 함께 살 수 있으면 만족하겠다는 것. (Albright 834)

1894년, 젊었을 때의 예이츠

사진은 켈트족 신화와 전설을 연구한 학자 롤스턴T. W. Rolleston(1857-1920)이 찍은 것이다.

젊었을 때의 모드 곤

1897년 미국에서 찍은 모습이다. 그녀는 아일랜드 공화국 형제단Irish Republican Brotherhood에서 활동하다가 나중에는 그보다 온건한 신페인 쪽으로 전환하였다. 예이츠는 1889년에 모드 곤을 처음 만나 그녀 모습에 반하여 다섯 차례나 청혼하지만 모두 거절당하였다. 그녀는 평생 친구로 남아 있겠다며 육신의 사랑을 거부하였다.

올리비아 셰익스피어

예이츠는 올리비아 셰익스피어와 1896년부터 7년간 연인 관계로 지내다가 나중에는 친구로 지냈다. 예이츠는 평생 수많은 편지를 그녀와 주고받으면서 자신의 시 창작에 관한 이야기를 비롯하여 온갖 신변의 이야기마저 흉금을 털어놓았다.

길 호수Lough Gill

슬라이고 동쪽 외곽에 있는 큰 호수. 이니쉬프리 섬이 있는 호수이다.

이줄트 곤

이줄트 곤은 모드 곤과 프랑스의 혁명사상가 루시앙 밀레보예Lucien Millevoye 사이에 태어나 어머니 밑에 입적된 아이이다. 그녀는 1910년 열다섯 살 때 예이츠에게 철없이 청혼한 적이 있는데, 예이츠는 그녀를 결혼상대로 생각하지 않았기에 웃어넘겼다. 하지만 그녀가 스물두 살이 될 무렵 예이츠가 정작 그녀에게 청혼했을 때에는 그가 너무 늙었다는 이유로 거절당하였다.

예이츠의 부인 조지 하이드리스

1917년 이졸트 곤에게 청혼하였다가 거절당한 예이츠는 그해 10월 20일 조지 하이드리스와 결혼하였다. 결혼 직후 예이츠는 심각한 고뇌에 빠졌는데, 이를 감지한 부인은 자동기술을 시도하여, 그가 이졸트에 대한 생각에서 벗어나도록 도와주었다.

도로시 웰즐리

예이츠가 만년에 사귄 시인 친구이다. 수많은 편지를 주고받았다. 그녀의 남편이 나중에 웰링턴 공작을 승계받아 그녀 이름에 'Lady'의 칭호가 붙게 되었다.

마고 러독

마고 러독은 런던에 거주하는 젊은 부인으로서 시인 지망생이었다. 마고 콜리스Margot Collis라는 이름으로 시집을 출간하였고, 예이츠는 이 책에 짤막한 서문을 써주었다.

예이츠 연보

1865 6월 13일 더블린의 샌디마운트로Sandymount Avenue에서 존 버틀러 예이츠John Butler Yeats와 수전 폴렉스펜Susan Pollexfen의 2남 2녀 중 맏아들로 태어남.

1867 런던의 리젠트 공원 근처로 옮김.
아버지는 법률 공부를 포기하고 화가로 변신함.

1872 향후 2년간 아일랜드의 슬라이고Sligo의 외가에서 외조부모 슬하에서 자람.

1877 1881년까지 런던 근교 해머스미스Hammersmith 소재 고돌핀 학교Godolphin School에서 공부하고, 휴가는 외가에서 보냄.

1881 예이츠 일가, 더블린 근교의 호스Howth로 옮김.
예이츠는 더블린 소재의 학교에 다님.

1884 예이츠, 더블린의 메트로폴리탄 미술학교Metropolitan Art School에 입학.

1885 『더블린대학보』*Dublin University Review*에 첫 시를 발표.
정치적인 귀양살이에서 풀려나 파리에서 돌아온 존 오리어리John O'Leary를 만남.

1888 9월, 『아일랜드 농촌 민담집』*Fairy and Folk Tales of the Irish Peasantry* 편집.
예이츠 가족, 런던(Bedford Park)으로 이사함.
신지학회 비교회神知學會 秘敎會, Esoteric Section of the Theosophical Society에 참여함.

1889 1월 런던에서 시집 『오쉰의 방랑과 기타 시편』*The Wanderings of Oisin and Other Poems*을 출간하고, 모드 곤Maud Gonne을 처음 만나 사랑에 빠짐.

1890 3월, '라이머즈 클럽'Rhymers' Club을 공동 창립.
같은 달, 런던 소재 '황금여명회'Hermetic Order of the Golden Dawn에 가입.

1891 3월, 『아일랜드 민담』*Representive Irish Tales* 편집.
9월, 오리어리와 함께 '아일랜드 청년연맹'Young Ireland League 결성.
10월, 모드 곤에게 첫 번째 구혼 거절당함(1894, 1899, 1900, 1901년에도 실패).

1892 1월, 런던의 '아일랜드 문학회'Irish Literary Society 창립에 공헌.
5월, 더블린에 '민족문학협회'National Literary Society 창립.
8월, 『캐슬린 백작부인, 전설 그리고 서정시편들』*The Countess Kathleen and Various Legends and Lyrics* 출간.

1893 2월, 『윌리엄 블레이크 작품집』*The Works of William Blake* 공동 편집.
9월, 영국하원에서 자치령Home Rule Bill 통과, 상원에서 부결.

1895 10월, 『시집』*Poems* 출간.
아서 시몬즈Arthur Symons(1865-1945)와 몇 개월간 한집에서 지냄.

1896 올리비아 셰익스피어Olivia Shakespear와의 사랑(1897년까지).

1897 4월, 시집 『은밀한 장미』*The Secret Rose* 출간.
그레고리 여사Lady Gregory의 쿨 파크Coole Park에 머묾.
그곳에서 민담 발굴과 극장 설립 논의, 그 후 자주 방문.
빅토리아 여왕 즉위 60주년 기념.
더블린 폭동(모드 곤의 반영 연설의 영향도 있음).

1899 4월, 시집 『갈대밭의 바람』*The Wind among the Reeds* 출간.
5월, 『캐슬린 백작부인』*The Countess Cathleen* 공연.
시몬즈, 『상징주의 문학운동』*The Symbolist Movement* 출간.

1900 1월, 어머니 작고.

1903 시집 『일곱 숲 속에서』*In the Seven Woods* 출간.
1월, 모드 곤과 존 맥브라이드John MacBride 결혼.

1904 애비극장Abbey Theatre 개관. 예이츠, 연출 담당.
12월, 예이츠 작 『볼려 해변에서』*On Baile's Strand* 공연.

1907 1월, 존 싱J. M. Synge의『서역의 인기인』*The Playboy of the Western World*으로 일련의 소동 발생.
12월, 아버지가 뉴욕으로 이주.

1908 6월 1905년에 남편과 결별한 모드 곤과 우정관계 회복.
에즈라 파운드Ezra Pound를 만남.
메이블 디킨슨Mabel Dickinson과 잠시 가깝게 지냄.

1909 싱 작고.

1913 에즈라 파운드와 함께 영국 서식스Sussex의 스톤 코티지 저택Stone Cottage에 거주.
레인 갤러리Lane Gallery 분쟁.
제임스 코널리James Connolly, '아일랜드 시민군'Irish Citizen Army 결성.

1914 시집『책임』*Responsibilities* 출간.
8월 4일, 제1차 세계대전 발발.
아일랜드 자치령 통과. 단, 전쟁 후 시행하기로 함.

1916 3월, 자서전『청소년기의 황홀감』*Reveries over Childhood and Youth* 출간.
4월, 더블린에서 '부활절 봉기'Easter Rising 일어남.
5월에 맥브라이드 등 주모자급 처형됨.
7-8월, 프랑스 노르망디의 모드 곤 거처에서 그녀에게 구혼했으나 거절당함.

1917 10월 20일, 조지 하이드리스Georgie Hyde-Lees와 결혼.
11월, 시집『쿨 호의 백조들』*The Wild Swans at Coole* 출간.

1918 1월, 그레고리 여사의 아들 로버트 그레고리Robert Gregory 전사.
9월, 밸릴리 탑Thoor Ballylee 입주.

1919 2월 26일, 딸 앤Anne Butler Yeats 탄생.
선거에서 '신페인'Sinn Fein(우리끼리) 승리.
'영국 아일랜드 간 전쟁'Anglo-Irish War 시작.

1921 2월, 시집『마이클 로바티즈와 무용수』*Michael Robartes and the Dancer* 출간.
옥스퍼드 연맹Oxford Union에서 영국 정책 공격.
8월 22일, 아들 마이클Michael Butler Yeats 탄생.
12월, 영국 아일랜드 간 조약 체결.

1922 2월, 부친 뉴욕에서 작고.
10월, 자서전『장막의 흔들림』*Trembling of the Veil* 출간.
12월, 상원의원에 지명.
조약 비준으로 아일랜드 내란. 공화국파에 의한 밸릴리 교 폭파.

1923 11월, 노벨 문학상 수상. 내란 종식.

1926 1월,『비전』*A Vision* 출간(1937년 11월에 개정판).
11월,『자서전』*Autobiographies* 출간.
상원 조폐위원회 의장.
워터포드Waterford의 성 오테란 여학교St. Otteran's School 방문.

1927 충혈성 폐질환으로 와병(1935년에 재발).

1928 2월, 시집『탑』*The Tower* 출간.
5월부터 다음해 5월까지 이탈리아의 라팔로Rapallo에 머묾.
7월, 상원 마지막 연설.

1929 10월, 시집『나선계단』*The Winding Stair* 출간.
12월, 지중해의 풍토병인 몰타 열로 고생.

1932 8월, 그레고리 여사 사망.

1933 시집『나선계단과 기타 시편들』*The Winding Stair and Other Poems*과
『시 전집』*Collected Poems* 출간.
7-8월에 아일랜드 나치즘 조직인 '오더피 장군의 나치즘'General O'Duffy's Blueshirts에 말려듦.

1934 11월, 『희곡 전집』*Collected Plays* 출간.
4월에 회춘수술Steinach operation 받음.
9월, 젊은 여류시인 마고 러독Margot Ruddock과 만남.

1936 11월, 『옥스퍼드 현대시선』*The Oxford Book of Modern Verse: 1892-1935* 발간. 건강 악화.

1938 5월, 『새 시집』*New Poems* 발간.

1939 1월 28일, 프랑스의 카프 마르탱Cap Martin에서 사망.
로크브륀느Roguebrune에 묻힘.
사후에 『최후의 시편들과 두 희곡 작품』*Last Poems and Two Plays* 출간.
스페인 내란 종식.
9월, 제2차 세계대전 발발.

참고문헌

Albright, Daniel, Ed. *W. B. Yeats: the Poems*. London: Dent, 1992.

Bloom, Harold. *Yeats*. Oxford: Oxford UP, 1970.

Brooks, Cleanth. *The Hidden God: Studies in Hemingway, Faulkner, Yeats, Eliot, and Warren*. New Haven: Yale UP, 1963.

Brooks, Cleanth. *Modern Poetry and the Tradition*. New York: Oxford UP, 1965.

Cullingford, Elizabeth Butler. *Gender and History in Yeats's Love Poetry*. Syracuse: Syracuse UP, 1996.

Ellmann, Richard. *The Identity of Yeats*. London: Faber, 1964.

Finneran, Richard J. *W. B. Yeats the Poems* (revised). London: Macmillan, 1991. (본문에서 *PR*로 표기함)

Freyer, Grattan. *W. B. Yeats and the Anti-Democratic Tradition*. Dublin: Gill and Macmillan, 1981.

Harper, J. Mills. *The Making of Yeats's 'A Vision'*. Carbondale: Southern Illinois UP, 1987.

Harris, Daniel A. *Yeats: Cool Park and Ballylee*. Baltimore: The Hopkins UP, 1974.

Hassett, Joseph M. *W. B. Yeats and the Muses*. Oxford UP, 2010.

Henn, T. R. *The Lonely Tower: Studies in the Poetry of W. B. Yeats*. London: Methuen, 1965.

Hone, Joseph. *W. B. Yeats*. Harmondworth, Middlesex: Penguin Books, 1971.

Howes, Marjorie & Kelly, John, Ed. *The Cambridge Companion to W.B. Yeats*. Cambridge, UK; New York: Cambridge University Press, 2006.

Jeffares, A. Norman. *A New Commentary on the Poems of W. B. Yeats*. London: Macmillan, 1989.(본문에서 *NC*로 표기함)

Jeffares, A. Norman. *W. B. Yeats: Man and Poet*. London: RKP, 1962.

Jeffares, A. Norman, Ed. *Yeats's Poems*, 3rd edition. London: Palgrave, 1996.

Langbaum, Robert. *The Mysteries of Identity: A Theme in Modern Literature*. New York: Oxford UP, 1977.

Lynch, David. *Yeats: The Poetics of the Self*. Chicago: Chicago UP, 1979.

Malins, Edward. *A Preface to Yeats*. London: Longman, 1978.

O'Neill, Michael, Ed. *The Poems of W. B. Yeats: A Sourcebook*. London: RKP, 2004.

Parkinson, Thomas. *W. B. Yeats Self Critic: A Study of His Early Verse and the Later Poetry*. (Two volumes in one) Berkeley: California UP, 1971.
Raine, Kathleen. *Yeats the Initiate: Essays on Certain Themes in the Writings of W. B. Yeats*. Mountrath, Portlaoise, Ireland: Dolmen, 1986.
Rosenthal, M. L. *Running to Paradise: Yeats's Poetic Art*. New York: Oxford UP, 1994.
Rosenthal, M. L. & Gall, Sally M. *The Modern Poetic Sequence: The Genius of Modern Poetry*. New York: Oxford UP, 1983.
Snukal, Robert. *High Talk: The Philosophical Poetry of W. B. Yeats*. Cambridge: Cambridge UP, 1973.
Thurley, Geoffrey. *The Turbulent Dream: Passion & Politics in the Poetry of W. B. Yeats*. St Lucia: Queensland UP, 1983.
Tuohy, Frank. *Yeats*. London: Macmillan, 1976.
Unterecker, John. *A Reader's Guide to William Butler Yeats*. New York: Farrar, Straus & Giroux, 1972.
Vendler, Helen. *Our Secret Discipline: Yeats and Lyric Form*. Cambridge, Massachusetts: Belknap Press of Harvard UP, 2007.
Wilson, F. A. C. *W. B. Yeats and Tradition*. London: Victor Gollancz, 1958.

Conner, Lester I. *A Yeats Dictionary*. Syracuse: Syracuse UP, 1998.
Foclóir Póca English-Irish/Irish-English Dictionary. Angúm, 1986.
(본문에서 Póca 로 표기함)
Suzuki, Hirosi. *A Dictionary of W. B. Yeats's Poems*. Tokyo: Honno tomo, 1994.
The Oxford Companion to British History. Ed. John Cannon. Oxford UP, 1997.
The Oxord English Reference Dictionary, 2nd edition. Ed. Pearsall, Judy & Bill Tumble. Oxford UP, 1996.

(본문 주석의 출처는 녹색 글씨로 밝힘)

찾아보기

예이츠 서정시 전집 제1권, 제2권, 제3권을 각각 Ⅰ, Ⅱ, Ⅲ으로 구분했다.

한글 제목

영어 제목

『예이츠 서정시 전집』 발간에 부쳐

『예이츠 서정시 전집』의 역자 김상무金相武 교수는 2012년 7월 2일에 타계했습니다. 그가 떠나던 날까지 이 책의 편집일정은 지연되고 있었습니다. 그렇게 지연된 데에는 출판문화원 측의 부득이한 사정도 있었습니다만, 늘 완벽함을 추구하던 역자 자신의 성격도 얼마쯤 탓할 수 있지 않을까 싶습니다.

김 교수는 영문학이 우리에게 외국문학이며 외국문학 연구의 기초는 올바른 텍스트 읽기에 있다고 믿었습니다. 우리나라에서 영문학 공부, 특히 영시를 공부할 때 부실한 텍스트 읽기를 극복하지 못하는 현실을 그는 늘 안타깝게 여겼습니다. 그래서 참으로 오랫동안 그는 후학들이 공부하고 가르치는 데에 도움이 될 수 있도록 예이츠를 비롯한 현대 영국 시인들의 시를 우리말로 옮기는 작업에 열중했습니다. 그리고 역자는 이 책의 머리말에서도 밝혔듯이 '번역 시도 우리말 시와 마찬가지로 읽힐 수 있도록 하는 일'의 중요성을 절감하고 있었습니다. 그뿐만 아니라 어느 한 대목의 허술함도 용납하지 않겠다는 완벽주의 집념에서 그가 자유로웠던 적은 한순간도 없었습니다. 이래저래 그의 작업은 더디기만 했습니다. 출판문화원에 원그를 제출한 후에도 그는 영미의 요로要路와 접촉하면서 관계자료를 구하는가 하면, 번역 텍스트와 각주의 미심한 부분을 꾸준히 손질하고 있었습니다.

그러다가 김 교수는 이 역시집의 초교를 보지 못한 채 우리 곁을 떠났습니다. 그래서 교정을 보는 일은 서울대학교 영문학과 신정현 교수가 맡아서 했고, 손혜숙(성균관대 교수), 손나리(서울시립대 연구교수), 장미정(서울대 영문학과 박사과정 수료), 신승한(서울대 영문학과 박사과정 수료), 이렇게 네 분의 영문학자들이 신 교수를 도왔습니다. 원고가 워낙 깨끗한 편이긴 했습니다만, 이분들의 정성 어린 도움이 없었더라면 이 책이 나오기 어려웠을 것이라 생각합니다.

끝으로, 이 책의 출간을 위해 고인의 오랜 벗 김진하金鎭河 님의 후한 재정적 지원이 있었음을 밝혀 둡니다.

2013년 12월

고인의 1954년 대학입학 동기생

이상옥(서울대학교 명예교수)

역주자 소개

김상무(金相武)

1934년 경북 경산에서 출생하여, 일제하에서 소학교를, 해방 후와 6·25 전쟁 기간에 대구에서 중고등 과정을 마쳤다. 휴전 후 서울대학교 영문과에 입학하여 1960년에 졸업하였다. 서울 숭문고와 경북고등학교에서 교편을 잡다가 1968년부터 영남대학교와 인연을 맺어 2000년 정년퇴직할 때까지 영국 문학사와 현대 영시를 가르쳤다. 한국T.S.엘리엇학회 부회장, 한국현대영미시학회 회장을 역임하였고, 2012년에 타계하였다. T. S. 엘리엇, 로버트 프로스트, 1950년대의 영국 '시운동', 톰 건, 필립 라킨, 테드 휴즈에 관한 논문을 썼고, 『서구인의 눈으로』(번역서), 『필립 라킨의 시』 등의 저서가 있다.